Manual de Avaliação Física

Dados Internacionais de Catalogação na Publicação (CIP)
(Câmara Brasileira do Livro, SP, Brasil)

Manual de avaliação física / Alexandre Fernandes Machado; César Cavinato Cal Abad. -- 3ª edição. São Paulo: Ícone, 2016.

Vários colaboradores
Bibliografia.
ISBN 978-85-274-1076-2

1. Aptidão física - Testes 2. Educação física 3. Exercícios físicos I. Machado, Alexandre Fernandes.

09-12507   CDD-613.7

Índices para catálogo sistemático:

1. Avaliação física : Testes : Educação física 613.7

Manual de Avaliação Física

Alexandre Fernandes Machado
César Cavinato Cal Abad

Brasil – 2016
3ª Edição

© Copyright 2016
Ícone Editora Ltda.

Projeto gráfico, capa e diagramação
Suely Danelon

Ilustrações
Ricardo "Bolicão" Dantas

Revisão
Isaías Zilli

Proibida a reprodução total ou parcial desta obra, de qualquer forma ou meio eletrônico, mecânico, inclusive através de processos xerográficos, sem permissão expressa do editor. (Lei nº 9.610/98)

Todos os direitos reservados para:
ÍCONE EDITORA LTDA.
Rua Javaés, 589 – Bom Retiro
CEP: 01130-010 – São Paulo/SP
Fone/Fax.: (11) 3392-7771
www.iconeeditora.com.br
iconevendas@iconeeditora.com.br

Folha de Aprovação

A presente obra foi aprovada e recomendada pelo conselho editorial a sua publicação na forma atual.

CONSELHO EDITORIAL

Prof. Dr. Antônio Carlos Mansoldo (USP – SP)
Prof. Dr. Jefferson da Silva Novaes (UFRJ – RJ)
Prof. Dr. Giovanni da Silva Novaes (UTAD – Portugal)
Prof. Dr. José Fernandes Filho (UFRJ – RJ)
Prof. Dr. Rodolfo Alkmim M. Nunes (UERJ – RJ)
Prof.ª Dr.ª Luana Ruff do Vale (UFRJ – RJ)
Prof. Dr. Miguel Arruda (UNICAMP – SP)
Prof. Dr. Daniel Alfonso Botero Rosas (PUC – Colômbia)
Prof. Dr. Victor Machado Reis (UTAD – Portugal)
Prof. Dr. Antônio José Rocha Martins da Silva (UTAD – Portugal)
Prof. Dr. Paulo Moreira da Silva Dantas (UFRN – RN)
Prof. Dr. Fernando Roberto de Oliveira (UFL – MG)
Prof.ª Dr.ª Cynthia Tibeau (UNIBAN – SP)
Prof. M. Sc. Alexandre F. Machado

Homenagem Especial

Por
Fabiano Pinheiro Peres

À minha esposa Renata Rizzardi Pinheiro Peres (*in memorian*)

Renata,

Você entrou na minha vida de uma forma bela, fazendo com que eu me sentisse cada dia mais feliz. São inúmeras as alegrias que vivi ao seu lado. Aprendi muito contigo... seu olhar, seu sorriso, sempre encantando a mim e a todos. Para você e por você tentei fazer tudo que um marido apaixonado faria... mas queria mais, nossos projetos, nosso futuro. Desculpe as falhas, mas acredite, todos os momentos ao seu lado foram maravilhosos, crescemos, brincamos, estávamos ainda descobrindo um ao outro... enfim, deus te tirou de mim para alegrar o céu, mais um anjinho que estará sempre olhando lá de cima por todos nós.

Sentir você longe de mim é impossível, estará dentro do meu coração para sempre.

Mas saiba de uma coisa, te amarei eternamente.

Descanse em paz meu anjinho...

Seu marido Fabiano Pinheiro Peres

Dedicatória

Aos meus filhos Matheus e Ana Clara, que são fontes intermináveis de minha energia.

Alexandre F. Machado

Agradecimentos

A Deus.

Aos amigos e colaboradores Fabiano Pinheiro Peres, Paula Roquetti Fernandes, José Irineu Gorla, César Cavinato Cal Abad, Rafael Carvalho de Moraes, Gabriela Molinari, Sandro Rodrigues Barone, Ana Paula da Silva de Azevedo, Leonardo Trevizan Costa, Diogo Pantaleão, Renato Frade, Anselmo de Athayde Costa e Silva, que possibilitaram a realização desta obra.

Ao amigo, orientador e também colaborador desta obra o Professor José Fernandes Filho, que tem acreditado em mim desde a minha graduação e posteriormente tive o prazer de ser seu orientando na pós graduação e no mestrado. Agradeço toda a paciência que teve comigo e também a atenção nesses 15 anos de amizade.

por último e não menos ao Rodolfo Alkmim que é um dos nossos colaboradores e um dos maiores incentivadores de meu trabalho é um grande irmão e pai de todas as horas.

Alexandre F. Machado

Apresentação

A informação é fundamental para a tomada de decisão na área de saúde. No campo da Avaliação Física até alguns anos atrás, suas informações ainda eram bem escassas no Brasil, não proporcionando aos profissionais desta área de estudo um aprofundamento para o aumento de seus conhecimentos. Atualmente, a Avaliação Física é uma área de vanguarda na pesquisa e do mercado de trabalho, pautada em métodos científicos, oferecendo tecnologias inovadoras para sua utilização e aplicabilidade.

A presente obra nada mais é que uma demonstração da rica atividade intelectual executada por seus autores, que produziram um conjunto de informações únicas e que foram didaticamente estruturadas em onze capítulos: Critérios científicos aplicados na Educação Física; Avaliação da composição corporal; Bases teóricas da aptidão aeróbica; Testes para avaliação aeróbica; Testes para avaliação anaeróbica; Avaliação muscular; Avaliação da aptidão física em jovens; Avaliação postural; Avaliação motora em esporte adaptado; Interpretação rápida do ECG; Matemática aplicada na Educação Física.

O livro permite leitura e compreensão simples e fácil aos leitores. Aproveitem, degustem!!!

Prof. Dr. José Fernandes Filho

Prof. da Escola de Educação Física e Desportos – UFRJ
Doutor em Educação Física – Moscou / Rússia
Produtividade em Pesquisa 1 – CNPq
Líder do Grupo de Pesquisa – LABIMH-UFRJ-CNPq

Prefácio

O Manual de Avaliação Física foi um trabalho realizado com muita seriedade e competência. A equipe multidisciplinar que assume esta obra, sem dúvida, possui uma larga experiência prática e de intervenção científico-acadêmica sobre o assunto em questão.

Antes de ser uma obra que apenas reproduz, como receitas repetidas de um cardápio, os conhecimentos acerca da avaliação física é uma coletânea de depoimentos acerca de testes e medidas para avaliar as capacidades físicas em diferentes vertentes. Neste sentido, cada autor desta obra dá aos leitores esclarecimentos e técnicas que podem ser aplicados por profissionais da área da saúde, tanto no campo de intervenção como na prática acadêmica.

É, portanto, uma peça fundamental, indispensável e séria, uma obra que serve de orientação, a que se pode recorrer com garantias de absoluta qualidade e completa segurança. Mais ainda, é um livro de leitura simples e continuada, apresentado através de linguagem acessível e de compreensão imediata que serve como paradigma de avaliação para melhor se conhecer o homem.

Não obstante, a criatura, diferente dos criadores, deve estar presente na prateleira de nossas bibliotecas. E, àqueles de bom senso que forem beber desta fonte de conhecimento eu convido para um "brinde" pela soberba escolha.

Prof. Dr. Jefferson da Silva Novaes
Prof. Associado da Escola de Educação Física e Desporto
Universidade Federal do Rio de Janeiro

Sumário

Autores, 13

Colaboradores, 14

Capítulo 1 – Critérios científicos aplicados na Educação Física, 19
Alexandre F. Machado

Capítulo 2 – Avaliação da composição corporal, 25
Fabiano Pinheiro Peres

Capítulo 3 – Bases teóricas da aptidão aeróbia, 59
César Cavinato Cal Abad

Capítulo 4 – Testes para avaliação aeróbia, 101
Alexandre F. Machado

Capítulo 5 – Testes para avaliação anaeróbia, 127
Rafael Carvalho de Moraes

Capítulo 6 – Avaliação muscular (força e flexibilidade), 147
Sandro Rodrigues Barone, Ana Paula da Silva Azevedo

Capítulo 7 – Avaliação da aptidão física em jovens, 163
Diogo Pantaleão

Capítulo 8 – Avaliação postural, 197
Gabriela Molinari

Capítulo 9 – Avaliação motora em esporte adaptado, 223
Anselmo de Athayde Costa e Silva, José Irineu Gorla, Leonardo Trevizan Costa

Capítulo 10 – Interpretação rápida do eletrocardiograma, 243
Rodolfo Alkmim M. Nunes, Renato Frade

Capítulo 11 – Matemática aplicada na Educação Física, 253
Alexandre F. Machado

Autores

PROF. M.SC. ALEXANDRE FERNANDES MACHADO
- Graduado em Educação Física pela Universidade Federal Rural do Rio de Janeiro (1999).
- Pos-graduado (*lato sensu*) em Fisiologia do Exercício pela Universidade Castelo Branco (2001).
- Mestrado em Ciência da Motricidade Humana pela Universidade Castelo Branco (2005).
- Coordenador do Laboratório de Fisiologia do Exercício da Universidade Estácio de Sá, Petrópolis – RJ (2005 – 2007).
- Professor do curso de graduação em Educação Física da Universidade Estácio de Sá, Petrópolis – RJ nas disciplinas de fisiologia do exercício, treinamento desportivo e prática de pesquisa em Educação Física (2003 – 2007).
- Professor do curso de graduação em Educação Física da Universidade Bandeirante de São Paulo – SP na disciplina Metodologia do Treinamento Desportivo.
- Membro da Sociedade Brasileira de Fisiologia do Exercício.
- Professor convidado de diversos cursos de Pós-Graduação pelo Brasil.
- Ministra cursos em congressos pelo Brasil.
- Autor do livro "Corrida, teoria e prática do treinamento", editora Ícone, 2009.
- Preparador físico do campeão brasileiro de corrida de montanha de 2008 e 2009.
- Preparador físico do campeão paulista de corrida de montanha de 2009.
- Preparador físico do campeão paranaense de corrida de montanha de 2009.

PROF. M.SC. CÉSAR CAVINATO CAL ABAD
- Graduado em Educação Física pela Universidade Bandeirante de são Paulo – Uniban (1998).
- Pós-graduado (*Lato sensu*) em Fisiologia do Exercício pelo Centro Universitário FMU – UniFMU (2000) e pelo Centro de Cultura Física Manoel Fajardo – CCFMF/CUBA.

- Pós-graduado (*Lato sensu*) em Metodologia do Treinamento Desportivo pela Universidade de São Paulo – Unifesp (2000).
- Mestrado em Biodinâmica do Movimento Humano pela Escola de Educação Física e Esporte da Universidade de São Paulo – Eefeusp. (2006).
- Aluno do Programa de Pós-Graduação *Stricto Sensu* em nível de doutorado pelo Departamento de Cardiologia do Instituto do Coração do Hospital das Clínicas da Faculdade de Medicina da Universidade de São Paulo – InCor/HC/FMUSP.
- Professor do curso de Licenciatura e Bacharelado em Educação Física da Universidade Bandeirante de São Paulo – Uniban (1999 – Atual).
- Coordenador do Curso de Pós-Graduação *Lato Sensu* de Gestão e Metodologia do Treinamento Desportivo da Universidade Bandeirante de São Paulo – Uniban (2008 – Atual).
- Professor do curso de Pós-Graduação em Fisiologia do Exercício e Prescrição do Exercício da Universidade Gama Filho – UGF.

Colaboradores

PROF. DR. JOSÉ IRINEU GORLA
- Graduado em Educação Física pela UEL – PR.
- Pós-graduado em avaliação da performance motora pela UEL – PR.
- Mestrado em Educação Física pela Unicamp – SP.
- Doutorado em Educação Física pela Unicamp – SP.
- Pós-doutorado pela Universidade de Coimbra – Portugal.
- Chefe do Departamento de Estudos da Atividade Física Adaptada – Deafa, da Faculdade de Educação Física da Universidade Estadual de Campinas – Unicamp.
- Coordenador do Grupo de Estudos e Pesquisa em Avaliação Motora Adaptada – Gepama.

PROF. DR. RODOLFO ALKMIM M. NUNES
- Graduado em Medicina pela Universidade Gama Filho – RJ.
- Graduado em Educação Física pela Universidade Estácio de Sá – RJ.
- Especializado em Medicina do Esporte (UFRGS).
- Especializado em Técnicas e Metodologia da Avaliação em Laboratório de Pesquisa (UFRGS).
- Mestre em Ciência da Motricidade Humana pela Universidade Castelo Branco – RJ.
- Doutor em Ciências da Saúde pela Universidade Federal do Rio Grande do Norte.
- Diretor Técnico da Cardiomex (Clínica de Medicina do Exercício e Reabilitação Cardíaca).
- Diretor da Health Club Consultoria em Medicina Desportiva.
- Médico Avaliador do Comitê Olímpico Brasileiro (COB).
- Médico Socorrista de Eventos Nacionais e Internacionais pelo Comitê Olímpico Brasileiro (COB).
- Membro das Comissões de Controle de Dopagem da Confederação Brasileira de Futebol (CBF), Confederação Brasileira de Voleibol (CBV), Confederação Brasileira de Tiro Esportivo (CBTE) e Confederação Brasileira de Ciclismo (CBC).
- Médico da Organização Desportiva Sul-Americana (Odesur) no Controle de Dopagem dos VII Jogos Sul-Americanos 2002.
- Professor de Pós-Graduação nas disciplinas Emergências Cardíacas, Socorros e Urgências, Fisiologia Humana, Medidas e Avaliação em diversos cursos pelo Brasil.
- Corpo editorial do periódico "Ciência online" (ISSN:1984-7262)
- Revisor do periódico "R. Panamericana de Salud Pública" (ISSN:1020-4989).
- Autor do livro: Guia de Socorros e Urgências-APH, Ed. Shape, 2ª edição, 2006.

PROF. M.SC. RAFAEL CARVALHO DE MORAES
- Graduado (Licenciatura e Bacharelado) em Educação Física pela Universidade Estadual de Campinas – Unicamp (2004).
- Pós-graduado em Bioquímica, Fisiologia, Nutrição e Treinamento Esportivo (2006) – Unicamp
- Mestrado em Ciência do Desporto (2008) – Unicamp.
- Doutorando em Treinamento Desportivo.
- Professor convidado de cursos de Pós-Graduação pelo Brasil.
- Ministra palestras pelo Brasil.
- Professor convidado de cursos de graduação – Unicamp.

PROFA. M.SC. GABRIELA MOLINARI
- Graduado em Educação Física pela UniFMU (1997).
- Graduado em Fisioterapia pela Uniban (2001).
- Pós-graduado (*Lato sensu*) em Fisiologia do Exercício pela FMUSP (2001).
- Mestrado em Ciência da Reabilitação Neuromotora (2005).
- Doutoranda em Educação – pela UDE – Montevideo – Uruguay.
- Professora do curso de graduação em Educação Física da Uniban nas disciplinas: Educação Física Adaptada, Atividade Física e Saúde e Primeiros Socorros (2003 – até o momento).
- Professora do curso de graduação em Fisioterapia da Uniban na disciplina Método de Avaliação.

PROF. M.SC. FABIANO PINHEIRO PERES
- Graduado em Educação Física pela Universidade Estadual Paulista Júlio de Mesquita Filho.
- Especialização em Fisiologia do Exercício pela Unesp
- Mestrado em Educação Física pela Universidade Metodista de Piracicaba.
- Professor do curso de Educação Física da Universidade São Francisco.
- Professor do Centro Universitário das Faculdades Associadas de Ensino.
- Membro do American College of Sports Medicine.

PROF. M.SC. SANDRO RODRIGUES BARONE
- Graduação em Educação Física pela USP.
- Mestre em Biomecânica do Movimento Humano USP.
- Professor da Universidade Bandeirante (Uniban) na disciplina Cinesiologia, Medidas e Avaliação.

PROFA. M.SC. ANA PAULA DA SILVA DE AZEVEDO
- Graduada em Educação Física pela USP.
- Mestrado em Educação Física pela USP.
- Revisora da Revista Brasileira de Biomecânica.

PROF. ESP. LEONARDO TREVIZAN COSTA
- Graduado em Educação Física pela Unesp.
- Pós-graduado em Prescrição de Exercícios para Grupos Especiais pela Unicamp.
- Mestrando em Atividade Física Adaptação e Saúde na Faculdade de Educação Física da Universidade Estadual de Campinas – Unicamp; Bolsista CNPq.

- Membro do Grupo de Estudos e Pesquisa em Avaliação Motora Adaptada – Gepama.

PROF. ESP. DIOGO PANTALEÃO
- Graduação em Educação Física pela Universidade Universo – RJ .
- Pós-graduação em Treinamento Desportivo na UFRJ.
- Mestrando em Avaliação e Prescrição das Actividades Físicas e Desportivas na UTAD/Portugal.

PROF. ESP. RENATO FRADE
- Graduado em Educação Física pela Universidade Estácio de Sá, Rio de Janeiro, Brasil, 2003.
- Especialização em Fisiologia do Esforço pela Universidade Castelo Branco, Rio de Janeiro, Brasil, 2005.
- Mestrando em Educação Física pela Universidade Federal do Rio de Janeiro, Rio de Janeiro, 2009.
- Capítulos de livros publicados: Avaliação Morfológica para o Ciclismo Indoor. *In*: Ciclismo Indoor. Rio de Janeiro: Sprint, 2004.

PROF. ANSELMO DE ATHAYDE COSTA E SILVA
- Graduado em Educação Física pela Unipar – PR.
- Mestrando em Atividade Física Adaptação e Saúde na Faculdade de Educação Física da Universidade Estadual de Campinas – Unicamp; Bolsista CNPq.
- Membro do Grupo de Estudos e Pesquisa em Avaliação Motora Adaptada – Gepama.

1. CRITÉRIOS CIENTÍFICOS APLICADOS NA EDUCAÇÃO FÍSICA

Alexandre F. Machado

Por existirem em Educação Física numerosos instrumentos de teste, para se fazer uma escolha é necessário pensar cuidadosamente nos méritos de cada um deles ao selecioná-los. Antes mesmo que um teste possa ser selecionado para um programa de avaliação, devemos nos certificar que ele foi elaborado dentro dos padrões científicos, medindo aquilo que se propõe a medir, ou seja, seguindo os critérios de autenticidade científica.

A aplicação do conhecimento científico para determinar o tipo e a quantidade de atividades físicas necessárias vai ao encontro das necessidades de cada indivíduo. E neste ponto a ciência do movimento humano tem mostrado um importante avanço nos últimos anos, através de um desenvolvimento contínuo e sistemático [1].

Ao se lidar com a ciência do movimento humano, não se lida apenas com o aspecto físico, mas trabalha-se o desenvolvimento global do homem. O conceito globalidade humana é hoje algo tão firmado e universalmente aceito que é inadmissível manter-se separada a educação intelectual da educação física [2].

Mas como localizar potencialidades e debilidades? Como transformar o deficiente em eficiente? Como ajustar o treinamento à realidade biológica? Como monitorar o seu desenvolvimento? É neste ponto que o processo de medidas e avaliação surge como um elemento de suma importância tanto no treinamento desportivo como no processo educacional [3,4]. Durante este processo os professores e treinadores devem utilizar-se de instrumentos que o permitirão atingir seus objetivos, com segurança e confiabilidade. Para isso, devemos respeitar os critérios de autenticidade científica.

Os principais objetivos do processo de medidas e avaliação são:
- Determinar o processo em que o indivíduo se encontra;
- Classificar os indivíduos;
- Reajustar o treinamento;
- Manter padrões;
- Motivar.

Quando se lida com esta área do saber existem alguns conceitos que a partir da sua compreensão e utilização, tudo mais depende.

TESTE

Instrumento de ampla aceitação, quando aplicados com vigor e interpretados prudentemente, os testes são umas das muitas técnicas utilizadas por psicólogos e professores [1].

Prova definida, que implica realizar determinada tarefa, idênticas para todos os sujeitos examinados, com uma técnica bem precisa para a apreciação do resultado [3].

Então podemos entender como teste: instrumento científico, de valor diagnóstico, que implica uniformidade nas condições de aplicação e correção e que vem sempre acompanhado de normas para sua interpretação.

TIPOS DE TESTE

a) Teste de eficiência – estuda aspectos cognitivos como: inteligência, aptidões.

b) Teste de personalidade – estuda aspectos conativos e afetivos como: caráter, afetividade.

MEDIDA

Técnica de avaliação que usa procedimentos precisos e objetivos, resultando em uma resposta que pode ser expressa numericamente [5].

A medida assume duas formas: a qualitativa e a quantitativa. Logo, pode ser vista como uma técnica de avaliação que se vale de procedimentos precisos e objetivos, dos quais resultam dados quantitativos e que, geralmente, expressam um resultado em uma forma numérica. Há, contudo, situações em que a resposta não pode ser plenamente quantificada, mas julgada a partir de alguns parâmetros [6].

Como quantificar a motivação, atenção e outros elementos deste tipo? Podemos qualificá-los de forma gradativa como: bom, regular e ruim, a partir de parâmetros comparativos que diminuam a interferência da subjetividade. Qualificações estas serão utilizadas como resposta do teste, de uma forma objetiva, sendo assim consideradas medidas qualitativas.

ANÁLISE

Comparando-se resultados, pode-se determinar a realidade dos elementos que compõe o grupo em relação à totalidade ou comparar grupos entre si, permitindo determinar pontos fortes e fracos, positivos e negativos, estabelecendo-se a realidade do trabalhado em um momento. As classificações dos resultados de um aluno ou de um atleta em um determinado momento são consequências de uma análise de resultados [6].

AVALIAÇÃO

Processo que utiliza técnicas de medidas; quando aplicadas resultam em dados quantitativos ou qualitativos, que são utilizados por comparação com critérios preconcebidos [5].

A avaliação é um recurso que se aplica ao avaliado e ao processo, podendo ser um indicador quantitativo ou qualitativo, utilizando elementos objetivos ou subjetivos empregados para comparação de resultados [6]. Não deve ser encarada como produto de um momento mas sim de período, possibilitando reajustar o programa a fim de atingir o objetivo almejado.

TIPO DE AVALIAÇÃO

Avaliação Diagnóstica – Análise dos pontos fortes e fracos do atleta, aluno ou equipe, em relação a determinada característica.

Avaliação Formativa – Informa sobre o progresso dos indivíduos, no decorrer do processo ensino-aprendizagem, indicando ao professor o grau de aprendizagem do aluno.

Avaliação Somativa – Soma de todas as avaliações realizadas no fim de cada unidade do planejamento, com intuito de obter o progresso do aluno.

SELEÇÃO DOS TESTES

Depois de determinar o porquê e o que medir ou testar devemos selecionar o melhor teste. Os testes selecionados deverão ter parâmetros aceitáveis para efetuar a tomada de decisão. Deve-se verificar sempre a validade, fidedignidade e objetividade dos testes propostos [1].

Durante o processo avaliativo é muito importante que o professor de educação física utilize-se de instrumentos ou testes que lhe permitirão atingir seus objetivos com segurança e consistência.

VALIDADE

Indica se o teste mede aquilo que deve ou pretende medir, ou seja, é a segurança da interpretação dos resultados do teste.

Na educação física existem inúmeros instrumentos de teste; para se fazer uma escolha, é necessário estudar cuidadosamente os objetivos de cada um deles ao fazer sua seleção [1]. Para garantir uma interpretação adequada, o professor deve conhecer o tipo de validade que o teste propõe.

EXISTEM QUATRO TIPOS DE VALIDADE [7]:

Validade Lógica – é subjetiva e não é expressa por valores numéricos. Entretanto, ela é considerada como um pressuposto para outros tipos de validade muito utilizada na área de educação física. Ela é invocada quando a medida obviamente retrata a *performance* que está sendo medida.

Validade por Conteúdo – assim como a validade lógica, não pode ser expressa por valores numéricos. É muito utilizada nas avaliações curriculares das unidades de ensino de 1° e 2° graus, ou seja, é uma relação de ensinar e testar.

Resume-se quase que exclusivamente à aprendizagem em ambientes educacionais. Logo, um teste tem validade por conteúdo se amostrar adequadamente o que foi abrangido no curso.

Validade por Critério – é a comparação entre os escores do teste proposto com a medida padrão, pois usa uma medida critério ou teste padrão conhecido e que já possua autenticidade científica comprovada; é expressa matematicamente, através de um coeficiente de correlação.

A validade por critério dividiu-se em validade concorrente e por predição.

Validade Concorrente – é a relação dos escores de um teste proposto com um outro teste, chamado padrão, por ter comprovada a sua validade.

Utilizada quando se deseja substituir um teste longo ou complexo, por um outro teste curto e de fácil aplicação.

Validade por Predição – utilizada pelos professores de educação física quando se deseja prever resultados futuros de um indivíduo em uma característica ou habilidade específica. Comprova através de um coeficiente de correlação que irá estabelecer uma relação entre teste proposto e a medida critério, é influenciada pelo tamanho da amostra e pelo erro padrão estimado.

Validade por Construção – é entendida como grau no qual o teste mede uma característica, ou constructo que não pode ser diretamente medido, relacionando-se os resultados do teste com algum comportamento.

Constructo – nome que se dá a características que não podem ser medidas, como: personalidade, estresse etc.

A validade por construção é dada através de métodos diferenciados e cada um destes é mais apropriado a determinada situação.

FIDEDIGNIDADE

É a possibilidade de repetição de uma medida. Um teste não pode ser válido ser não for fidedigno. A fidedignidade indica até que ponto as diferenças individuais nos resultados dos testes podem ser atribuídas a erros ocasionais de medida, e até que ponto elas revelam diferenças intrínsecas nos atributos em consideração. Ela pode ser interpretada através de um coeficiente de correlação que será obtido pela concordância dos resultados dos testes [1].

Se você não confiar em que testes sucessivos produzam os mesmos valores, então não podemos confiar no teste. A fidedignidade é expressa por um coeficiente de correlação, que varia de 0,00 a 1,00. Quanto mais próximo de 1,00 menor variação de erro é refletida pelo resultado [7].

OBJETIVIDADE

É o grau de concordância com o qual vários indivíduos marcam os mesmos resultados no teste, ou seja, é a ausência da influência do avaliador nos resultados do teste, que são expressos através de um coeficiente de correlação [1], seguindo os mesmos procedimentos e valores da fidedignidade.

COEFICIENTE DE CORRELAÇÃO (R)

Conhecido como grau de concordância entre duas variáveis. A correlação entre variáveis pode denotar a existência de uma associação ou pode dar uma indicação do grau com o qual as duas variáveis estão envolvidas [5]. Quanto mais altos forem os coeficientes de correlação para validade, fidedignidade e objetividade, sua avaliação terá maior confiabilidade (Tabela 2.1).

Tabela 2.1: Interpretação do coeficiente de correlação

Classificação	Validade	Fidedignidade	Objetividade
Excelente	0,80 – 1,00	0,90 – 1,00	0,95 – 1,00
Bom	0,70 – 0,79	0,80 – 0,89	0,85 – 0,94
Regular	0,50 – 0,69	0,60 – 0,79	0,70 – 0,84
Fraco	0,00 – 0,49	0,00 – 0,59	0,00 – 0,69

REFERÊNCIAS BIBLIOGRÁFICAS

1 – MATHEWS, D. K. *Medidas e avaliação em Educação Física*. 5ª edição, Rio de Janeiro, Guanabara, 1980.

2 – MORROW Jr, J. R.; JACKSON, A . W.; DISCH, J. G.; MOD, D. P. *Medida e avaliação do desempenho humano*. 2ª edição, São Paulo, Artmed, 2003.

3 – NICK, E. *Estatística e Psicometria*. Rio de Janeiro. J. Ozon, 1963.

4 – YELA, M. *Psicología de las aptitudes: el avalisis faetorial y las Funciones del alma*. Ed. Gredos. Madrid, 1956.

5 – UDINSHY, B. F.; OSTERLIND, S. J.; LYNCH, S.W. *Evalution Resource Handbook*. Gathering, Analyzing, 1981.

6 – MARINS, J. C. B.; GIANNICHI, R. S. *Avaliação e Prescrição de Atividade Física*. Ed. Shape . Rio de Janeiro, 2003.

7 – THOMAS, J. R.; NELSON J. K. *Research Methods in Phiysical activity*. 3ª edition, champaign; kinética, 1996.

2. AVALIAÇÃO DA COMPOSIÇÃO CORPORAL

Fabiano Pinheiro Peres

Quando falamos em composição corporal, devemos saber que a composição do corpo humano está dividida em 5 níveis.

Cada nível do modelo torna-se mais elaborado – átomos, moléculas, células, tecidos, corpo como um todo. Esta última é determinada pelo método da antropometria, que são técnicas padronizadas onde são utilizados compassos (adipômetros), trenas antropométricas, paquímetros, estadiômetros e balanças. São esses métodos que serão utilizados para a determinação da composição em adultos neste livro.

Antes mesmo de ser iniciada uma avaliação física, é indispensável que o aluno faça uma bateria de testes clínicos com seu médico de confiança, para, daí sim, iniciar um programa regular de exercícios físicos orientados por um profissional de Educação Física.

Além disso, a avaliação física deverá ser agendada também no momento da matrícula, para que o cliente possa fazê-la o mais rápido possível a fim de iniciar sua atividade com uma orientação baseada em resultados [1].

Também devemos passar para o cliente algumas recomendações antes da realização da avaliação da composição corporal:

- **Usar roupas adequadas:** quando o cliente realizar o agendamento da avaliação física, deve ser dada ênfase na roupa que ele deverá usar no dia da avaliação. De preferência, os homens devem usar sunga e as mulheres maiô ou até mesmo biquíni. Porque a quantidade de roupa prejudica a mensuração da perimetria, dobras e inclusive a determinação da massa (peso) corporal total.

- **Ter dormido de 6 a 8 horas:** para a avaliação da composição corporal, a quantidade e horas de sono não interfere tanto, porém, muitas vezes, o cliente, no mesmo dia que está fazendo a avaliação da composição corporal, também passará por testes metabólicos e neuromotores, e com certeza as horas de sono terão uma interferência direta nos resultados obtidos.
- **Não realizar exercício físico antes da avaliação:** a vasodilatação periférica que ocorre após o exercício principalmente em ambientes quentes podem afetar a mensuração das dobras, fazendo com que a espessura das dobras aumente significativamente [2]. Por isso, não se recomenda treinar antes da avaliação da composição corporal.

Antes de inicarmos a avaliação propriamente dita, devemos entender e diferenciar o que é teste, medida e avaliação.

TESTE: instrumento para se obter uma medida (protocolos).

MEDIDA: é o processo para coletar as informações obtidas (coleta de dados usando os equipamentos).

AVALIAÇÃO: é um juízo de valor que determina a importância da informação obtida. Interpretação dos resultados. Entrega dos resultados para o cliente (interpretação dos resultados pelo profissional de Educação Física).

É através da avaliação que conseguimos obter dados para a prescrição dos exercícios, onde identificamos deficiências permitindo uma orientação no sentido de superá-las. Conseguimos também motivar o cliente através de metas possíveis de serem alcançadas, fazendo com que o treinamento tenha uma evolução constante.

Abaixo, dividimos a massa corporal em 4 componentes:
- Massa muscular.
- Tecido adiposo.
- Tecido Ósseo.
- Massa Residual.

Ou seja, é uma forma de podermos quantificar os componentes estruturais do nosso corpo: músculos, ossos, vísceras e gorduras [3, 4].

DETERMINAÇÃO DA MASSA CORPORAL

Para a determinação da massa corporal, o cliente deve estar em pé e com a menor quantidade de roupa possível, com os pés afastados para estabilizar o corpo sobre a balança. Hoje em dia, existem várias balanças digitais que podem ser usadas. Apenas tomar um certo cuidado para ter certeza de que ela esteja calibrada e nivelada. Para isso, use balanças de precisão com boa aceitação no mercado. As balanças portáteis são interessantes pela praticidade de transporte. Geralmente as balanças têm precisão de 100g, com o resultado expresso em kg.

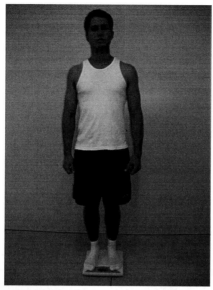

Figura 2.1: Determinação da massa (peso) corporal

DETERMINAÇÃO DA ESTATURA

Estatura: distância entre a planta dos pés ao vértex (ponto mais alto da cabeça). O cliente deve estar descalço com os pés unidos de costas para o estadiômetro. Devendo obrigatoriamente estar com os braços soltos ao longo do corpo e a cabeça posicionada no Plano Horizontal de Frankfurt (olhando para a frente). **Importante:** manter as escápulas e os glúteos em contato com o aparelho (estadiômetro). **Quando o cliente estiver posicionado, pedir para que faça uma inspiração máxima,** para daí sim colocar o aparelho sobre o ponto mais alto da cabeça. O estadiômetro (Figura 2.2) deve ter precisão de 0,1 cm e os valores são expressos em cm.

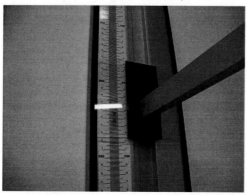

Figura 2.2: Vista detalhada do estadiômetro

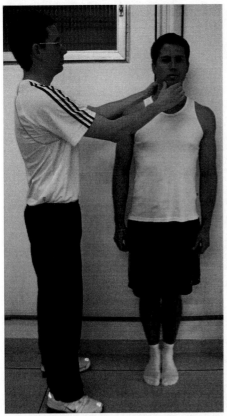

Figura 2.3: Determinando o Plano Horizontal de Frankfurt

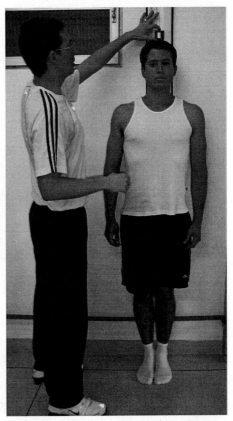

Figura 2.4: Determinação da estatura

DETERMINAÇÃO DOS PERÍMETROS CORPORAIS

Figura 2.5: Fita metálica antropométrica Sanny

Antes de iniciarmos a explicação dos protocolos, devemos entender que a mensuração de perímetros corporais apresentam diferentes padrões para uma mesma medida [1]. Por isso, devemos sempre usar um único protocolo, para termos condições de comparar em uma reavaliação. Os dados obtidos serão usados como parâmetros comparativos entre as diferentes etapas do programa de treinamento [15].

Não existe o melhor protocolo, e sim, aquele que vai se adequar à sua realidade.

O objetivo é determinar o perímetro, que é o contorno que delimita área ou região.

Abaixo mostramos algumas dicas para realizar as medidas de forma criteriosa, rápida e com precisão:
- Usar um espelho e fundo para auxiliar a medida [5].
- Usa-se uma fita metálica com precisão de 0,1 cm;
- Usar somente uma trena metálica. Além de fácil manuseio, é a única que é possível ser higienizada com álcool após o uso. As fitas plásticas com o tempo perdem a coloração, e as escalas acabam sumindo, e não é possível higienizá-las como nas metálicas e também são mais difíceis de determinar alguns pontos, pois são muito maleáveis. Alguns autores [6] citam que devemos usar apenas fitas métricas de pano ou plástico, e salientam que não devemos usar a fita metálica em hipótese alguma, porém não encontrei nada que justificasse esse procedimento, e nem mesmo os autores explicaram o motivo.
- Colocar a fita sobre a pele sem pressioná-la (ver figura 6).

Figura 2.6: Vista detalhada da mensuração da perimetria sem pressionar a pele

- Uma dica interessante é colocar um elástico na ponta da fita, mantendo sua distensão normal durante a medida [1]. Eu particularmente não gosto de ensinar meus alunos a usar esse artifício. Acho mais interessante

começar a mensurar a perimetria usando apenas a fita, pois muitos avaliadores acabam ficando "dependentes" do elástico para sempre;
- A trena deve sempre estar transversalmente ao segmento que está sendo medido;
- Como já foi dito anteriormente, existem diferentes padrões (protocolo), mas procurar sempre usar o mesmo padrão para possibilitar a comparação dos resultados em uma reavaliação, além de que, quando fazemos sempre o mesmo tipo de mensuração, a técnica fica cada vez mais apurada, minimizando os erros durante as avaliações;
- Quando utilizamos protocolos que possuem um único ponto como referência, não é necessário mensurar mais de uma vez o mesmo ponto. Porém, quando o protocolo sugere a determinação de uma região de maior perimetria, ou maior região aparente, se faz necessária a verificação mais de uma vez, no mínimo de duas a três mensurações. Pois, se o protocolo pede a maior circunferência aparente, não podemos ter certeza que, na primeira tentativa, já conseguimos achar esse ponto. A dica é indentificar visualmente a maior circunferência e, a partir deste ponto, mensurar pelo menos mais duas vezes, para se ter certeza que você identificou o ponto de maior perimetria.

A partir dessas observações, iremos iniciar a determinação da perimetria de tórax, braço, antebraço, abdome, quadril, coxa, perna. Além desses pontos, que são usados em avaliações convencionais, iremos determinar outros perímetros que não são de conhecimento de muitas pessoas, pois, geralmente, não usamos na avaliação convencional. São eles: pescoço, punho e tornozelo.

Mais uma vez, gostaria de salientar que não existe um único ponto para mensurar. Neste capítulo mostraremos os pontos mais usados nas avaliações físicas.

PERIMETRIA DO TÓRAX

Homem: O avaliado deverá estar em pé com os braços abduzidos no momento da localização anatômica desta medida, que será feita no plano horizontal aproximadamente a 2,5 cm acima da linha mamilar, ao final da expiração normal. No momento da mensuração, os braços deverão estar de volta à posição normal, ou seja, ao lado do corpo.

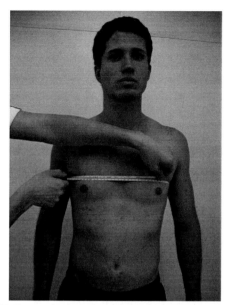

Figura 2.7: Determinação da perimetria de tórax para o homem

Mulher: A medida será realizada em pé, ao nível axilar (linha axilar anterior) e ao final da expiração normal. No momento da mensuração os braços deverão estar de volta à posição normal, ou seja, ao lado do corpo.

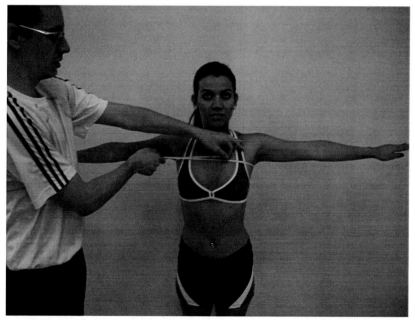

Figura 2.8: Devemos pedir para o aluno afastar os braços para podermos colocar a fita

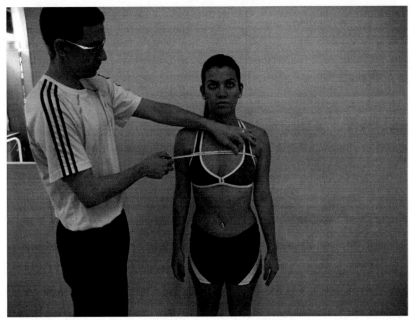

Figura 2.9: Determinação da perimetria de tórax para a mulher

Existem outros pontos para se determinar a mensuração da perimetria de tórax:
- Na altura da quarta articulação esterno-costal;
- Altura dos mamilos;
- Altura do apêndice xifoide do esterno.

OBS.: Mais uma vez devemos lembrar que não existe o melhor protocolo, ou melhor ponto para se determinar a perimetria, e sim, sempre avaliar usando o mesmo ponto, para que seja possível uma avaliação mais fidedigna. Isso é válido para todos os outros pontos de perimetria.

PERIMETRIA DO BRAÇO

Para a determinação da perimetria dos braços, também temos vários protocolos. O padrão mais usado é o Pollock, em que a medida será realizada com o cotovelo flexionado a 90 graus e com a mão fechada. A fita será posicionada ao redor da maior circunferência do braço (geralmente próximo ao ponto médio do segmento) e com a musculatura do braço totalmente contraída.

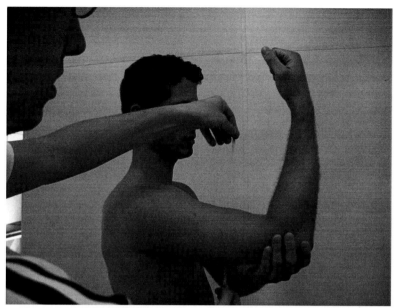

Figura 2.10: Dica de como devemos iniciar a mensuração da perimetria

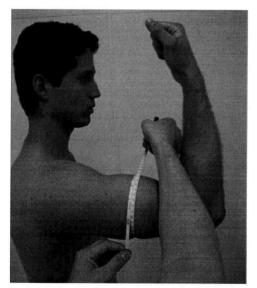

Figura 2.11: Determinação da perimetria do braço

PERIMETRIA DO ANTEBRAÇO

Antebraços: O avaliado deverá estar com o cotovelo paralelo ao chão (flexionado em ângulo de 90 graus), palma da mão voltada para cima. A fita será posicionada na circunferência máxima do antebraço *(Padrão McArdle)*.

Figura 2.12: Determinação da perimetria do antebraço (Padrão Mcardle)

Antebraços: O avaliado deverá estar com o antebraço paralelo ao chão (cotovelo flexionado em ângulo de 90 graus), palma da mão voltada para cima, mão fechada e musculatura do antebraço contraída. A fita será posicionada na circunferência máxima do antebraço (Padrão Pollock e Lohman). Assim como na foto, eu acho mais interessante deixar o braço e antebraço na mesma posição para facilitar a mensuração. Pois, na mesma posição podemos mensurar a perimetria de braço e antebraço. Como não estamos deixando o antebraço paralelo ao chão, estamos fazendo uma adaptação em relação à posição original. Na prática, alterando a posição do ombro (flexão de ombro) não irá interferir em nada a perimetria do antebraço.

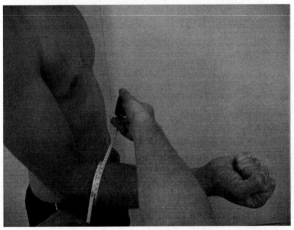

Figura 2.13: Determinação da perimetria do antebraço (Padrão Pollock e Lohman)

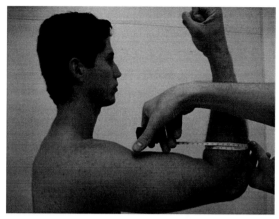

Figura 2.14: Determinação da perimetria do antebraço (modificado)

Esses exemplos acima são importantes para mostrar que, para o mesmo ponto temos diferentes protocolos, ou seja, mais uma vez devemos salientar que não existe o melhor protocolo, e sim aquele que mais esteja adequado à facilidade de sua mensuração. Feito isso, use sempre o mesmo ponto (protocolo) para ser possível de ser comparado em uma próxima avaliação (reavaliação).

PERIMETRIA ABDOMINAL

Para a mensuração da perimetria abdominal, também existem vários pontos. Abaixo, iremos destacar alguns desses pontos.

Sempre devemos fazer a mensuração no plano transversal: podemos também mensurar logo abaixo da c. umbilical (*Padrão Lohman*), na altura da cicatriz umbilical (*Padrão Pollock*), ou no ponto médio: arco costal e crista ilíaca (*Padrão Mcardle*).

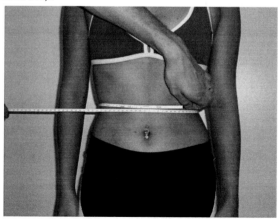

Figura 2.15: Determinação da perimetria da região abdominal (padrão Mcardle)

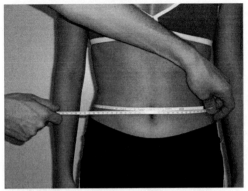

Figura 2.16: Determinação da perimetria da região abdominal (padrão Pollock)

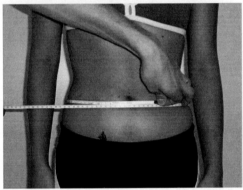

Figura 2.17: Determinação da perimetria da região abdominal (padrão Lohman)

PERIMETRIA DO QUADRIL

Determinamos a perimetria do quadril no ponto de maior cincunferência aparente dos glúteos, esta perimetria também é realizada no plano transversal.

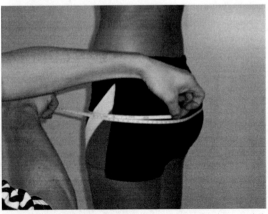

Figura 2.18: Determinação da perimetria do quadril

PERIMETRIA DA COXA

Existem duas formas para mensurar a perimetria da coxa. A primeira é chamada de **coxa proximal,** que determinamos no plano transversal, logo abaixo da prega glútea. O outro ponto é chamado de **coxa medial,** que é o ponto médio entre a linha inguinal e a borda superior da patela.

Os pés devem estar afastados e o peso do corpo igualmente distribuído durante a mensuração.

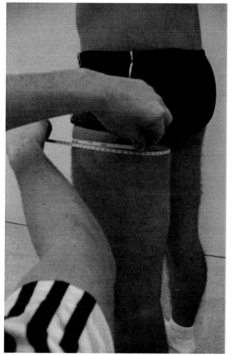 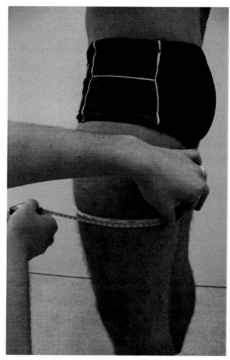

Figura 2.19: Determinação da perimetria da coxa (coxa proximal)

Figura 2.20: Determinação da perimetria da coxa (coxa medial)

PERIMETRIA DA PERNA

Pernas levemente afastadas mantendo o peso do corpo igualmente distribuído nos dois pés, posicione a trena transversalmente no ponto de maior circunferência.

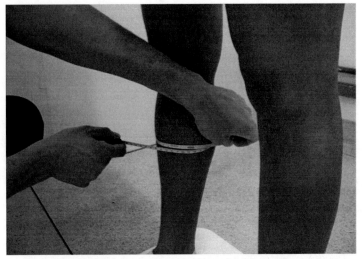

Figura 2.21: Determinação da perimetria da perna

OUTROS PERÍMETROS MENOS USADOS NA AVALIAÇÃO FÍSICA CONVENCIONAL:

PERIMETRIA DO PUNHO

É a circunferência medida sobre os processos estiloides do rádio e da ulna.

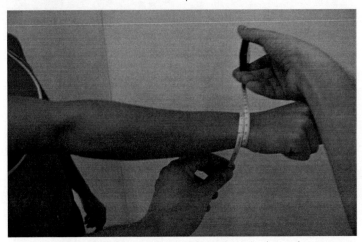

Figura 2.22: Determinação da perimetria do punho

PERIMETRIA DO PESCOÇO

Com o avaliado em pé, olhando para frente (Plano de Frankfurt). Mensurar transversalmente acima da proeminência laríngea, identificando a menor circunferência do pescoço.

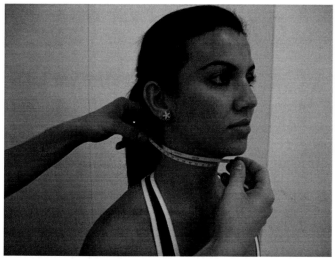

Figura 2.23: Determinação da perimetria do pescoço

PERIMETRIA DO TORNOZELO

Com o avaliado em pé, mensurar transversalmente acima dos maléolos lateral e medial, identificando a menor circunferência da tíbia.

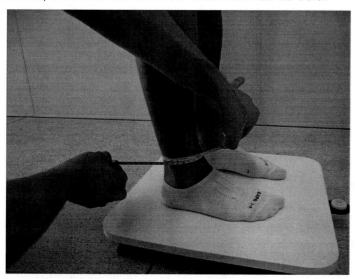

Figura 2.24: Determinação da perimetria do tornozelo

DETERMINAÇÃO DA ESPESSURA DAS DOBRAS CUTÂNEAS

Assim como nas mensurações realizadas até o presente momento, devemos seguir atentamente os procedimenros padronizados de teste e praticar para podermos aperfeiçoar as técnicas de medição de cada método [2].

Sobre a utilização das dobras cutâneas para a mensuração do percentual de gordura, podemos dizer que é um método seguro e similar aos outros, como os que usam imagens de ressonância magnética [7].

Abaixo, algumas observações importantes para que a mensuração das dobras aconteça na forma correta, minimizando os erros durante as avaliações. Mas é claro que, além de adotar os critérios abaixo, o mais importante de tudo é estar sempre praticando para que a técnica de mensuração seja cada vez mais eficiente, minimizando os erros do avaliador.

São procedimentos importantes:
- Identificar os pontos de referência (pontos anatômicos);
- Sempre realizar no hemicorpo direito (qualquer protocolo), conforme recomendação do *Anthropometric Standardization Reference Manual* [8];
- Destacar e pinçar a dobra cutânea (perceber o que está sendo pinçado, se é gordura ou músculo);
- Usar apenas o polegar direito e o indicador para pinçar a dobra cutânea;
- O compasso deve sempre estar perpendicular à dobra;
- A leitura no visor do compasso deve ser feita em no máximo 3 segundos, porque a gordura vai sendo compactada pela pressão do compasso, e quanto mais tempo você demora para fazê-la, maior será a alteração da medida;
- O compasso deve ser colocado em média a 1cm de profundidade;
- Realizar a leitura e só então tirar o compasso;
- Deve ser feita 3 mensurações não consecutivas, o que é isso? Deve ser mensurado um ponto anatômico de cada vez, para daí sim realizar novamente a segunda mensuração de todos os pontos pela segunda vez.
- Sempre deve ser adotado o valor mediano, ou seja, somam-se os três valores obtidos e divide-se por três;
- Se der muita diferença entre as mensurações (alguns autores citam que as medidas não devem passar de 5 a 8%), devemos determinar novamente as três dobras do mesmo ponto anatômico;
- O mais importante de todos os tópicos: **use compassos de qualidade!** No mercado existem vários compassos, devemos usar apenas aqueles de alta qualidade de de ótima precisão. Abaixo temos dois compassos, um chamado **científico** (Figura 2.25) e outro chamado **clínico** (Figura 2.26). A principal diferença entre eles, é que no clínico a

mensuração é em milímetros, e no científico a mensuração é feita em décimos de milímetros, ou seja, é muito mais sensível (maior precisão).

Figura 2.25: Compasso científico Sanny (leitura em décimos de milímetros)

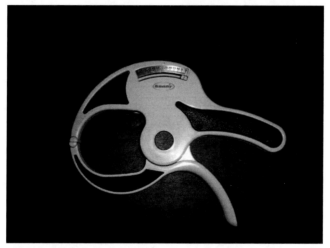

Figura 2.26: Compasso clínico Sanny (leitura em milímetros)

Devemos selecionar o compasso de dobras cutâneas (adipômetros/plicômetros) de acordo com o custo, grau de precisão e durabilidade. Quando você investe em um compasso de alta qualidade, você estará fazendo um investimento considerável, mas quando você fizer este investimento, você terá tudo isso: grau de precisão e durabilidade, tudo o que é necessário para prestar um serviço de alto nível. Hoje, temos vários compassos de dobras cutâneas; particularmente eu recomendo o adipômetro científico Classic da Sanny, o mesmo que está sendo usado nas fotos abaixo.

PERNA (PANTURRILHA MEDIAL)

O avaliado deve estar sentado com a articulação do joelho em flexão de 90 graus, em que o tornozelo deve estar em posição anatômica (relaxado). A dobra deve ser localizada na maior perimetria da perna.

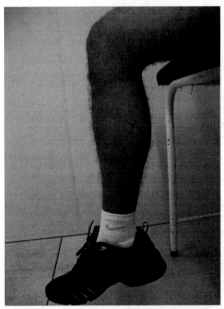

Figura 2.27: Demarcação do ponto

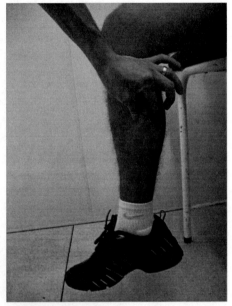

Figura 2.28: Pinçamento correto com os dedos (polegar e indicador)

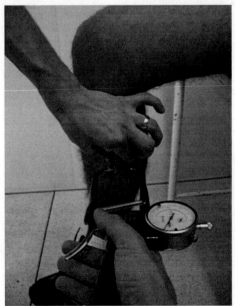

Figura 2.29: Posicionamento correto do compasso

COXA

O avaliado deve realizar uma pequena flexão do joelho direito e **deslocar todo seu peso para a perna esquerda**. A dobra é realizada paralelamente ao eixo longitudinal, sobre o músculo reto femoral na porção média entre o ligamento inguinal e a borda superior da patela. Pode ser determinado também a 1/3 da distância entre o ligamento inguinal e a borda superior da patela [9].

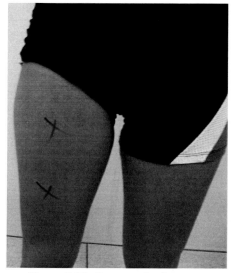

Figura 2.30: Demarcação do ponto (pontos proximal e medial)

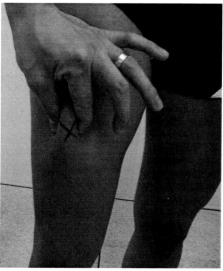

Figura 2.31: Pinçamento correto com os dedos (polegar e indicador)

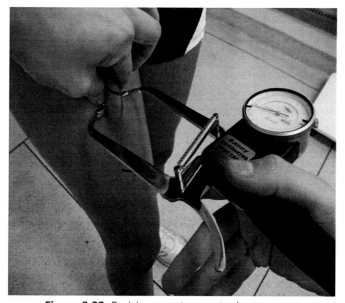

Figura 2.32: Posicionamento correto do compasso

43

ABDOMINAL

Realizada paralelamente ao eixo longitudinal aproximadamente 2 cm da cicatriz umbilical. Porém, temos a proposta de outro autor [10] com a medida realizada no mesmo ponto porém transversalmente.

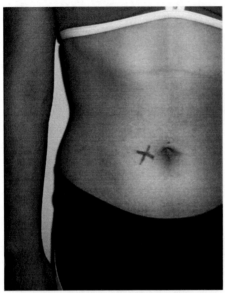

Figura 2.33: Demarcação do ponto

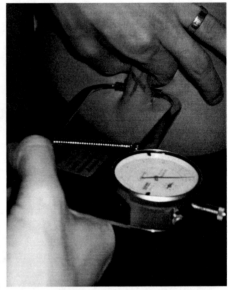

Figura 2.34: Pinçamento correto com os dedos (polegar e indicador)

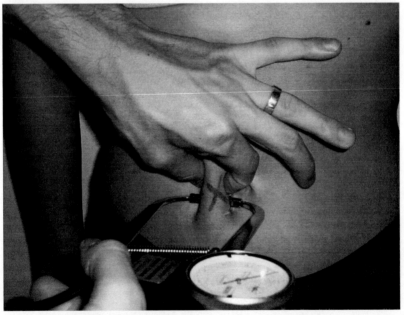

Figura 2.35: Posicionamento correto do compasso

SUPRAILÍACA

Realizada obliquamente em relação ao eixo longitudinal na metade da distância entre o último arco costal e a crista ilíaca no sentido da linha axilar média. O avaliado deve afastar ou elevar o braço para facilitar a execução da medida.

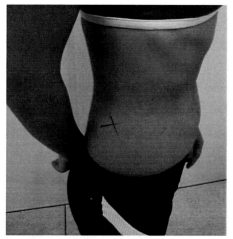

Figura 2.36: Demarcação do ponto

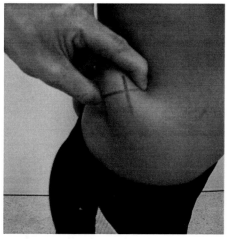

Figura 2.37: Pinçamento correto com os dedos (polegar e indicador)

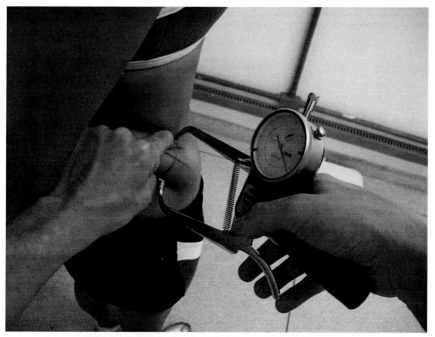

Figura 2.38: Posicionamento correto do compasso

AXILIAR MÉDIA

Realizada obliquamente [11] com o braço do avaliado deslocado para trás, no ponto de intersecção entre a linha axilar média e uma linha imaginária transversal na altura do apêndice xifoide do esterno. No momento da mensuração, o braço do avaliado deve ser deslocado para trás.

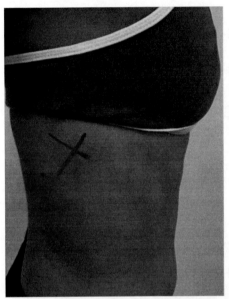

Figura 2.39: Demarcação do ponto

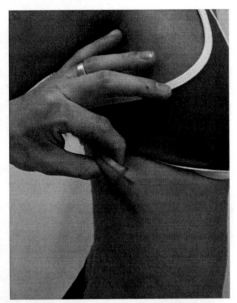

Figura 2.40: Pinçamento correto com os dedos (polegar e indicador)

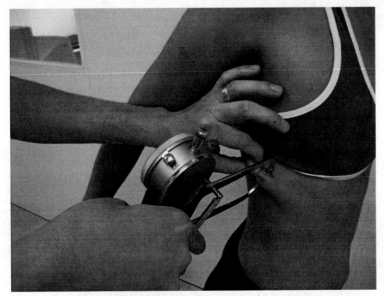

Figura 2.41: Posicionamento correto do compasso

TORÁCICA

Realizada obliquamente ao eixo longitudinal, na porção média entre o mamilo e a axila para os homens e no primeiro terço superior para mulheres.

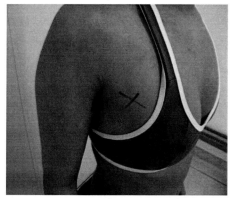

Figura 2.42: Demarcação do ponto para mulheres

Figura 2.43: Pinçamento correto com os dedos (polegar e indicador) para mulheres

Figura 2.44: Posicionamento correto do compasso para mulheres

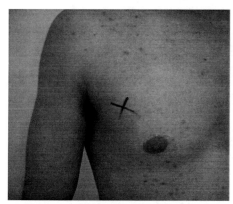

Figura 2.45: Demarcação do ponto para homens

Figura 2.46: Posicionamento correto do compasso para homens

BÍCEPS

Medida na face anterior do braço, no sentido do eixo longitudinal, no ponto de maior circunferência aparente do ventre muscular do bíceps.

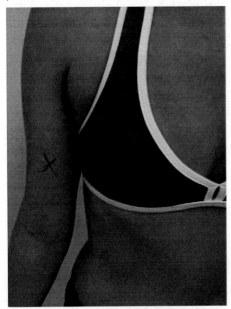

Figura 2.47: Demarcação do ponto

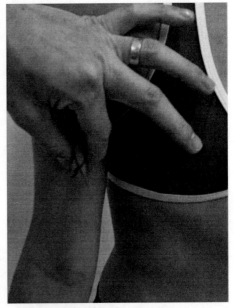

Figura 2.48: Pinçamento correto com os dedos (polegar e indicador)

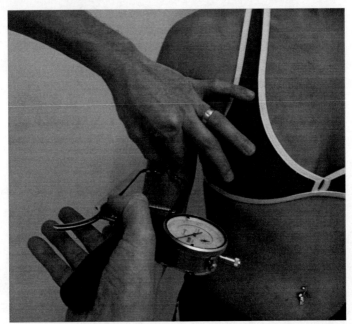

Figura 2.49: Posicionamento correto do compasso

TRÍCEPS

Medida na face posterior do braço, sobre a porção média entre o acrômio e o olécrano, paralelamente ao eixo longitudinal.

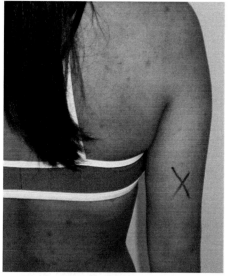

Figura 2.50: Demarcação do ponto

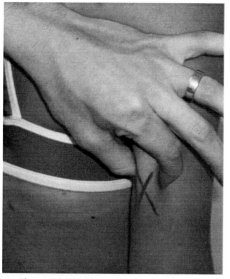

Figura 2.51: Pinçamento correto com os dedos (polegar e indicador)

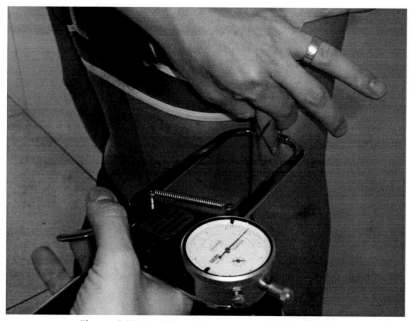

Figura 2.52: Posicionamento correto do compasso

SUBESCAPULAR

Executada obliquamente ao eixo longitudinal, na porção imediatamente abaixo da borda inferior da escápula (em média 2 cm). Para encontrar a região subescapular com facilidade, solicitar ao avaliado que faça uma leve extensão do ombro com flexão dos braços conforme Figura 2.53.

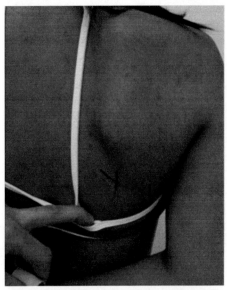

Figura 2.53: Dica para determinarmos o ponto da dobra subescapular e demarcação do ponto

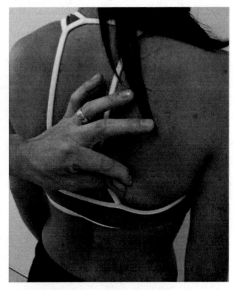

Figura 2.54: Pinçamento correto com os dedos (polegar e indicador)

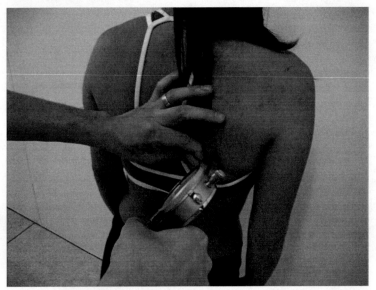

Figura 2.55: Posicionamento correto do compasso

DETERMINAÇÃO DO PERCENTUAL DE GORDURA

Até o momento, apenas mensuramos a estatura, peso (massa coporal), perímetros e dobras cutâneas. Para identificarmos o percentual de gordura, precisamos usar a equação de SIRI [13] (ver tese):

$$\%G = (495 / DC) - 450$$

Podemos observar nesta fórmula duas variáveis:
- Densidade corporal (DC)
- Percentual de gordura (%G)

Então, para identificarmos o percentual de gordura, precisamos, antes de mais nada, encontrar a densidade corporal (DC).

Abaixo, temos como exemplo o cálculo da DC utilizando a equação de Jackson & Pollock [12] para homens de 18 a 61 anos de idade:

$$DC = 1{,}10938 - 0{,}0008267\ (\Sigma 3) + 0{,}0000016\ (\Sigma 3)^2 - 0{,}0002574\ (idade)$$

Onde $\Sigma 3$ é o somatório das seguintes dobras: torácica + abdominal + coxa medial.

Para mulheres, temos que realizar o mesmo procedimento, porém utilizando outra fórmula:

$$DC = 1{,}0994921 - 0{,}0009929\ (\Sigma 3) + 0{,}0000023\ (\Sigma 3)^2 - 0{,}0001392\ (idade)$$

Onde $\Sigma 3$ é o somatório das seguintes dobras: tríceps + suprailíaca + coxa medial.

Acabamos de identificar a densidade corporal. Feito isto, devemos substituir o valor encontrado em DC na fórmula de SIRI [13]:

$$\%G = (495 / DC) - 450$$

Para identificar o percentual de gordura ideal, use as tabelas abaixo para descobrir o percentual de gordura ideal para homens e mulheres.

PERCENTUAL DE GORDURA PARA HOMENS

Tabela 2.1: Classificação do percentual de gordura para homens

Nível/idade	18-25	26-35	36-45	46-55	56-65
Excelente	4 a 6%	8 a 11%	10 a 14%	12 a 16%	13 a 18%
Bom	8 a 10%	12 a 15%	16 a 18%	18 a 20%	20 a 21%

Nível/idade	18-25	26-35	36-45	46-55	56-65
Acima da Média	12 a 13%	16 a 18%	19 a 21%	21 a 33%	22 a 23%
Média	14 a 16%	18 a 20%	21 a 23%	24 a 25%	24 a 25%
Abaixo da Média	17 a 20%	22 a 24%	24 a 25%	26 a 27%	26 a 27%
Ruim	20 a 24%	25 a 26%	27 a 29%	28 a 30%	28 a 30%
Muito Ruim	26 a 36%	28 a 36%	30 a 39%	32 a 38%	32 a 38%

PERCENTUAL DE GORDURA PARA MULHERES

Tabela 2.2: Classificação do percentual de gordura para mulheres

Nível/idade	18-25	26-35	36-45	46-55	56-65
Excelente	13 a 16%	14 a 16%	16 a 19%	17 a 21%	18 a 22%
Bom	17 a 19%	18 a 20%	20 a 23%	23 a 25%	24 a 26%
Acima da Média	20 a 22%	21 a 33%	24 a 26%	26 a 28%	27 a 29%
Média	23 a 25%	24 a 25%	27 a 29%	29 a 31%	30 a 32%
Abaixo da Média	26 a 28%	27 a 29%	30 a 32%	32 a 34%	33 a 35%
Ruim	29 a 31%	31 a 33%	33 a 36%	35 a 38%	36 a 38%
Muito Ruim	33 a 43%	36 a 49%	38 a 48%	39 a 50%	39 a 50%

A partir deste ponto, utilizaremos várias fórmulas para identificar os outros componentes.

DETERMINAÇÃO DO PERCENTUAL DE MASSA CORPORAL MAGRA

Para identificarmos o percentual de massa magra corporal devemos usar a seguinte fórmula:

$$\%MCM = 100 - \%GC$$

Basta substituir o campo percentual de gordura (%G) para saber qual é o percentual de massa corporal magra do avaliado (%MCM). Se o avaliado tiver 20% de gordura, seu %MCM será igual a 80%.

DETERMINAÇÃO DO ÍNDICE DE MASSA COPORAL (IMC)

O índice de massa corporal é muito utilizado para avaliar a normalidade do peso corporal [6]. Vários são os estudos que usam o IMC para estimar:
- níveis de obesidade;
- risco de mortalidade por doenças cardíacas;
- avaliação do sobrepeso dos indivíduos

O IMC é determinado da seguinte maneira:

IMC = Peso corporal (kg) / Estatura (m)^2

Por exemplo: um homem de 92 kg de massa corpórea e uma estatura de 1.77 m.
IMC = 92 / 1,77 2 = **29,39 kg / m²**

Tabela 2.3: Quadro de índice de mortalidade *(Guedes & Guedes, 1998)*

Valores de IMC kg/m²	Índice de Mortalidade	Classificação da obesidade
20 – 24,9	BAIXO	Limite desejável para um homem ou mulher adulto
25 – 29,9	MODERADO	Grau 1 de obesidade
30 – 40	ALTO	Grau 2 de obesidade
> 40	MUITO ALTO	Grau 3 de obesidade

Portanto, o indivíduo do nosso exemplo, está com risco **moderado** no que se refere ao Índice do mortalidade e está classificado como **grau 1 de obesidade**.

O uso do índice de massa corporal (IMC) tem algumas falhas.

Outros fatores além do excesso de gordura corporal – osso, massa muscular e até mesmo o aumento de volume plasmático induzido pelo treinamento com exercícios – afetam o numerador da equação do IMC. Um IMC alto poderia dar origem a uma interpretação incorreta de gordura excessiva em indivíduos magros com massa muscular excessiva, em virtude da constituição genética ou do treinamento com exercícios [6].

Com isso, temos que saber interpretar corretamente os valores obtidos, para não entregar dados incorretos aos alunos.

DERERMINAÇÃO DA RELAÇÃO CINTURA QUADRIL

A determinação do RCQ ou relação cintura quadril, seve para estimar o risco de problemas associados à obesidade. Alguns pesquisadores, em seus estudos relacionados à saúde, comprovam que a quantidade de gordura depositada em determinadas regiões do corpo como a cintura e o quadril estão relacionadas a futuras doenças e riscos de saúde [15].

Para determinar o RCQ, precisamos determinar os perímetros da cintura e do quadril. Para identificar essas duas medidas precisamos:

CINTURA: menor circunferência da região abdominal;
QUADRIL: ponto de maior circunferência aparente dos glúteos.

Feito isso, substitua os valores na fórmula abaixo:

RCQ / ICQ = Perímetro da cintura (cm) / Perímetro do quadril (cm)

Tabela 2.4: Normas para a proporção do ICQ para homens e mulheres (14)

RISCO / SEXO	IDADE	BAIXO	MODERADO	ALTO	MUITO ALTO
MASC	20-29	< 0,83	0,83 – 0,88	0,89 – 0,94	> 0,94
MASC	30-39	< 0,84	0,84 – 0,91	0,92 – 0,96	> 0,96
MASC	40-49	< 0,88	0,88 – 0,95	0,96 – 1,00	> 1,00
MASC	50-59	< 0,90	0,90 – 0,96	0,97 – 1,02	> 1,02
MASC	60-69	< 0,91	0,91 – 0,98	0,99 – 1,03	> 1,03
FEM	20-29	< 0,71	0,71 – 0,77	0,78 – 0,82	> 0,82
FEM	30-39	< 0,72	0,72 – 0,78	0,79 – 0,84	> 0,84
FEM	40-49	< 0,73	0,73 – 0,79	0,80 – 0,87	> 0,87
FEM	50-59	< 0,74	0,74 – 0,81	0,82 – 0,88	> 0,88
FEM	60-69	< 0,76	0,76 – 0,83	0,84 – 0,90	> 0,90

DETERMINAÇÃO DO PESO DA GORDURA CORPORAL

Para identificarmos o peso da gordura corporal, devemos usar a seguinte fórmula:

PG = PT x (%GC / 100)

Onde:
PG = peso da gordura corporal em kg;
PT = peso corporal total em kg;
%GC = percentual de gordura corporal;
Resultado expresso em kg.

Como já foi obtido o peso (massa corporal total) e o percentual de gordura, basta substituir os valores na fórmula para se obter o peso da gordura corporal.

DETERMINAÇÃO DO PESO ÓSSEO (PO)

Para identificarmos o peso ósseo, devemos usar a seguinte fórmula:

$$PO = 3,02 \ (H^2 \ x \ R \ x \ F \ x \ 400)^{0,712}$$

Onde:
H – estatura expressa em m;
R – diâmetro biestiloide rádio ulnar, expresso em cm;
F – diâmetro biepicondiliano do fêmur, expresso em cm;
Resultado expresso em kg.

O valor da estatura já foi obtido, então precisamos agora determinar o diâmetro biestiloide do rádio e o diâmetro biepicondiliano do fêmur. As medidas são executadas identificando-se os pontos anatômicos ósseos de referência da medida e colocando sobre eles as pontas do paquímetro, com pressão suficiente para comprimir a pele e o tecido adiposo adjacente. Para as medidas abaixo, devemos usar um paquímetro antropométrico pequeno.

Devemos localizar esses dois pontos da seguinte maneira:

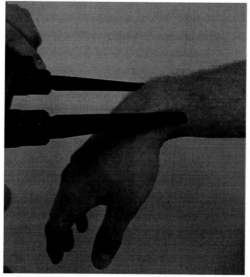

Figura 2.56: Diâmetro biestiloide rádio ulnar – Realizada com a articulação do cotovelo a 90 graus e a mão relaxada, o paquímetro é introduzido no plano horizontal, tocando os pontos de maior distância entre as apófises estiloides do rádio e da ulna direitos

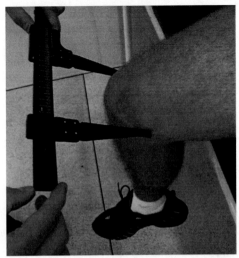

Figura 2.57: Diâmetro biepicondiliano do fêmur – Realizada com o avaliado sentado e a articulação do joelho flexionado a 90 graus. O paquímetro deve ser introduzido sob um ângulo de 45 graus em relação à articulação do joelho, tocando as bordas externas dos côndilos medial e lateral do fêmur direito

Substituindo esses valores na fórmula acima, você acaba de obter o peso ósseo do avaliado.

Os outros diâmetros corporais, geralmente não são usados na avaliação física em adultos. Quando estamos avaliando crianças em processo de crescimento com certeza o uso de todos os diâmetros se faz necessário.

Apenas para conhecimento, os outros diâmetros são:

DIÂMETROS GRANDES: biacromial, ântero-posterior, biileocristal e bitrocanteriano.

DIÂMETROS PEQUENOS: biepicondiliano do úmero, bimaleolar, biestiloide radioulnar e biepicondiliano do fêmur **(esses dois últimos usados para se determinar o peso ósseo)**.

DETERMINAÇÃO DO PESO RESIDUAL (PR)

Para essa variável, temos fórmulas diferentes para homens e mulheres:

Homens: PR = PT x (24,1 / 100)
Mulheres: PR = PT x (20,9 / 100)

Onde:
PR = peso residual corporal em kg;
PT = peso corporal total em kg;
Peso residual expresso em kg.

Somente substitua o valor de peso total (massa corporal) na fórmula para obter o peso residual para homens e mulheres.

DETERMINAÇÃO DO PESO MUSCULAR (PM)

Para a determinação do peso muscular, devemos usar a seguinte fórmula:

$$PM = PT - (PG + PO + PR)$$

Onde:
PT = peso corporal total em kg;
PG = peso da gordura corporal em kg;
PO = peso ósseo corporal em kg;
PR = peso residual corporal em kg;
Peso muscular expresso em kg.

Todas as variáveis já foram encontradas. Então devemos apenas substituir na fórmula acima e pronto, você acaba de identificar o peso muscular.

Finalmente, acabamos de fracionar e identificar todos os componentes corporais:

- Massa Muscular (peso muscular)
- Tecido Adiposo (peso da gordura corporal)
- Tecido Ósseo (peso ósseo)
- Tecido residual (peso residual)

Claro que, se todas as vezes que estivermos realizando uma avaliação física fosse necessário calcular tudo manualmente, estaríamos perdendo um tempo enorme além do risco de errar e colocar em risco a qualidade do trabalho.

O objetivo de mostrar como se faz o cálculo durante as mensurações dos diferentes componentes corporais é para mostrar a você, avaliador, como que se chega até os resultados, detalhando o que está sendo medido/mensurado.

Na prática, devemos usar os diferentes programas de avaliação física que estão disponíveis no mercado para tornar mais rápida e precisa a avaliação. Assim, quando entregar para o aluno os resultados com gráficos e tabelas, seu trabalho fica muito mais bonito, valorizando você enquanto profissional.

Referências Bibliográficas

1 – COSTA, ROBERTO F. *Manual Prático de Avaliação Física em Academias*. São Paulo: American Medical do Brasil, 2005.
2 – WEYWARD, VIVIAN H. *Avaliação Física e Prescrição de Exercício: Técnicas Avançadas*. Porto Alegre: Artmed, 4ª ed., 2004.
3 – MARINS, J. C. B.; GIANNICHI, R. S. *Avaliação e Prescrição de Atividade Física: Guia prático*. Rio de Janeiro: Shape, 3ª ed., 2003.
4 – COSTA, R. F. *Teoria e Prática da Avaliação*. São Paulo: Manole, 2001.
5 – DOMINGUES FILHO, L. A. *Manual do Personal Trainer Brasileiro*. São Paulo: Ícone, 3ª ed., 2006.
6 – MAcARDLE, W. D., KATCH, V. L., KATCH, F. I. *Fisiologia do Exercício: energia, nutrição e desempenho humano*. Rio de Janeiro: Guanabara Koogan, 6ª ed., 2008.
7 – HAYES, P. A., SOWOOD, P. J., BELYAVIN, A., COHEN, J. B., SMITH, F. W. *Sub-cutaneous fat thickness measured by magnetic resonance imaging, ultrasound, and calipers*. Medicine & Science in Sports and Exercises 20: 303-309, 1988.
8 – LOHMAN, T. G., ROCHE, A. F., MARTORELL. R. *Anthropometric standardization reference manual*. Champaign, IL: Human Kinetcs, 1988.
9 – GUEDES, D. P. *Estudo da gordura corporal através da mensuração dos valores de densidade corporal e da espessura de dobras cutâneas em universitários*. Dissertação de mestrado, Santa Maria: Universidade Federal de Santa Maria, 1985.
10 – LOHMAN. T. G. *Advances in body composition assessment*. Champaign. Human Kinetics Publishers, 1992.
11 – PETROSKI, E. L. *Antropometria Técnicas e Padrinizações*. Porto Alegre: Pallotti, 1999.
12 – JACKSON, A. S., POLLOCK, M. L. *Generalized equations for predicting body density of men*. British Journal of Nutrition, v. 40, p. 497-504, 1978.
13 – SIRI, W. E. *Body composition from fluid space and density*. Brozek & Hanschel, A. (Eds.), *Techniques for measuring body composition* (p. 223-224). Washington, D. C. National Academy of Science, 1961.
14 – BRAY, G. A., GRAY, D. S. *Anthropometric measurements in the obese*. In Anthropometric standardization reference manual, ed. T. G. Lohman, A. F. Roche, and R. Martorell, 131-136. Champaign, IL: Human Kinetics, 1988.
15 – DOMINGUES FILHO, L. A. *Obesidade e Atividade Física*. Jundiaí: Fontoura, 2000.

3. BASES TEÓRICAS DA APTIDÃO AERÓBIA

César Cavinato Cal Abad

INTRODUÇÃO

Desde a metade do século XIX as doenças cardiovasculares ultrapassaram as doenças infecto-contagiosas tornando-se as grandes causadoras de morbi mortalidade em todo o mundo [1].

Pelo fato de a atividade física, especialmente a aeróbia (ou aeróbica – e não é propósito deste capítulo discutir o mérito destas nomenclaturas), promover ajustes agudos e crônicos positivos para a prevenção destas doenças, elas acabaram ganhando muito destaque a partir do final da década de 1950, período em que muitos pesquisadores, influenciados pelo trabalho pioneiro de Ästrand, demonstraram que sujeitos com alto grau de aptidão aeróbia tinham menor risco de morrerem por estas doenças [2].

Depois da popularização do treinamento de corrida no final da década de 1960 com o primeiro trabalho de estimativa do consumo máximo de oxigênio ($VO_{2máx}$) realizado por Cooper, a ciência reconheceu esta atividade como benéfica e desde então tem demonstrado sua importância na prevenção e no tratamento de muitas doenças [3].

Mas se esta atividade traz benefícios para a saúde de quem a pratica, isso ocorre por um único motivo. É que com o acúmulo da prática de atividade física o corpo humano se ajusta para uma condição melhor da que ele se encontrava anteriormente. Este é um famoso princípio do treinamento denominado "princípio da adaptação", o qual poderá ocorrer de acordo com os estímulos específicos que são dados ao longo do tempo [4].

EXCLUSIVIDADE X PREDOMINÂNCIA

Quando iniciamos uma atividade física qualquer, uma das primeiras mudanças a ocorrer é a alteração no tamanho e na natureza química das células musculares, as quais, via sinalização aferente de mecano, metabolo e quimiorreceptores, informarão ao sistema nervoso central que a homeostase foi alterada [5]. A partir da captação destas informações o sistema nervoso central deverá promover ajustes nos demais sistemas para que haja uma compensação dos desequilíbrios causados pela atividade em questão. Entre as respostas mais evidentes para esta tentativa de restabelecimento de homeostase encontramos o aumento da frequência cardíaca (FC), da ventilação (VE) e da sudorese [6, 7, 8]. Todas estas respostas são moduladas pelo sistema nervoso autonômico como esquematizado na Figura 3.1.

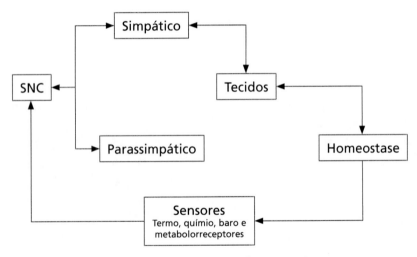

Figura 3.1: Esquematização das vias aferentes e eferentes que permitem ao sistema nervoso regular os diferentes sistemas corporais

Contudo, pelo fato de existirem vários tipos de atividades que o corpo humano consegue realizar, os ajustes também ocorrerão de diferentes formas e de diferentes magnitudes.

Normalmente, a magnitude destes ajustes será dependente do **tipo**, da intensidade e da duração da tarefa que se está praticando [9]; e para que não haja confusão sobre os efeitos de cada uma destas variáveis, se faz importante uma conceituação minuciosa de cada uma delas.

O tipo de atividade é dividido em atividades dinâmicas (contrações isotônicas ou anisométricas) ou estáticas (contração isométrica), mas como nem toda atividade é puramente dinâmica ou exclusivamente estática [10] devemos inter-relacionar estas duas variáveis do ponto de vista da predominância como veremos nos exemplos a seguir:

1) Se o seu aluno realizar uma rosca direta a 50% da sua força máxima (1 execução máxima – 1EM) * com flexão de cotovelo a 90° durante 3 min, por exemplo, o predomínio da contração ocorrida nesta atividade foi isométrica, mas não podemos negar que entre o 0° e 90° ocorreu uma ação concêntrica e do 90° ao 0° ocorreu uma ação excêntrica, ambas da contração anisométrica.

2) Ainda seguindo neste raciocínio, quando um indivíduo realiza 10 repetições a 50% de 1EM na rosca direta o predomínio da contração realizada nesta tarefa será anisométrica, mas também não podemos negar que entre o final da extensão dos cotovelos e o início da flexão ocorrerá uma fase isométrica.

3) Vale ressaltar também que em atividades com pesos, cuja carga seja muito próxima de 1EM, o movimento será tão lento que, apesar de esta atividade se caracterizar como dinâmica, pelo fato de os músculos se contraírem demasiadamente, o componente isométrico também será elevado.

A intensidade da atividade é determinada como leve, moderada ou intensa e são definidas pelas respectivas cargas (repouso e 45% = leve; 50 e 80% = moderada e 85 a 100% = intensa). É a intensidade, portanto, quem determinará o metabolismo responsável pela tarefa (aeróbio ou anaeróbio).

Mas da mesma forma como não existe atividade puramente isométrica ou puramente estática, também não é possível haver uma atividade exclusivamente aeróbia e nem exclusivamente anaeróbia [11, 12]. Desse modo, também iremos ilustrar esta afirmativa com alguns exemplos:

1) Quando o indivíduo realiza uma corrida de 100 m ou faz uma execução máxima (1EM) no supino reto, o maior responsável por estas atividades será o sistema anaeróbio alático (ATP-CP). Contudo, não poderemos afirmar que este sistema estará atuando exclusivamente; afinal de contas, segundo a teoria do recrutamento ordenando de unidades motoras, para conseguirmos recrutar as fibras brancas (Tipo IIa e/ou Tipo IIb) se faz necessário primeiro recrutarmos as fibras ver-

---

* Abolimos o termo repetição máxima, pois no caso de uma única execução o termo repetição não se aplica.

melhas as quais trabalham melhor com metabolismo aeróbio. Assim, pelo fato de estas atividades terem uma pequena contribuição do sistema aeróbio, o predomínio do fornecimento de energia é pelo metabolismo anaeróbio, mas ele não é exclusivo.

2) Da mesma forma, quando realizamos um teste progressivo que inicia com intensidade leve e aumenta gradativamente, nas cargas mais baixas há predomínio aeróbio e, à medida que nos aproximamos da carga máxima, aumenta a participação anaeróbia, mas nunca poderemos dizer que há exclusividade destes metabolismos nas respectivas fases.

3) Seguindo o mesmo raciocínio, se analisarmos as modalidades coletivas como vôlei, basquete, handebol e futebol, por exemplo, todas terão características intermitentes onde haverá a participação dos dois metabolismos. Entretanto, haverá predominância metabólica não só em relação a cada ação muscular do jogo, mas também em relação à partida como um todo. Se analisarmos o futebol como exemplo, pelo tempo total (90 min) ele terá o predomínio aeróbio; contudo, as ações de chutes, saltos, arrancadas e divididas dependerão muito mais do metabolismo anaeróbio (ATP-CP). Desse modo, seria errôneo pensar somente no tempo total da partida e elaborar um treinamento que visasse só o metabolismo aeróbio para melhorar o desempenho no futebol como já feito por alguns no passado.

Quanto à duração da tarefa, ela se divide em curta, média ou longa [13], sendo importante lembrar que ela possui inter-relação com a intensidade, ou seja, atividades muito intensas tendem a durar menos e atividades que precisem ser mais duradouras precisam ser menos intensas. Como exemplo, vejamos a Tabela 3.1. Nela estão as médias de tempos (m/s) dos recordistas mundiais masculinos de algumas provas do atletismo onde se pode perceber que, à medida que a distância da prova aumenta, a velocidade da corrida diminui, sendo a predominância metabólica uma das principais responsáveis por este comportamento.

Tabela 3.1 – Representação da velocidade média (m/s) dos recordes mundiais de diferentes provas do atletismo (masculino).

Prova (m)	Atleta	Local	Tempo	Vel. média (m/s)
400	Michael Johnson	Atlanta	43.49s	9,1975
800	Vebjoern Rodal	Atlanta	1:42.58s	7,7987
1500	Noah Ngeny	Sidney	3:32.07s	7,0731
5000	Kenenisa Bekele	Pequim	12:57.82s	6,4282

| 10000 | Kenenisa Bekele | Pequim | 27:01.17s | 6,1683 |
| 42195 | Samuel K. Wanjiru | Pequim | 2h06:32 | 5,5578 |

Agora que já compreendemos o que é tipo, intensidade e duração também precisamos compreender que o corpo se ajusta de formas diferentes à medida que vai sendo exposto várias vezes a estes estímulos; este é o chamado efeito crônico ou treinamento.

Os ajustes ocorridos durante a prática da atividade são denominados subagudos e os ocorridos imediatamente após a interrupção são chamados de agudos e ambos relacionam-se com ajustes de curto prazo (exercício) [10, 14]. Do mesmo modo, ao compararmos um fisiculturista, um jogador de futebol e um maratonista, supondo que todos sejam profissionais e treinados há mais de 10 anos, também identificaremos diferenças notáveis entre os sistemas corporais de cada um deles. Neste caso, por submeterem o organismo a efeitos subagudos e agudos (curto prazo/exercício) diferentes ao longo de muito tempo (longo prazo/treinamento), o organismo de cada um deles também sofrerá ajustes fisiomórficos diferenciados. Com isso, entendemos que, além do tipo, intensidade e duração da tarefa, a frequência com que ela é praticada também irá fazer diferença no ajuste que se pretende proporcionar. Assim, seria muito difícil alguém ser um excelente maratonista praticando corrida somente uma vez por ano da mesma forma que seria quase impossível alguém se tornar um excelente jogador de futebol treinando apenas uma vez por mês ou fisiculturista carregando pesos uma vez por semana.

APTIDÃO AERÓBIA

Aptidão aeróbia se refere à capacidade de um indivíduo realizar uma atividade cuja dependência energética é predominantemente aeróbia, i.e., utilizando oxigênio (O_2) [15]. Assim, aquele indivíduo que conseguir produzir maior trabalho utilizando maior quantidade de O_2, durante o maior tempo possível, com a máxima eficiência, teoricamente, terá maior aptidão do que aquele que não consegue.

Mas para que este consumo de O_2 (VO_2) seja possível, será necessária a integração entre diferentes sistemas corporais, especialmente músculos, coração e pulmões, os quais serão controlados pelo sistema nervoso central [16]. Esquematizaram de forma muito didática esta interação simbolizando cada um deles como um sistema de engrenagens (Figura 3.2) onde o funcionamento da primeira fará as outras funcionarem na mesma proporção.

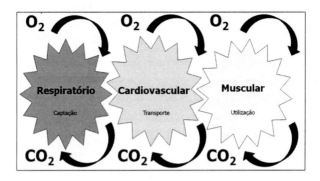

Figura 3.2: Modelo representativo da interação entre os diferentes sistemas corporais para manutenção da homeostasia das células musculares (adaptado de Wasserman, 1990) [16]

Com este modelo compreendemos facilmente que, à medida que o músculo contrai e aumenta sua necessidade por O_2, os pulmões deverão fazer mais trocas gasosas e o coração terá que bater mais rápido para levar mais O_2 para os músculos ao mesmo tempo em que retira mais dióxido de carbono (CO_2) e o leva para os pulmões.

Nestas condições, enquanto houver substrato energético e os sistemas interagirem de modo a garantir a homeostase corporal a tarefa poderá se prolongar por várias horas [17].

É como se nosso corpo fosse um carro. Nosso tecido adiposo, o glicogênio hepático, o glicogênio muscular e a glicose circulante seriam o tamanho do nosso tanque. O O_2 seria nosso combustível. O sangue seria a bomba de combustível. E, por razões óbvias, os músculos seriam os motores.

Nesta situação, enquanto houvesse combustível no tanque e os músculos conseguissem utilizar este combustível sem terem nenhum prejuízo de superaquecimento ou qualquer outro problema ele continuaria a funcionar.

Agora imaginemos dois carros (A e B). O A possui um tanque de gasolina com 40L, motor 1.0, utiliza 10L de gasolina a cada km e atinge velocidade máxima de 120 km/h. O carro B possui um tanque de 60L, motor 2.0, utiliza 8L de gasolina a cada km rodado e pode chegar a até 180 km/h.

Sabendo estas características, qual deles seria melhor?

Espero que sua resposta tenha sido nenhum dos dois. Isso mesmo! Nenhum dos dois, pois a reposta correta para esta pergunta seria: depende.

Depende porque poderíamos entender a palavra "melhor" como: mais rápido, mais econômico, ou com maior autonomia e, neste caso, para cada uma destas variáveis teríamos respostas diferentes.

Se analisarmos dois corredores de 10 km (A e B) com as respectivas características: peso=70 e 65 kg; estatura=170 e 160 cm; %G=8 e 10%; velocidade máxima=19 e 18 km/h; tempo médio das últimas 10 provas do ano=29 min para ambos, sendo que cada um venceu 5 delas, se repetíssemos a pergunta anterior qual deles seria o melhor? A, B ou depende?

Se respondeu qualquer uma das anteriores errou, pois a resposta correta seria qualquer um. Isso mesmo! Qualquer um. Por quê?

Porque se eles têm o mesmo tempo médio de prova e cada um ganhou metade delas, ambos são igualmente bons e teríamos 50% de chance para cada um ganhar.

Tudo bem que é mais fácil ganhar na megassena em 4 semanas seguidas do que encontrar uma situação como esta, pois, na prática, nunca dois corredores estarão tão equiparados como em nosso exemplo. Portanto, quando encontramos corredores com diferentes características podemos fazer algumas perguntas que talvez nos possibilitem arriscar melhores previsões. Se perguntássemos, por exemplo: Onde está o tanque? Quanto cabe de combustível em cada um? Onde está o motor? Qual velocidade máxima cada motor atinge? Quanto tempo na velocidade máxima cada motor consegue trabalhar? Conseguiríamos tentar prever o que poderia ocorrer com cada um deles em cada tipo de prova.

Obviamente responder estas perguntas seria muito mais difícil do que quando pensamos nos carros, pois, afinal de contas, fisiologia nem sempre é tão exata quanto mecânica, e mesmo sabendo que nem sempre acertaremos em 100% de nossa previsão será melhor partir de alguns pressupostos [18, 19, 20, 21] e ajustar o treinamento quando necessário do que simplesmente contar com a sorte para nosso aluno/atleta melhorar sua *performance* (a não ser que você já tenha conseguido ganhar na megassena 4 semanas seguidas, então poderá contar com sua sorte. Mas se tivesse ganho, acredito que certamente você estaria fazendo outras coisas ao invés de estar com este livro nas mãos).

Uma das formas de tentar prever o quanto nossos atletas/alunos podem render é verificar a aptidão aeróbia deles acessando a capacidade e a potência aeróbia de cada um. Para melhor compreender como podemos utilizar essa parte da Fisiologia do Exercício em nosso favor iremos comparar nossa aptidão com um sistema hidráulico.

A Figura 3.3 representa duas caixas d'água (A e B). Nelas observamos que ambas possuem as mesmas dimensões e, portanto, em tese, podem armazenar o mesmo volume total de água. Contudo, como a caixa B está mais cheia do que a A é ela quem está com a maior capacidade.

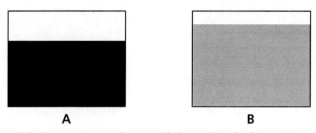

Figura 3.3: Representação da capacidade aeróbia de dois sujeitos A e B

A Figura 3.4 possui as mesmas caixas d'água, porém, agora cada uma está com sua respectiva saída de água. Nelas verificamos que o tanque que possui o maior cano (tanque A) é o mais potente, pois utilizará maior quantidade de água em unidade de tempo. É como se comparássemos o carro 1.0 com um 2.0.

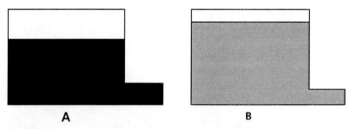

Figura 3.4: Representação da potência aeróbia de dois sujeitos A e B. Capacidade e potência aeróbias

Com o exemplo anterior, entendemos que a aptidão aeróbia é composta de duas variáveis importantes: 1) a capacidade e 2) a potência (Figura 3.5), onde a primeira é definida pelo total de energia que o sistema aeróbio possui disponível [15] e a segunda representa o quanto de energia deste metabolismo conseguimos utilizar em unidade de tempo quando grandes grupos musculares estão envolvidos na tarefa [22].

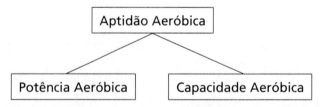

Figura 3.5: Representação dos componentes da aptidão aeróbia

Com o exposto, dependendo da modalidade em questão nosso treino poderá focar em três objetivos distintos: 1º) melhorar a capacidade aeróbia; 2º) melhorar a potência aeróbia e 3º) melhorar ambos. A caixa B da Figura 3.6 representa o incremento tanto da capacidade quanto da potência aeróbia após um período razoável de treinamento.

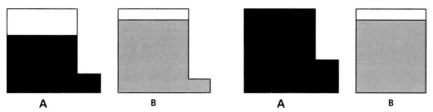

Figura 3.6: Representação de um mesmo sujeito antes (A) e após um período de treinamento com melhora da capacidade e potência aeróbias (B)

Em termos práticos a capacidade aeróbia de um sujeito será determinada pelos limiares metabólicos – ou por outras variáveis associadas a esta – e a potência aeróbia será determinada pelo consumo máximo de oxigênio ($VO_{2máx}$).

Entende-se por $VO_{2máx}$ a MÁXIMA capacidade que um indivíduo possui de utilizar oxigênio pelos músculos em unidade de tempo. Ele pode ser expresso em termos absolutos (l/min ou ml/min) ou relativos ao peso corporal (ml/kg/min) ou ainda por correções alométricas (ml/kg/min)$^{-67}$ quando necessário [23-25].

Apesar de o $VO_{2máx}$ expressar a máxima eficiência de interação entre os sistemas respiratório, cardiovascular e muscular (ver Figura 3.2), por razões conceituais só se aceita esta terminologia quando há existência de um platô em sua curva mesmo com o aumento da intensidade. Quando há o término da tarefa em intensidade máxima por fadiga de seu executante e não há ocorrência de um platô no VO_2, então ele passa a ser denominado de VO_{2pico}.

A Figura 3.7 exemplifica a diferença de comportamentos na curva de VO_2 que determina se o mesmo será considerado máximo ou pico.

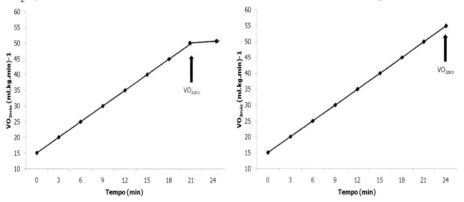

Figura 3.7: Representação da obtenção do $VO_{2máx}$ (esquerda) e do VO_{2pico} (direita)

Midgley e colaboradores [26] verificaram os diferentes estudos para a determinação do $VO_{2máx}$ e notaram que a maioria utiliza os seguintes critérios:
• Existência de platô, i.e., variação do VO_2 < 150mL/min ou < 2,1 (mL.kg.min)$^{-1}$;
• FC a 90% da máxima prevista;

- Concentração sanguínea de lactato > 8 mMol/L;
- Quociente respiratório (QR) > 1,1;
- Sinais de fadiga.

A obtenção do $VO_{2máx}$ ou VO_{2pico} (e frequentemente a literatura apresenta estas duas variáveis como sinônimos) só é possível pela realização de testes máximos com medida direta do VO_2, a qual pode ser realizada com diferentes tipos de equipamentos (sistema aberto ou fechado), devendo o avaliador ser conhecedor das vantagens, desvantagens e limitações de cada um deles [27-34].

Como a maioria destes equipamentos é de alto custo financeiro, na impossibilidade de medir o VO_2 de forma direta alguns autores propuseram sua estimativa de forma indireta ou duplamente indireta através de equações matemáticas que, geralmente, consideram a idade do sujeito [35, 36], medidas corporais [37, 38], o trabalho realizado em W, J ou kpm.min^{-1} [39, 40], a distância percorrida em determinado tempo [41, 42], o tempo em que se percorre determinada distância [43, 44], a FC para determinado trabalho produzido [45-48] e até mesmo sem prática de exercício físico [49-51]. O Capítulo 4 traz algumas destas possibilidades de avaliação.

O VO_2 pode ser também medido ou estimado pela utilização de diferentes ergômetros e lugares: pista [41, 52-54], piscina [55-57], degrau [58-60], bicicleta [39, 61, 62], esteira [49, 63-65], remo [66-68], e também com diferentes protocolos de rampa [69-71], escalonado [72-74], progressivo [75-77] ou retangular [78-81], sendo a combinação de cada fator dependente do objetivo da avaliação, dos equipamentos disponíveis e das preferências e condições de cada avaliador/avaliado.

Quando há possibilidade de medida direta do VO_2, sua cinética (comportamento de sua curva em determinado teste) também deve ser levada em consideração, pois esta poderá variar não só por causa dos fatores já citados anteriormente (equipamento, ergômetro, protocolo e sujeito), mas também conforme o período escolhido para construção de sua curva (i.e. a cada respiração, 10, 20, 30, 60s ou média da carga), do tempo para ocorrer fadiga muscular e do ajuste matemático aplicado para sua análise (linear, mono-exponencial, biexponencial, triexponencial, quadrático ou sigmoidal) [82].

CINÉTICA DO VO_2

Tradicionalmente, durante testes com cargas crescentes, desde os trabalhos pioneiros de Hill e Lupton [22] e posteriormente de Astrand e Rhyming [83], acreditava-se que o comportamento do VO_2 era linear. Contudo, depois que Whipp e Ward [84] verificaram que a sincronia entre captação, transporte e utilização de oxigênio era dependente da intensidade do exercício, abriu-se um novo campo para compreensão dos atrasos encontrados na elevação do VO_2 em sua estabilização ou em sua falta de linearidade.

Gaesser e Poole [85] foram os primeiros a denominar domínios de intensidades a partir da cinética do VO_2 definindo-os como moderado, pesado, e severo. O domínio moderado é aquele realizado abaixo do primeiro limiar com aumento e estabilização do VO_2, mas sem aumento contínuo na concentração sanguínea de lactato. O domínio pesado é feito em intensidades entre o primeiro e o segundo limiar onde o VO_2 é maior do que no domínio moderado e também estabiliza, porém sua estabilização é mais tardia, possuindo um componente chamado "componente lento VO_2" [85].

Nas intensidades de exercício no domínio severo realizadas acima do segundo limiar, o VO_2 aumenta progressivamente de forma biexponencial em intensidades abaixo do VO_{2pico}, por causa do componente lento, ou acima do VO_{2pico} seu aumento é exponencial, alcançando o valor máximo ao final do exercício. A Figura 3.8 exemplifica cada um dos domínios e fases descritos anteriormente.

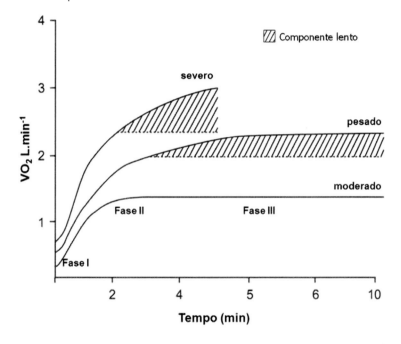

Figura 3.8: Representação da cinética de consumo de oxigênio durante exercício de carga constante abaixo e acima do segundo limiar. Fase I – atraso temporário do VO_2 com duração aproximada de 15 a 20 segundos. Fase II – aumento contínuo no VO_2 com estabilização (*steady-state*) normal no domínio moderado e atraso de estabilização nos domínios pesado e severo. Fase III – o VO_2 estabiliza e permanece com pouca variação até o final, representando um aparente equilíbrio metabólico no domínio moderado. Essa estabilização representa a principal característica da fase III, mas, nos domínios pesado e severo, o VO_2 correspondente à carga encontra-se acima do predito pela relação VO_2 – carga podendo não estabilizar

Entre as vantagens de se estudar a cinética do VO_2 encontramos: (i) a possibilidade de compreender melhor o metabolismo oxidativo durante a atividade (fase *on*); (ii) o metabolismo anaeróbio durante a recuperação (fase *off*) e (iii) a qual domínio de exercício determinada carga corresponde [86-89].

Independente do método pelo qual o $VO_{2máx}$ é obtido (protocolos progressivos ou de cargas constantes), sua determinação fundamenta a prescrição mais individualizada do treinamento e possibilita efeitos mais específicos graças à maior precisão na aplicação e controle das cargas de treino individualizado.

Outras variáveis igualmente importantes para maior individualização do treinamento são: a FC, os limiares metabólicos, a potência crítica (PtC), a velocidade crítica (VelCr), o tempo de exaustão (Tlim) e o tempo de prova ou *"Time Trial"* os quais serão descritos a seguir.

LIMIARES METABÓLICOS

Apesar de atualmente serem muito comuns termos que denominem fenômenos fisiológicos idênticos de formas diferentes e nomenclaturas iguais para fenômenos fisiológicos totalmente distintos, parece haver um consenso na literatura que diversos marcadores fisiológicos podem expressar maior ou menor participação dos metabolismos aeróbio/anaeróbio em diversas atividades.

Vale ressaltar que as diferenças encontradas entre as proposições para identificação destes limiares ocorrem pelos variados métodos, princípios fisiológicos, protocolos, ergômetros e populações originalmente investigadas por cada autor e neste capítulo não temos o propósito de entrar no mérito do julgamento de valor dos termos adotados, mas apenas apresentá-los.

Durante muitos anos, a relação de causa e efeito entre estes limiares foi amplamente debatida por muitos pesquisadores. Neary [90] e colaboradores, mas com os achados de Hagberg [91], verificaram aumento da VE mesmo em indivíduos com síndrome de McArdle; atualmente se aceita que estes limiares não possuem relação de causa e efeito, mas estão todos correlacionados ao mesmo fenômeno que é a alteração na participação metabólica para ressíntese de ATP. Nesta ideia, podemos supor que o sistema nervoso central altera diferentes sistemas corporais à medida que recebe informações sensoriais de vários territórios, sendo possível que a cinética da interação entre estímulo-resposta (*feedback*) em cada um destes sistemas corporais distintos seja diferenciada, o que ocasionaria respostas mais rápidas ou mais lentas (Figura 3.1). Esta ideia é reforçada pela chamada "teoria do governador central" elaborada por Noakes [92], que, apesar de algumas críticas [93-96], explica, em parte, a ocorrência da fadiga e interrupção da atividade. Neste modelo, são considerados fatores periféricos e também fatores centrais do subconsciente. Vale destacar que, apesar de este conceito ser inovador e permitir muitas especulações, tradicionalmente, a maioria dos estudos relaciona a fadiga com fatores periféricos, associando-os com o comportamento de variáveis metabólicas como lactato sanguíneo, glicemia, entre outros, que serão detalhados a seguir:

MÁXIMO ESTADO ESTÁVEL DE LACTATO

O máximo estado estável de lactato (MEEL) parte do princípio de que se a produção de lactato é igual a sua remoção, então o fornecimento de energia ocorre predominantemente pelo metabolismo aeróbio.

Nas intensidades em que há aumento gradativo nas concentrações sanguíneas de lactato, sua produção supera a remoção, indicando que o metabolismo glicolítico anaeróbio aumenta sua participação no fornecimento de energia [97].

Embora não se saiba a origem do nome [98] o MEEL é definido por Tegtbur, Busse e Braumann [99] como a maior intensidade de exercício constante que não provoca alteração da concentração sanguínea de lactato em relação ao repouso. Normalmente se aceita uma variação de 1mM entre o 10° e o último minuto de exercício com tempo total de 20 min ou mais [100 - 102]. A Figura 3.9 representa de forma esquemática a obtenção do MEEL.

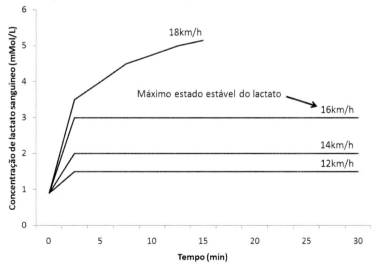

Figura 3.9: Representação da obtenção do máximo estado estável de lactato pelo comportamento da curva da concentração sanguínea de lactato, em testes com cargas constantes aplicados em dias diferentes

A validade deste método gerou grande aceitação e discussão acadêmica [103, 104]; e embora Svedahl e McIntosh [98] afirmem ser este o melhor método para encontrar a transição metabólica, devido à necessidade de execução de muitos testes e do elevado número de visitas ao laboratório sua utilização prática é até certo ponto limitada.

Como alternativa surgiram os testes progressivos que permitem estimar o MEEL em apenas uma única sessão de exercício.

LIMIAR DE LACTATO

O termo limiar de lactato refere-se à identificação das zonas de transição, durante teste progressivo pela utilização da análise da concentração de lactato em sangue venoso ou arterializado [105] e pode ser feita por inspeção visual [106, 107], por ajustes matemáticos [108-111] ou por valores fixos de concentração [112].

Um fato curioso é que mesmo quando diferentes autores optam pela mesma forma de identificação, ainda assim continua havendo divergências entre eles quanto ao ponto exato de ocorrência dos limiares [113]. Um exemplo desta falta de uniformidade, usando valores fixos de concentração sanguínea de lactato, para o primeiro limiar é que Kindermann, Simon e Keul [114], Skinner e McLellan [115] e Kiss [116] recomendam a utilização de 2,0 mM de lactato, enquanto La Fontaine, Londeree e Spath [117] recomendam 2,2 e Hurley e colaboradores [118] sugerem 2,5 mM.

Para o segundo limiar, continuando com o critério de valor fixo, Kiss e colaboradores [119] justificam 3,5 mM, enquanto Sjödin e Jacobs [120], Heck e colaboradores [97], Rusko, Rahkila e Karvinen [121] e Foxdal, Sjodin, Sjodin e Ostman [122] recomendam 4,0 mM (Figura 3.10).

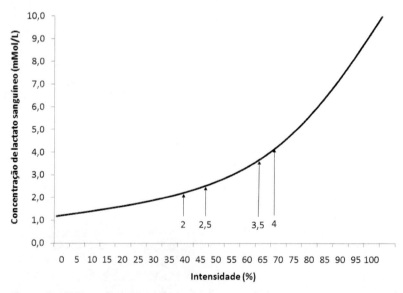

Figura 3.10: Representação do comportamento do lactato, em teste progressivo, para identificação do limiar de lactato baseado em diferentes critérios

Pelo fato de haver divergências nas cargas de trabalho quando se adotam valores fixos de concentração sanguínea de lactato, alguns autores sugerem levar em consideração sua cinética individual da curva que pode minimizar erros.

Stegmann, Kindermann e Schnabel [123], por exemplo, individualizaram a identificação do segundo limiar desenvolvendo um modelo matemático para sua identificação baseada na remoção do lactato durante a fase de recuperação.

Os autores denominaram este método de limiar anaeróbio individual (IAT) conforme representado na Figura 3.11.

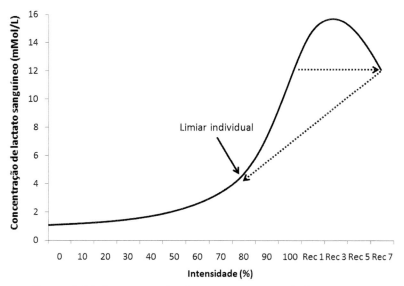

Figura 3.11: Representação do comportamento do lactato em teste progressivo e na recuperação para Identificação do limiar anaeróbio individual. Adaptado de STEGMANN; KINDERMANN; SCHNABEL, 1981 [123]

Tal modelo teve grande aceitação de diversos pesquisadores que afirmam que o IAT permite estimar o MEEL [124, 125].

Outra ideia bastante interessante foi apresentada por Tegtbur, Busse e Braumann [99], que aplicaram um teste incremental em 25 corredores e cinco jogadores de basquete, mas deram um estímulo intenso prévio, ao qual provocou acidose metabólica (Wingate, por exemplo). Com isso, durante o teste incremental, verificaram três fases na curva de lactato: 1) declínio inicial, 2) estabilização e 3) elevação. O lactato mínimo é identificado pelo "U" formado na curva e a velocidade do teste em que houve equilíbrio entre a produção e a remoção de lactato é denominada de velocidade de lactato mínimo.

Segundo Jones e Doust [101], a velocidade de lactato mínimo corresponde à velocidade do MEEL (Figura 3.12).

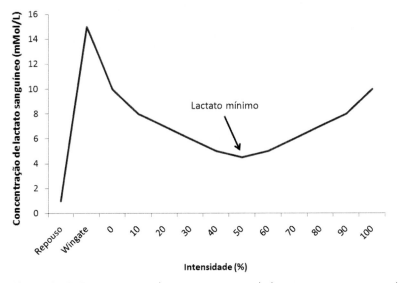

Figura 3.12: Representação do comportamento do lactato em teste progressivo, com estímulo anaeróbio prévio para identificação do lactato mínimo

Além do lactato, alguns estudiosos procuraram compreender melhor o comportamento de outros marcadores fisiológicos.

Chwalbinska-Moneta e colaboradores [126] analisaram catecolaminas em exercício progressivo, Port [127] verificou o cortisol e Cooper e Barstow [128] verificaram a glicose. Mazzeo e Marshall [129] realizaram um estudo em esteira e bicicleta em 12 homens e, após medirem a concentração de epinefrina plasmática e a concentração sanguínea de lactato, afirmam haver relação causal entre elas sugerindo que os limiares podem ser identificados pelos dois marcadores.

Simões e colaboradores [130] também encontraram correlação da glicose com o lactato mínimo e propuseram a identificação dos limiares pela concentração sanguínea de glicose.

Yuan, Wong e Chan [131] verificaram o comportamento da amônia (outro marcador com incremento proporcional à intensidade do exercício) e, após compararem suas concentrações com as concentrações sanguíneas de lactato em cinco protocolos progressivos diferentes, concluíram que o "limiar de amônia" também é um parâmetro fisiológico que pode ser utilizado para avaliação e prescrição de exercícios, principalmente aeróbios.

Como visto, alguns marcadores fisiológicos permitem identificar os limiares metabólicos, contudo a necessidade de coleta de sangue se torna um fator limitante, pois aumenta os riscos de contaminação, necessita de mão de obra especializada e requer equipamentos de análise sofisticados.

Como alternativa para obtenção dos limiares metabólicos, ao invés da análise da concentração sanguínea de marcadores fisiológicos há também a possibilidade de identificar estes limiares pelo comportamento de variáveis respiratórias recebendo este o nome de limiar ventilatório.

LIMIAR VENTILATÓRIO

Este método baseia-se no comportamento de algumas variáveis respiratórias como VE, VO_2, volume de dióxido de carbono (VCO_2), fração expirada de oxigênio (FeO_2), fração expirada de dióxido de carbono ($FeCO_2$), quociente respiratório (QR), razão da VE pelo VO_2 (VE/VO_2), razão da VE pelo VCO_2 (VE/VCO_2), pressão parcial final de oxigênio ($PetO_2$) e pressão parcial final de dióxido de carbono ($PetCO_2$).

Wasserman e McIlroy [132] foram os primeiros a identificar as zonas de transição metabólica pela análise de variáveis ventilatórias e denominaram o ponto onde encontraram "quebra" da linearidade na curva da VE de limiar anaeróbio. Este nome foi dado pelo fato de acreditarem que o limiar ventilatório ocorria graças à hipóxia muscular durante exercício e, mesmo com esta hipótese sendo refutada, mantiveram a nomenclatura a qual é seguida até hoje por alguns grupos de pesquisa.

A identificação do limiar ventilatório surgiu da "quebra" da curva da VE por inspeção visual que foi bem aceita por alguns [107, 133], mas questionada por outros [134] que, na tentativa de minimizar a subjetividade da inspeção visual, propuseram que a identificação do limiar fosse feita por dois ou mais avaliadores experientes de forma isolada um do outro. Contudo, pelo fato de nem sempre as curvas apresentarem "quebras" visualmente detectáveis, era comum perder algum dado da amostra investigada.

Para evitar a perda de dados e aumentar a acessibilidade dos limiares das amostras investigadas, pesquisadores mais cautelosos preferiram objetivar o método e propuseram ajustes matemáticos nas curvas das variáveis respiratórias. Beaver, Wasserman e Whipp [135], por exemplo, utilizaram análise de regressão computadorizada sobre as curvas de VCO_2/VO_2 e identificaram o limiar ventilatório em 100% da amostra (85 sujeitos) denominando esta estratégia de "V-Slope".

Outros autores também utilizaram modelos matemáticos para obtenção dos limiares ventilatórios, entre os quais destacam-se Bunc e colaboradores [136], Cheng e colaboradores [110] e Orr, Green e Hughson [137].

Mas, assim como ocorre com o limiar de lactato, os limiares ventilatórios também não possuem uniformidade nos nomes nem nos critérios adotados pelos diversos pesquisadores, sendo comum encontrar na literatura autores que utilizam nomes iguais e critérios diferentes ou utilizam nomes diferentes e mesmos critérios para suas identificações [138, 139, 101, 140, 115, 141]. Neste caso os que pretendem utilizar estas variáveis na prática, mas não possuem experiência ou familiarização com o assunto, poderão cometer erros de interpretação ao considerar nomenclaturas idênticas de estudos diferentes que se referem a fenômenos distintos ou vice-versa. Uma alternativa para minimizar esta problemática seria a adoção de metodologias mais simples e financeiramente menos dispendiosas como as que serão detalhadas adiante.

PONTO DE DEFLEXÃO DA FC

Como os equipamentos necessários para identificação dos limiares ventilatórios e de lactato são geralmente caros e impossibilitam sua utilização, buscaram-se alternativas para detecção dos limiares metabólicos mensurando-se variáveis fisiológicas obtidas de equipamentos mais baratos.

Em 1982, Conconi e colaboradores [142] propuseram a identificação do limiar metabólico pela mensuração da FC realizando testes de corrida em campo em duzentos e dez corredores. Os autores perceberam que nas intensidades mais elevadas de trabalho havia uma "quebra" na linearidade na curva da FC, a qual era coincidente com o limiar de lactato (Figura 3.13).

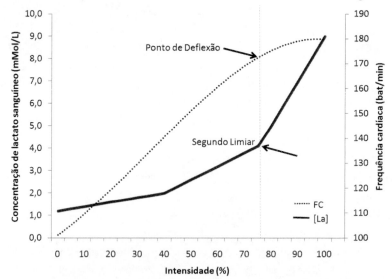

Figura 3.13: Comportamento da frequência cardíaca e da concentração sanguínea de lactato com as respectivas indicações de quebra de linearidade do comportamento da frequência cardíaca e do lactato

Tal "quebra" foi denominada por eles de ponto de deflexão da FC (PDFC) e após este achado tal tema foi explorado em indivíduos praticantes de diferentes modalidades esportivas [143], em crianças [144] e também em atletas de modalidades específicas como, por exemplo, ciclistas profissionais [145].

Contudo, outros grupos acabaram criticando tal método afirmando que o PDFC não ocorre em todos os sujeitos [146], que a subjetividade da identificação provoca interpretações errôneas [47]; que ele só ocorre por causa do protocolo utilizado [147]; que não reflete um fenômeno fisiológico [148] e não pode ser utilizado para avaliação e prescrição de exercício em todas as populações [149].

Talvez a discordância entre os grupos esteja na diferenciação dos protocolos aplicados e nos critérios utilizados para validação deste método, pois é comum verificar na literatura pesquisadores relacionando o PDFC aos limiares ventilatório ou de lactato que já descrevemos anteriormente não possuírem relação de causa e efeito.

Uma boa revisão das discrepâncias encontradas entre as metodologias aplicadas para obtenção do PDFC foi feita por Bodner e Rhodes [150], que deixam clara a aceitação do PDFC por alguns grupos, e sua rejeição por outros.

Acredita-se que, apesar das tentativas já realizadas para justificar a ocorrência ou ausência do PDFC [151, 152], a maioria das discordâncias encontradas existe pelo fato de não se ter resultados conclusivos sobre os verdadeiros motivos que explicam o PDFC.

Além da FC, Tanaka e colaboradores [153] sugeriram a hipótese de identificação do limiar pelo comportamento do duplo produto (DP) encontrando diferenças desta variável acima e abaixo do limiar ventilatório. Riley e colaboradores [154] confirmaram a hipótese encontrando, em exercício progressivo, "quebra" da linearidade da curva do duplo produto, a qual também coincidia com o segundo limiar metabólico.

Percebendo a vantagem não invasiva e bastante acessível do método, Brubaker e colaboradores [155] estudaram a curva do duplo produto em pacientes com doença da artéria coronária e encontraram as mesmas evidências. Omiya e colaboradores [156] consolidaram o método encontrando resultados semelhantes em pacientes com diferentes doenças cardíacas.

Verificada a consistência dos limiares metabólicos por concentração sanguínea, pela VE, pelo comportamento da FC e pelo duplo produto, alguns estudiosos partiram da hipótese de que em cargas intensas há maior recrutamento de fibras rápidas e procuraram alterações eletromiográficas para verificação da possibilidade de encontrarem o limiar de eletromiografia.

LIMIAR DE ELETROMIOGRAFIA

Miyashita, Kanehisa e Nemoto [157] encontraram estas alterações evidenciando que o sinal eletromiográfico apresentava "quebra" de linearidade nas cargas mais intensas e que os limiares poderiam ser identificados também por este método.

Tal fato foi confirmado em universitárias treinadas e não treinadas [158], em ciclistas [159, 160] e também em transplantados cardíacos [161], o que consolidou esta estratégia e abriu possibilidade de aplicação de mais um método para identificação metabólica durante o exercício.

LIMIAR DE SALIVA

Em 1994, Chicharro e colaboradores [162] propuseram o chamado limiar de saliva, verificando que em cargas mais elevadas do exercício progressivo, há aumento não-linear das concentrações de cloro e sódio, o qual coincide com o limiar de catecolaminas, de lactato e ventilatório.

Um ano depois Chicharro e colaboradores [163], após realizarem teste de campo em crianças, confirmaram o limiar de saliva, justificando que em intensidades mais altas de exercício, a composição da saliva reflete ativação simpático-adrenal.

Chicharro e colaboradores [164] afirmam haver alterações na composição da saliva não só nos eletrólitos cloro e sódio, mas também em algumas proteínas.

Calvo e colaboradores [165] verificaram a concentração de amilase salivar durante exercício progressivo em 20 jovens saudáveis do sexo masculino e verificaram que o ponto de transição entre a descendência e a ascendência de sua curva coincidia com o limiar de lactato.

Chicharro e colaboradores [166], após realizarem teste incremental em 12 jovens treinados, não encontraram diferenças significativas entre o limiar de amilase salivar, de lactato e de eletromiografia.

Pelo exposto até o momento, podemos observar que a grande variedade de métodos para identificação dos limiares metabólicos pode ocorrer graças à interação dos diversos sistemas fisiológicos envolvidos no exercício, inclusive por alterações do sistema nervoso autônomo.

Um dos trabalhos pioneiros nesta área se deu pelo estudo da variabilidade da FC (VFC) durante o exercício. Yamamoto e colaboradores [167] identificaram redução da atividade parassimpática do repouso até 60% da carga máxima e após o segundo limiar verificaram aumento de atividade simpática.

Tulppo e colaboradores [169] e Alonso e colaboradores [170] verificaram comportamento semelhante aos de Yamamoto e colaboradores [167], mesmo analisando a VFC com outra metodologia; e Lima e Kiss [171] identificaram o primeiro limiar de lactato em teste progressivo por estágio utilizando valores fixos de SD1 inferiores a 3ms. Os autores denominaram este ponto de limiar de VFC (Figura 3.14) e a partir deste achado vários outros estudos investigaram a associação dos limiares metabólicos e o comportamento da VFC.

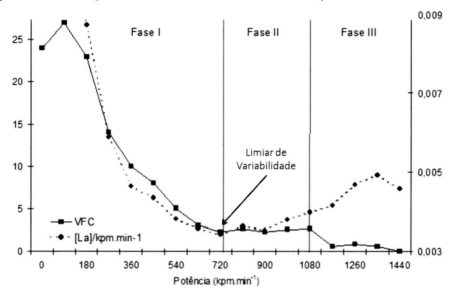

Figura 3.14: Representação da identificação do limiar de variabilidade da frequência cardíaca e da concentração sanguínea de lactato adaptado de Lima e kiss, 1999 [171]

Anosov e colaboradores [172], utilizando metodologia para dados não estacionários (transformada de Hilbert) durante teste incremental do tipo rampa e analisando a VFC pelo componente de alta frequência (HF) e pela frequência respiratória de adultos jovens de ambos os sexos e com bom condicionamento aeróbio (VO_{2pico} = 57,8+14,9 ml/kg/min), verificaram associação entre a obtenção do primeiro limiar e a VFC.

Já com metodologia análoga à de Lima e Kiss [171], porém ao invés de teste com cargas de 1 min e de estabelecer valores fixos para o SD1 na determinação do limiar de VFC, Karapetian e colaboradores [173] verificaram o comportamento do RMSSD e do SD1 da VFC durante exercício progressivo escalonado (50 rpm; carga inicial de 25W; incrementos de 25W a cada 3 min, até exaustão) em adultos saudáveis, ativos e de ambos os gêneros; e após obtenção dos limiares ventilatório, de lactato e de VFC constataram correlação alta (entre 0,82 e 0,89) sugerindo que o limiar de VFC obtido possa ser obtido por inspeção visual das curvas do RMSSD e do SD1 durante teste incremental.

Abad e colaboradores [174] verificaram correlação entre o segundo limiar de VFC e o ponto de deflexão da FC (Figura 3.15), assim como Fronchetti e colaboradores [175] também encontraram estreita relação entre a intensidade do limiar de VFC com os índices SD1 (r = 0,51), SD2 (r = 0,46), RMSSD (r = 0,48), pNN50 (r = 0,55), HF (r = 0,50) e LF/HF (r = -0,56), sugerindo que elevada atividade vagal de repouso pode postergar o aumento da predominância simpática em exercício progressivo o que corrobora com os achados de Nakamura e colaboradores [176]. Brunetto e colaboradores [177], ao analisar a VFC adolescentes eutróficos com baixo nível de aptidão aeróbia, não encontraram correlação entre os limiares de VFC e ventilatório assim como Zanatta e colaboradores [178], numa amostra de adultos jovens de ambos os sexos e variados níveis de aptidão aeróbia, também não verificaram associação entre o limiar de VFC e a MEEL sugerindo que o limiar de VFC não corresponderia ao limiar de lactato.

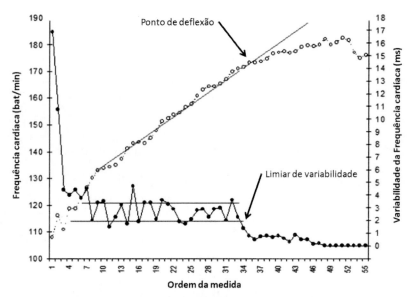

Figura 3.15: Representação da identificação do limiar de variabilidade da frequência cardíaca pelo ponto de deflexão da frequência cardíaca adaptado de Abad e colaboradores, 2007 [174]

É importante considerar que o critério de MEEL utilizado por Zanatta [178] foi de apenas 15min de exercício contínuo ao invés de 30 minutos.

Apesar de algumas controvérsias encontradas na literatura como, por exemplo, nomenclatura, relação de causa-efeito entre os limiares, justificativa fisiológica para determinado comportamento ou qual o melhor protocolo, material e tempo de coleta dos dados, há número suficiente de evidências que demonstram associação das respostas sanguíneas (lactato, glicemia, amônia e adrenalina), respiratórias (limares ventilatórios), hemodinâmicas (FC e DP), neuro-endócrinas (catecolaminas), mioelétricas (eletromiografia), salivares (amilase) e autonômicas (VFC).

Além dos limiares metabólicos discutidos anteriormente, existem também outras alternativas para avaliação da potência e da capacidade aeróbia. Nos últimos 20 anos, a PtC, a velocidade máxima aeróbia ($vVO_{2máx}$), o tempo de exautão (Tlim) na $vVO_{2máx}$ e o tempo da prova ou contra o relógio (*Time Trial*) tornaram-se alternativas interessantes utilizadas para este fim.

Scherrer e Monod [179] foram os primeiros a elaborarem o conceito de PtC pela relação linear entre o trabalho produzido por um único segmento corporal (cotovelos e joelhos) e o tempo de exaustão. Moritani e colaboradores [180] aplicaram este conceito em cicloergômetro propondo a determinação de uma intensidade a qual o sujeito conseguisse permanecer em atividade durante muito tempo sem perder a eficiência mecânica.

Quando a atividade é realizada em bicicleta ergométrica, esta intensidade é denominada de PtC e quando obtida em esteira [181], pista [182] ou piscina [183] denomina-se VelCr. Por questões didáticas no presente capítulo é adotado somente o termo PtC.

O conceito da PtC está baseado no Tlim de 3, 4 ou 5 testes em diferentes intensidades onde, ao plotar a curva potência/tempo, obtêm-se uma curva hiperbólica e o *slope* desta curva, calculado por uma assíntota; representaria uma intensidade de exercício dependente do metabolismo oxidativo que duraria por muito tempo sem a ocorrência de fadiga.

Este modelo também permite, a partir de equações lineares, a obtenção do intercepto *y* que representa a capacidade anaeróbia cuja intensidade levaria à fadiga muscular num curto espaço de tempo.

Três modelos matemáticos têm sido utilizados para obtenção da PtC e da capacidade anaeróbia: um modelo não-linear (Figura 3.16) e outros dois lineares (Figuras 3.17 e 3.18).

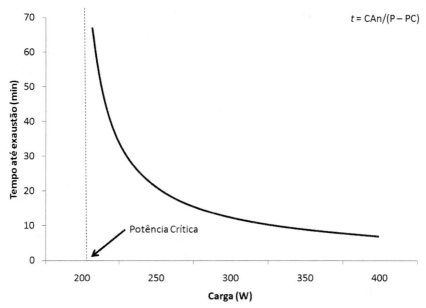

Figura 3.16: Representação esquemática do modelo não-linear hiperbólico para o cálculo da assíntota (t = tempo de exaustão; CAn = capacidade anaeróbia; P = potência; PC = potência crítica)

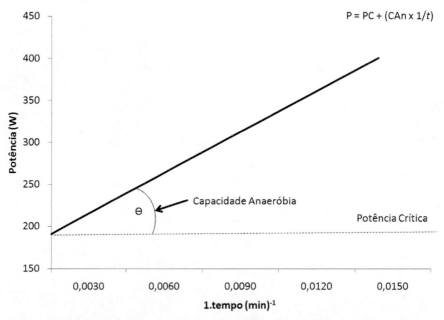

Figura 3.17: Representação esquemática do modelo linear potência-1/tempo (min)-1 P = potência; PC = potência crítica; CAn = capacidade anaeróbia

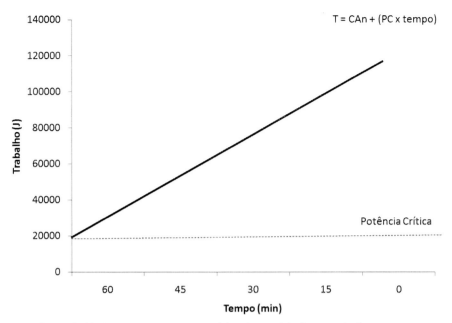

Figura 3.18: Representação esquemática do modelo linear trabalho-tempo.
T= trabalho; CAn = Capacidade Anaeróbia; PC = potência crítica)

A PtC possibilita associação a indicativos da aptidão aeróbica e anaeróbica [184-186], apesar de alguns achados controversos como Dekerle e colaboradores [78] e Pringle e Jones [187] terem sido investigados em diferentes situações, grupos e com diferentes modelos de análise matemática.

A $vVO_{2máx}$ é outra variável que possibilita maior aplicação prática por atletas e treinadores para avaliação e prescrição de treinamento aeróbio, pois se analisarmos corredores de fundo ou meio-fundo de alto rendimento, por exemplo, todos eles poderão ter o $VO_{2máx}$ elevado i.e. >65ml/kg/min e, neste caso, o $VO_{2máx}$ deixa de predizer o desempenho. Quando isso ocorre, ao invés de avaliarmos o $VO_{2máx}$ isoladamente, se torna mais importante saber a $vVO_{2máx}$, o tempo que se demora para atingir esta velocidade, qual o custo de oxigênio na velocidade da prova (economia de corrida) e quanto tempo o indivíduo consegue manter a velocidade do $VO_{2máx}$ (Tlim na $vVO_{2máx}$) do que saber qual é o $VO_{2máx}$ [188-190].

Outros testes que ultimamente têm sido bastante aplicados na prática são o *time trial* e o Tlim, mas diversos estudos têm demonstrado que o *time trial* possui maior validade para predição de desempenho do que o Tlim [191-194] e também é o mais reprodutível [195], pois em nenhuma modalidade esportiva o atleta precisa realizar a tarefa até sua total exaustão como o Tlim simula. Além disso, o Tlim parece possuir menor coeficiente de variação quanto maior for a intensidade do exercício o que pode comprometer o resultado de testes realizados em intensidades menores [196-198].

Outro problema é a grande variabilidade entre sujeitos do Tlim recomendando-se a utilização destes parâmetros somente para comparações intra-individuais e não entre grupos [199]. Além disso, outro aspecto a se considerar é a correlação inversa encontrada entre o Tlim na $vVO_{2máx}$ e o $VO_{2máx}$ de grupos homogêneos. Billat e colaboradores [200] demonstraram que quanto maior o $VO_{2máx}$ menos tempo nesta velocidade o indivíduo suporta e apesar de ainda não haver suporte fisiológico para esta correlação inversa, uma justificativa para isso é que corredores com altíssimo nível de $VO_{2máx}$ podem apresentar menor capacidade anaeróbia e não conseguem sustentar o exercício em velocidades superiores ao segundo limiar por muito tempo.

CONCLUSÃO

No presente capítulo pudemos apresentar diferentes variáveis fisiológicas normalmente utilizadas para avaliação da aptidão aeróbia. Sem a pretensão de defender um ou outro método, verificamos a possibilidade de diferentes maneiras de identificação dos domínios e da contribuição metabólica durante o exercício. Estas variáveis podem ser utilizadas para avaliação, prescrição de treinamento e/ou predição do desempenho esportivo, devendo cada profissional escolher a maneira que melhor lhe convier para acessar estas variáveis. Tal escolha ocorrerá conforme conhecimento, experiência, convicção, verba e tecnologia disponível de cada pesquisador/treinador.

REFERÊNCIAS BIBLIOGRÁFICAS

1 – LEE, I. M.; HSIEH, C. C.; PAFFENBARGER, R. S. JR. *Exercise intensity and longevity in men*. The Harvard Alumni Health Study. JAMA. 1995 Apr 19; 273(15): 1179-84.

2 – MCMURRAY, R. G.; AINSWORTH, B. E.; HARRELL, J. S.; GRIGGS, T. R.; WILLIAMS, O. D. *Is physical activity or aerobic power more influential on re-*

ducing cardiovascular disease risk factors? Med Sci Sports Exerc. 1998 Oct; 30(10): 1521-9.

3 – PAFFENBARGER, R. S. JR; BLAIR, S. N.; LEE, I. M. *A history of physical activity, cardiovascular health and longevity: the scientific contributions of Jeremy N Morris, DSc, DPH, FRCP.* Int J Epidemiol. 2001 Oct; 30(5): 1184-92.

4 – WEINECK, J. *Treinamento Total.* Barueri, Manole, 1999.

5 – WARD, S. A. *Ventilatory control in humans: constraints and limitations.* Exp Physiol. 2007 Mar; 92(2): 357-66

6 – THORNTON, J. M.; GUZ, A.; MURPHY, K.; GRIFFITH, A. R.; PEDERSEN, D. L.; KARDOS, A.; LEFF, A.; ADAMS, L.; CASADEI, B.; PATERSON, D. J. *Identification of higher brain centres that may encode the cardiorespiratory response to exercise in humans.* J Physiol. 2001 Jun 15; 533(Pt 3): 823-36.

7 – STICKLAND, M. K.; MORGAN, B. J.; DEMPSEY, J. A. *Carotid chemoreceptor modulation of sympathetic vasoconstrictor outflow during exercise in healthy humans.* J Physiol. 2008 Mar 15; 586(6): 1743-54

8 – SEALS, D. R.; VICTOR, R. G. *Regulation of muscle sympathetic nerve activity during exercise in humans.* Exerc Sport Sci Rev. 1991; 19: 313-49.

9 – NEUFER, P. D. *The effect of detraining and reduced training on the physiological adaptations to aerobic exercise training.* Sports Med. 1989 Nov; 8(5): 302-20.

10 – BRUM, P.; FORJAZ, C. L. M.; TINUCCI, T.; NEGRÃO, C. E. *Adaptações agudas e crônicas do exercício físico no sistema cardiovascular Rev.* Paul. Educ. Fís., São Paulo, v. 18, p. 21-31, ago. 2004.

11 – DI PRAMPERO, P. E.; FERRETTI, G. (1999). *The energetics of anaerobic muscle metabolism: a reappraisal of older and recent concepts.* Respir. Physiol. 118, 103-115.

12 – BULBULIAN, R.; WILCOX, A. R.; DARABOS, B. L. *Anaerobic contribution to distance running performance of trained cross-country athletes.* Med Sci Sports Exerc. 1986 Feb; 18(1): 107-13.

13 – WEINECK, J. *Biologia do Esporte.* 7ª Ed. , Editora Manole, Barueri, 2005.

14 – NOMA, K.; RUPP, H.; JACOB, R. *Subacute and long term effect of swimming training on blood pressure in young and old spontaneously hypertensive rats.* Cardiovasc Res. 1987 Dec; 21(12): 871-7.

15 – DENADAI, B. S.; GRECO, C. C. *Educação Física no Ensino Superior: Prescrição do Treinamento Aeróbio – Teoria e Prática.* Guanabara Koogan, 2005.

16 – WASSERMAN, K. *Measures of functional capacity in patients with heart failure.* Circulation. 1990 Jan; 81(1 Suppl): II1-4.

17 – BILLAT, V. L.; SIRVENT, P.; PY, G.; KORALSZTEIN, J. P.; MERCIER, J. *The concept of maximal lactate steady state: a bridge between biochemistry, physiology and sport science.* Sports Med. 2003; 33(6): 407-26.

18 – STRATTON, E.; O'BRIEN, B. J.; HARVEY, J.; BLITVICH, J.; MCNICOL, A. J.; JANISSEN D, PATON C, KNEZ W. *Treadmill Velocity Best Predicts 5000-m Run Performance.* Int J Sports Med. 2009 Jan; 30(1): 40-45.

19 – SLEIVERT, G. G.; ROWLANDS, D. S. *Physical and physiological factors associated with success in the triathlon.* Sports Med. 1996 Jul; 22(1): 8-18.

20 – TAKESHIMA, N.; TANAKA, K. *Prediction of endurance running performance for middle-aged and older runners.* Br J Sports Med. 1995 Mar; 29(1): 20-3.

21 – PALICZKA, V. J.; NICHOLS, A. K.; BOREHAM, C. A. *A multi-stage shuttle run as a predictor of running performance and maximal oxygen uptake in adults.* Br J Sports Med. 1987 Dec; 21(4): 163-5.

22 – HILL, A. V.; LUPTON, H. *Muscular exercise, lactic acid, and the suplly and utilization of oxygen.* Quart. J. Med. 16: 135-71, 1923.

23 – HOFF, J.; KEMI, O. J.; HELGERUD, J. *Strength and endurance differences between elite and junior elite ice hockey players. The importance of allometric scaling.* Int J Sports Med. 2005 Sep; 26(7): 537-41

24 – CHAMARI, K.; MOUSSA-CHAMARI, I.; BOUSSAÏDI, L.; HACHANA, Y.; KAOUECH, F.; WISLØFF, U. *Appropriate interpretation of aerobic capacity: allometric scaling in adult and young soccer players.* Br J Sports Med. 2005 Feb; 39(2): 97-101.

25 – CHIA, M.; AZIZ, A. R. *Modelling maximal oxygen uptake in athletes: allometric scaling versus ratio-scaling in relation to body mass.* Ann Acad Med Singapore. 2008 Apr; 37(4): 300-6.

26 – MIDGLEY, A. W.; MCNAUGHTON, L. R.; POLMAN, R.; MARCHANT, D. *Criteria for determination of maximal oxygen uptake: a brief critique and recommendations for future research.* Sports Med. 2007; 37(12): 1019-28.

27 – PINNINGTON, H. C.; WONG, P.; TAY, J.; GREEN, D.; DAWSON, B. *The level of accuracy and agreement in measures of FEO2, FECO2 and VE between the Cosmed K4b2 portable, respiratory gas analysis system and a metabolic cart.* J Sci Med Sport. 2001 Sep; 4(3): 324-35.

28 – DUFFIELD, R.; DAWSON, B.; PINNINGTON, H. C.; WONG, P. *Accuracy and reliability of a Cosmed K4b2 portable gas analysis system.* J Sci Med Sport. 2004 Mar; 7(1): 11-22.

29 – MACFARLANE, D. J. *Automated metabolic gas analysis systems: a review.* Sports Med. 2001; 31(12): 841-61.

30 – ATKINSON, G.; DAVISON, R. C.; NEVILL, A. M. *Performance characteristics of gas analysis systems: what we know and what we need to know.* Int J Sports Med. 2005 Feb; 26 Suppl 1: S2-10.

31 – HODGES, L. D.; BRODIE, D. A.; BROMLEY, P. D. *Validity and reliability of selected commercially available metabolic analyzer systems.* Scand J Med Sci Sports. 2005 Oct; 15(5): 271-9.

32 – MC NAUGHTON, L. R.; SHERMAN, R.; ROBERTS, S.; BENTLEY, D. J. *Portable gas analyser Cosmed K4b2 compared to a laboratory based mass spectrometer system.* J Sports Med Phys Fitness. 2005 Sep; 45(3): 315-23.

33 – CARTER, J.; JEUKENDRUP, A. E. *Validity and reliability of three commercially available breath-by-breath respiratory systems.* Eur J Appl Physiol. 2002 Mar; 86(5): 435-41.

34 – CROUTER, S. E.; ANTCZAK, A.; HUDAK, J. R.; DELLAVALLE, D. M.; HAAS, J. D. *Accuracy and reliability of the ParvoMedics TrueOne 2400 and MedGraphics VO2000 metabolic systems.* Eur J Appl Physiol. 2006 Sep; 98(2): 139-51.

35 – CASTRO-PIÑERO, J.; ORTEGA, F. B.; MORA, J.; SJÖSTRÖM, M.; RUIZ, J. R. *Criterion related validity of 1/2 mile run-walk test for estimating VO2peak in children aged 6-17 years.* Int J Sports Med. 2009 May; 30(5): 366-71.

36 – BRADSHAW DI, GEORGE JD, HYDE A, LAMONTE MJ, VEHRS PR, HAGER RL, YANOWITZ FG. *An accurate VO2max nonexercise regression model for 18-65-year-old adults.* Res Q Exerc Sport. 2005 Dec; 76(4): 426-32.

37 – OLSON, M. S.; WILLIFORD, H. N.; BLESSING, D. L.; WILSON, G. D.; HALPIN, G. *A test to estimate VO2max in females using aerobic dance, heart rate, BMI, and age.* J Sports Med Phys Fitness. 1995 Sep; 35(3): 159-68.

38 – WIER, L. T.; JACKSON, A. S.; AYERS, G. W.; ARENARE, B. *Nonexercise models for estimating VO2max with waist girth, percent fat, or BMI.* Med Sci Sports Exerc. 2006 Mar; 38(3): 555-61

39 – HARTUNG, G. H.; BLANCQ, R. J.; LALLY, D. A.; KROCK, L. P. *Estimation of aerobic capacity from submaximal cycle ergometry in women.* Med Sci Sports Exerc. 1995 Mar; 27(3): 452-7.

40 – ANDERSEN, L. B. *A maximal cycle exercise protocol to predict maximal oxygen uptake.* Scand J Med Sci Sports. 1995 Jun; 5(3): 143-6.

41 – COOPER, K. H. *A means of assessing maximum oxygen intake.* JAMA 1968; 203: 135-38.

42 – TROOSTERS, T.; GOSSELINK, R.; DECRAMER, M. *Six minute walking distance in healthy elderly subjects.* Eur Respir J. 1999; 14 (2): 270-4.

43 – KLINE, G. M.; PORCARI, J. P.; HINTERMEISTER, R.; FREEDSON, P. S.; WARD, A.; MCCARRON, R. F.; ROSS, J.; RIPPE, J. M. *Estimation of VO2max* *from a one-mile track walk, gender, age, and body weight.* Med Sci Sports Exerc. 1987 Jun; 19(3): 253-9.

44 – OJA, P.; LAUKKANEN, R.; PASANEN, M.; TYRY ,T.; VUORI, I. *A 2-km walking test for assessing the cardiorespiratory fitness of healthy adults.* Int J Sports Med. 1991 Aug; 12(4): 356-62.

45 – UTH, N.; SØRENSEN, H.; OVERGAARD, K.; PEDERSEN, P. K. *Estimation of VO2max from the ratio between HRmax and HRrest-the Heart Rate Ratio Method.* Eur J Appl Physiol. 2004 Jan; 91(1): 111-5.

46 – MCARDLE, W. D.; KATCH, F. I.; PECHAR, G. S.; JACOBSON, L.; RUCK, S. *Reliability and interrelationships between maximal oxygen intake, physical work capacity and step-test scores in college women.* Med Sci Sports 1972; 4: 182-6.

47 – FRANCIS, K. T.; MCCLATCHEY, P. R.; SUMSION, J. R.; HANSEN, D. E. *The relationship between anaerobic threshold and heart rate linearity during cycle ergometry.* Eur J Appl Physiol Occup Physiol. 1989; 59(4): 273-7.

48 – Montoye, H. J.; Willis, P. W. 3rd, Cunningham DA, Keller JB. *Heart rate response to a modified Harvard step test: males and females, age 10-69.* Res Q. 1969 Mar; 40(1): 153-62.

49 – MALEK, M. H.; HOUSH, T. J.; SCHMIDT, R. J.; COBURN, J. W.; BECK, T. W. *Proposed tests for measuring the running velocity at the oxygen consumption and heart rate thresholds for treadmill exercise.* J Strength Cond Res. 2005 Nov; 19(4): 847-52.

50 – GEORGE, J. D.; STONE, W. J.; BURKETT, L. N. *Non-exercise VO2max estimation for physically active college students.* Med Sci Sports Exerc. 1997 Mar; 29(3): 415-23.

51 – WILLIFORD, H. N.; SCHARFF-OLSON, M.; WANG, N.; BLESSING, D. L.; SMITH, F. H.; DUEY, W. J. *Cross-validation of non-exercise predictions of VO2peak in women.* Med Sci Sports Exerc. 1996 Jul; 28(7): 926-30.

52 – LÉGER, L.; BOUCHER, R. *An indirect continuous running multistage field test: the Université de Montréal track test.* Can J Appl Sport Sci. 1980 Jun; 5(2): 77-84.

53 – KRUSTRUP. P.; MOHR, M.; AMSTRUP, T.; RYSGAARD, T.; JOHANSEN, J.; STEENSBERG. A.; PEDERSEN, P. K.; BANGSBO, J. *The yo-yo intermittent recovery test: physiological response, reliability, and validity.* Med Sci Sports Exerc. 2003 Apr; 35(4): 697-705.

54 – BANGSBO, J.; IAIA, F. M.; KRUSTRUP, P. *The Yo-Yo intermittent recovery test: a useful tool for evaluation of physical performance in intermittent sports.* Sports Med. 2008; 38(1): 37-51.

55 – RIBEIRO, J. P.; CADAVID, E.; BAENA, J.; MONSALVETE, E.; BARNA, A.; DE ROSE, E. H. *Metabolic predictors of middle-distance swimming performance.* Br J Sports Med. 1990 Sep; 24(3): 196-200.

56 – COSTILL, D. L.; KOVALESKI, J.; PORTER, D.; KIRWAN, J.; FIELDING, R.; KING, D. *Energy expenditure during front crawl swimming: predicting success in middle-distance events.* Int J Sports Med. 1985 Oct; 6(5): 266-70.

57 – FERNANDES, R. J.; CARDOSO, C. S.; SOARES, S. M.; ASCENSÃO, A.; COLAÇO, P. J.; VILAS-BOAS, J. P. *Time limit and VO2 slow component at intensities corresponding to VO2max in swimmers.* Int J Sports Med. 2003 Nov; 24(8): 576-81.

58 – SYKES, K. *Chester step test; resource pack (Version 3).* Cheshire, UK: Chester College of Higher Education, 1998.

59 – BUCKLEY, J. P.; SIM, J.; ESTON, R. G.; HESSION, R.; FOX, R. *Reliability and validity of measures taken during the Chester step test to predict aerobic power and to prescribe aerobic exercise.* Br J Sports Med. 2004 Apr; 38(2): 197-205.

60 – SICONOLFI, S. F.; GARBER, C. E.; LASATER, T. M.; CARLETON, R. A. *A simple, valid step test for estimating maximal oxygen uptake in epidemiologic studies.* Am J Epidemiol. 1985 Mar; 121(3): 382-90.

61 – ESSAMRI, B.; D'HONDT, A. M.; DETRY, J. M. *Novel exercise protocol suitable for use on a treadmill or a bicycle ergometer.* Br Heart J. 1991 Nov; 66(5): 405-6.

62 – BEEKLEY, M. D.; BRECHUE, W. F.; DEHOYOS, D. V.; GARZARELLA, L.; WERBER-ZION, G.; POLLOCK, M. L. *Cross-validation of the YMCA submaximal cycle ergometer test to predict VO2max.* Res Q Exerc Sport. 2004 Sep; 75(3): 337-42.

63 – JAMES, D. V.; SANDALS, L. E.; DRAPER, S. B.; WOOD, D. M. *Relationship between maximal oxygen uptake and oxygen uptake attained during treadmill middle-distance running.* J Sports Sci. 2007 Jun; 25(8): 851-8.

64 – AZIZ, A. R.; CHIA, M. Y.; TEH, K. C. *Measured maximal oxygen uptake in a multi-stage shuttle test and treadmill-run test in trained athletes.* J Sports Med Phys Fitness. 2005 Sep; 45(3): 306-14

65 – POBER, D. M.; FREEDSON, P. S.; KLINE, G. M.; MCINNIS, K. J.; RIPPE, J. M. *Development and validation of a one-mile treadmill walk test to predict peak oxygen uptake in healthy adults ages 40 to 79 years.* Can J Appl Physiol. 2002 Dec; 27(6): 575-89.

66 – VOGLER, A. J.; RICE, A. J.; WITHERS, R. T. *Physiological responses to exercise on different models of the concept II rowing ergometer.* Int J Sports Physiol Perform. 2007 Dec; 2(4): 360-70.

67 – MAHONY, N.; DONNE, B.; O'BRIEN, M. *A comparison of physiological responses to rowing on friction-loaded and air-braked ergometers.* J Sports Sci. 1999 Feb; 17(2): 143-9.

68 – WIENER, S. P.; GARBER, C. E.; MANFREDI, T. G. *A comparison of exercise performance on bicycle and rowing ergometers in female master recreational rowers.* J Sports Med Phys Fitness. 1995 Sep; 35(3): 176-80.

69 – BARKER, A. R.; WILLIAMS, C. A.; JONES, A. M.; ARMSTRONG, N. *Establishing maximal oxygen uptake in young people during a ramp cycle test to exhaustion.* Br J Sports Med. 2009 Aug 12.

70 – LUCÍA, A.; RIVERO, J. L.; PÉREZ, M.; SERRANO, A.L.; CALBET, J. A.; SANTALLA, A.; CHICHARRO, J. L. *Determinants of VO(2) kinetics at high power outputs during a ramp exercise protocol.* Med Sci Sports Exerc. 2002 Feb; 34(2): 326-31.

71 – CHICHARRO, J. L.; PÉREZ, M.; VAQUERO, A. F.; LUCÍA, A.; LEGIDO, J. C. *Lactic threshold vs ventilatory threshold during a ramp test on a cycle ergometer.* J Sports Med Phys Fitness. 1997 Jun; 37(2): 117-21.

72 – ESTON, R. G.; FAULKNER, J. A.; MASON, E. A.; PARFITT, G. *The validity of predicting maximal oxygen uptake from perceptually regulated graded exercise tests of different durations.* Eur J Appl Physiol. 2006 Jul; 97(5): 535-41.

73 – ZIEMBA, A. W.; CHWALBIŃSKA-MONETA, J.; KACIUBA-UŚCILKO, H.; KRUK, B.; KRZEMINSKI, K.; CYBULSKI, G.; NAZAR, K. *Early effects of short-term aerobic training. Physiological responses to graded exercise.* J Sports Med Phys Fitness. 2003 Mar; 43(1): 57-63.

74 – POLLOCK, M. L.; FOSTER, C.; SCHMIDT, D.; HELLMAN, C.; LINNERUD, A. C.; WARD, A. *Comparative analysis of physiologic responses to three different maximal graded exercise test protocols in healthy women.* Am Heart J. 1982 Mar; 103(3): 363-73.

75 – AGUILANIU, B.; FLORE, P.; MAITRE, J.; OCHIER, J.; LACOUR, J. R.; PERRAULT, H. *Early onset of pulmonary gas exchange disturbance during progressive exercise in healthy active men.* J Appl Physiol. 2002 May; 92(5): 1879-84

76 – SISTO, S. A.; LAMANCA, J.; CORDERO, D. L.; BERGEN, M. T.; ELLIS, S. P.; DRASTAL, S.; BODA, W. L.; TAPP, W. N.; NATELSON, B. H. *Metabolic and cardiovascular effects of a progressive exercise test in patients with chronic fatigue syndrome.* Am J Med. 1996 Jun; 100(6): 634-40.

77 – FARDY, P. S.; HELLERSTEIN, H. K. *A comparison of continuous and intermittent progressive multistage exercise testing.* Med Sci Sports. 1978 Spring; 10(1): 7-12.

78 – DEKERLE, J.; BARON, B.; DUPONT, L.; GARCIN M, VANVELCENAHER J, PELAYO P. *Effect of incremental and submaximal constant load tests: protocol on perceived exertion (CR10) values.* Percept Mot Skills. 2003 Jun; 96(3 Pt 1): 896-904.

79 – KAY, G. N.; ASHAR M. S.; BUBIEN R. S.; DAILEY S. M. *Relationship between heart rate and oxygen kinetics during constant workload exercise.* Pacing Clin Electrophysiol. 1995 Oct; 18(10): 1853-60.

80 – BHAMBHANI, Y.; BUCKLEY, S.; SUSAKI, T. *Muscle oxygenation trends during constant work rate cycle exercise in men and women.* Med Sci Sports Exerc. 1999 Jan; 31(1): 90-8.

81 – ZEBALLOS, R. J.; WEISMAN, I. M.; CONNERY, S. M. *Comparison of pulmonary gas exchange measurements between incremental and constant work exercise above the anaerobic threshold.* Chest. 1998 Mar; 113(3): 602-11.

82 – LIMA-SILVA, A. E.; DE-OLIVEIRA, F. R. *Consumo de oxigênio durante o exercício físico: aspectos temporais e ajustes de curvas.* Ver Bras Cin Des Hum, 2004, 6 (2): 73-82.

83 – ÅSTRAND, P. O.; RYHMING, I. *A Nomogram for Calculation of Aerobic Capacity (Physical Fitness) From Pulse Rate During Submaximal Work.* J Appl Physiol, Vol. 7, Issue 2, 218-221, September 1, 1954

84 – WHIPP, B. J.; WARD, S. A. *Physiological determinants of pulmonary gas exchange kinetics during exercise.* Med Sci Sports Exerc. 1990 Feb; 22(1): 62-71.

85 – GAESSER, G. A.; POOLE, D. C. *The slow component of oxygen uptake kinetics in humans.* Exerc Sport Sci Rev. 1996; 24: 35-71.

86 – BERTUZZI, R. C.; FRANCHINI, E.; KOKUBUN, E.; KISS, M. A. *Energy system contributions in indoor rock climbing.* Eur J Appl Physiol. 2007 Oct; 101(3): 293-300.

87 – IDSTRÖM, J. P.; SUBRAMANIAN, V. H.; CHANCE, B.; SCHERSTEN, T.; BYLUND-FELLENIUS, A. C. *Oxygen dependence of energy metabolism in contracting and recovering rat skeletal muscle.* Am J Physiol. 1985 Jan; 248(1 Pt 2): H40-8.

88 – BENEKE, R.; BEYER, T.; JACHNER, C.; ERASMUS, J.; HÜTLER, M. *Energetics of karate kumite.* Eur J Appl Physiol. 2004 Aug; 92(4-5): 518-23.

89 – MEDBØ, J. I.; MOHN, A. C.; TABATA, I.; BAHR, R.; VAAGE, O.; SEJERSTED, O. M. *Anaerobic capacity determined by maximal accumulated O2 deficit.* J Appl Physiol. 1988 Jan; 64(1): 50-60.

90 – NEARY, P. J.; MACDOUGALL, J. D.; BACHUS, R.; WENGER, H. A. *The relationship between lactate and ventilatory thresholds: coincidental or cause and effect?* Eur J Appl Physiol Occup Physiol. 1985; 54(1): 104-8.

91 – HAGBERG, J. M.; KING, D. S.; ROGERS, M. A.; MONTAIN, S. J.; JILKA, S. M.; KOHRT, W. M.; Heller, SL. *Exercise and recovery ventilatory and VO2 responses of patients with McArdle's disease.* J Appl Physiol. 1990 Apr; 68(4): 1393-8.

92 – NOAKES, T. D.; ST. CLAIR, GIBSON, A.; LAMBERT, E. V. *From catastrophe to complexity: a novel model of integrative central neural regulation of effort and fatigue during exercise in humans.* Br J Sports Med 2004; 38: 511–14.

93 – SHEPHARD, R. J. *Hard evidence for a central governor is still lacking!* J Appl Physiol. 2009 Jan; 106(1): 343-6.

94 – MARCORA, S. M. *Do we really need a central governor to explain brain regulation of exercise performance?* Eur J Appl Physiol. 2008 Nov; 104(5): 929-31.

95 – WEIR, J. P.; BECK, T. W.; CRAMER, J. T.; HOUSH, T. J. *Is fatigue all in your head? A critical review of the central governor model.* Br J Sports Med. 2006 Jul; 40(7): 573-86.

96 – BRINK-ELFEGOUN, T.; HOLMBERG, H. C.; EKBLOM, M. N.; EKBLOM, B. *Neuromuscular and circulatory adaptation during combined arm and leg exercise with different maximal work loads.* Eur J Appl Physiol. 2007 Nov; 101(5): 603-11.

97 – HECK, H.; MADER, A.; HESS, G.; MÜCKE, S.; MÜLLER, R.; HOLLMANN, W. *Justification of the 4-mmol/l lactate threshold.* Int J Sports Med. 1985 Jun; 6(3): 117-30.

98 – SVEDAHL, K.; MACINTOSH, B. R. *Anaerobic threshold: the concept and methods of measurement.* Can J Appl Physiol. 2003 Apr; 28(2): 299-323.

99 – TEGTBUR, U.; BUSSE, M. W.; BRAUMANN, K. M. *Estimation of an individual equilibrium between lactate production and catabolism during exercise.* Med Sci Sports Exerc. 1993 May; 25(5): 620-7.

100 – AUNOLA, S.; RUSKO, H. *Does anaerobic threshold correlate with maximal lactate steady-state?* J Sports Sci. 1992 Aug; 10(4): 309-23.

101 – JONES, A. M.; DOUST, J. H. *The validity of the lactate minimum test for determination of the maximal lactate steady state.* Med Sci Sports Exerc. 1998 Aug; 30(8): 1304-13.

102 – SWENSEN, T. C.; HARNISH, C. R.; BEITMAN, L.; KELLER, B. A. *Noninvasive estimation of the maximal lactate steady state in trained cyclists.* Med Sci Sports Exerc. 1999 May; 31(5): 742-6.

103 – BENEKE, R. *Methodological aspects of maximal lactate steady state-implications for performance testing.* Eur J Appl Physiol. 2003 Mar; 89(1): 95-9.

104 – HARNISH, C. R.; SWENSEN, T. C.; PATE, R. R. *Methods for estimating the maximal lactate steady state in trained cyclists.* Med Sci Sports Exerc. 2001 Jun; 33(6): 1052-5.

105 – ROBERGS, R. A.; CHWALBINSKA-MONETA, J.; MITCHELL, J. B.; PASCOE, D. D.; HOUMARD, J.; COSTILL, D. L. *Blood lactate threshold differences between arterialized and venous blood.* Int J Sports Med. 1990 Dec; 11(6): 446-51.

106 – DAVIS, J. A.; CAIOZZO, V. J.; LAMARRA, N.; ELLIS, J. F.; VANDAGRIFF, R.; PRIETTO, C. A.; MCMASTER, W. C. *Does the gas exchange anaerobic threshold occur at a fixed blood lactate concentration of 2 or 4 mM? Int* J Sports Med. 1983 May; 4(2): 89-93.

107 – HUGHSON, R. L.; GREEN, H. J.; SHARRATT, M. T. *Gas exchange, blood lactate, and plasma catecholamines during incremental exercise in hypoxia and normoxia.* J Appl Physiol. 1995 Oct; 79(4): 1134-41.

108 – BORCH, K. W.; INGJER, F.; LARSEN, S.; TOMTEN, S. E. *Rate of accumulation of blood lactate during graded exercise as a predictor of 'anaerobic threshold'.* J Sports Sci. 1993 Feb; 11(1): 49-55.

109 – BEAVER, W. L.; WASSERMAN, K.; WHIPP, B. J. *Improved detection of lactate threshold during exercise using a log-log transformation.* J Appl Physiol. 1985 Dec; 59(6): 1936-40.

110 – CHENG, B.; KUIPERS, H.; SNYDER, A. C.; KEIZER, H. A.; JEUKENDRUP, A.; HESSELINK, M. *A new approach for the determination of ventilatory and lactate thresholds.* Int J Sports Med. 1992 Oct; 13(7): 518-22.

111 – HUGHSON, R. L.; WEISIGER, K. H.; SWANSON, G. D. *Blood lactate concentration increases as a continuous function in progressive exercise.* J Appl Physiol. 1987 May; 62(5): 1975-81.

112 – BUCHANAN, M.; WELTMAN, A. *Effects of pedal frequency on VO2 and work output at lactate threshold (LT), fixed blood lactate concentrations of 2 mM and 4 mM, and max in competitive cyclists.* Int J Sports Med. 1985 Jun; 6(3): 163-8.

113 – WELTMAN, A. *The blood lactate response to exercise.* Champaign: Human Kinetics, 1995.

114 – KINDERMANN, W.; SIMON, G.; KEUL, J. *The significance of the aerobic-anaerobic transition for the determination of work load intensities during endurance training.* Eur J Appl Physiol Occup Physiol. 1979 Sep; 42(1): 25-34.

115 – SKINNER, J. S.; MCLELLAN, T. H. *The transition from aerobic to anaerobic metabolism.* Res Q Exerc Sport. 1980 Mar; 51(1): 234-48.

116 – KISS, M. A. P. D. M. *Esporte e exercício: avaliação e prescrição.* Roca, 2003.

117 – LAFONTAINE, T. P.; LONDEREE, B. R.; SPATH, W. K. *The maximal steady state versus selected running events.* Med Sci Sports Exerc. 1981; 13(3): 190-3.

118 – HURLEY, B. F.; HAGBERG, J. M.; ALLEN, W. K.; SEALS, D. R.; YOUNG, J. C.; CUDDIHEE, R. W.; HOLLOSZY, J. O. *Effect of training on blood lactate levels during submaximal exercise.* J Appl Physiol. 1984 May; 56(5): 1260-4.

119 – KISS, M. A. P. D. M.; Fleishmann, E.; Cordani, I. K.; Kalinovsky, F.; Costa, R.; Oliveira, F. R.; Gagliardi, JFL. *Validade da velocidade de limiar de lactato de 3, 5 mmol/L-1 identificada através de teste em pista de atletismo.* Rev Paul de Ed Fis. 1995 9 (1): 16-26,

120 – SJÖDIN, B.; JACOBS, I. *Onset of blood lactate accumulation and marathon running performance.* Int J Sports Med. 1981 Feb; 2(1): 23-6.

121 – RUSKO, H.; RAHKILA, P.; KARVINEN, E. *Anaerobic threshold, skeletal muscle enzymes and fiber composition in young female cross-country skiers.* Acta Physiol Scand. 1980 Mar; 108(3): 263-8.

122 – FOXDAL, P.; SJÖDIN, B.; SJÖDIN, A.; OSTMAN, B. *The validity and accuracy of blood lactate measurements for prediction of maximal endurance running capacity. Dependency of analyzed blood media in combination with different designs of the exercise test.* Int J Sports Med. 1994 Feb; 15(2): 89-95.

123 – STEGMANN, H.; KINDERMANN, W.; SCHNABEL, A. *Lactate kinetics and individual anaerobic threshold.* Int J Sports Med. 1981 Aug; 2(3): 160-5.

124 – URHAUSEN, A.; COEN, B.; WEILER, B.; KINDERMANN, W. *Individual anaerobic threshold and maximum lactate steady state.* Int J Sports Med. 1993 Apr; 14(3): 134-9.

125 – COEN, B.; URHAUSEN, A.; KINDERMANN, W. *Individual anaerobic threshold: methodological aspects of its assessment in running.* Int J Sports Med. 2001 Jan; 22(1): 8-16.

126 – CHWALBÍNSKA-MONETA, J.; KRYSZTOFIAK, F.; ZIEMBA, A.; NAZAR, K.; KACIUBA-UŚCIŁKO, H. *Threshold increases in plasma growth hormone in relation to plasma catecholamine and blood lactate concentrations during progressive exercise in endurance-trained athletes.* Eur J Appl Physiol Occup Physiol. 1996; 73(1-2): 117-20.

127 – PORT, K. *Serum and saliva cortisol responses and blood lactate accumulation during incremental exercise testing.* Int J Sports Med. 1991 Oct; 12(5): 490-4.

128 – COOPER, D. M.; BARSTOW, T. J. *Blood glucose turnover during exercise above and below the lactate threshold.* J Appl Physiol. 1993 May; 74(5): 2613-4.

129 – MAZZEO, R. S.; MARSHALL, P. *Influence of plasma catecholamines on the lactate threshold during graded exercise.* J Appl Physiol. 1989 Oct; 67(4): 1319-22.

130 – SIMÕES, H. G.; GRUBERT, CAMPBELL, C. S.; KOKUBUN, E.; DENADAI, B. S.; BALDISSERA, V. *Blood glucose responses in humans mirror lactate responses for individual anaerobic threshold and for lactate minimum in track tests.* Eur J Appl Physiol Occup Physiol. 1999 Jun; 80(1): 34-40.

131 – YUAN, Y.; SO, R.; WONG, S.; CHAN, K. M. *Ammonia threshold--comparison to lactate threshold, correlation to other physiological parameters and response to training.* Scand J Med Sci Sports. 2002 Dec; 12(6): 358-64.

132 – WASSERMAN, K.; MCILROY, M. B. *Detecting the threshold of anaerobic metabolism in cardiac patients during exercise.* Am J Cardiol. 1964 Dec; 14: 844-52.

133 – BISCHOFF, M. M.; DUFFIN, J. *An aid to the determination of the ventilatory threshold.* Eur J Appl Physiol Occup Physiol. 1995; 71(1): 65-70.

134 – SHERRILL, D. L.; ANDERSON, S. J.; SWANSON, G. *Using smoothing splines for detecting ventilatory thresholds.* Med Sci Sports Exerc. 1990 Oct; 22(5): 684-9.

135 – BEAVER, W. L.; WASSERMAN, K.; WHIPP, B. J. *A new method for detecting anaerobic threshold by gas exchange.* J Appl Physiol. 1986 Jun; 60(6): 2020-7.

136 – BUNC, V.; HOFMANN, P.; LEITNER, H.; GAISL, G. *Verification of the heart rate threshold.* Eur J Appl Physiol Occup Physiol. 1995; 70(3): 263-9.

137 – ORR, G. W.; GREEN, H. J.; HUGHSON, R. L.; BENNETT, G. W. *A computer linear regression model to determine ventilatory anaerobic threshold.* J Appl Physiol. 1982 May; 52(5): 1349-52.

138 – DAVIS, J. A.; WHIPP, B. J.; WASSERMAN, K. *The relation of ventilation to metabolic rate during moderate exercise in man.* Eur J Appl Physiol Occup Physiol. 1980; 44(2): 97-108.

139 – JAMES, N. W.; ADAMS, G. M.; WILSON, A. F. *Determination of anaerobic threshold by ventilatory frequency.* Int J Sports Med. 1989 Jun; 10(3): 192-6.

140 – HUGHES, E. F.; TURNER, S. C.; BROOKS, G. A. *Effects of glycogen depletion and pedaling speed on "anaerobic threshold".* J Appl Physiol. 1982 Jun; 52(6): 1598-607.

141 – REINHARD, U.; MÜLLER, P. H.; SCHMÜLLING, R. M. *Determination of anaerobic threshold by the ventilation equivalent in normal individuals.* Respiration. 1979; 38(1): 36-42.

142 – CONCONI, F.; FERRARI, M.; ZIGLIO, P. G.; DROGHETTI, P.; CODECA, L. *Determination of the anaerobic threshold by a noninvasive field test in runners.* J Appl Physiol. 1982 Apr; 52(4): 869-73.

143 – DROGHETTI, P.; BORSETTO, C.; CASONI, I.; CELLINI, M.; FERRARI, M.; PAOLINI, A. R.; ZIGLIO, P. G.; CONCONI, F. *Noninvasive determination of the anaerobic threshold in canoeing, cross-country skiing, cycling, roller, and ice-skating, rowing, and walking.* Eur J Appl Physiol Occup Physiol. 1985; 53(4): 299-303.

144 – GAISL, G.; WIESSPEINER, G. *A noninvasive method of determining the anaerobic threshold in children.* Int J Sports Med. 1988 Feb; 9(1): 41-4.

145 – BODNER, M. E.; RHODES, E. C.; MARTIN, A. D.; COUTTS, K. D. *The relationship of the heart rate deflection point to the ventilatory threshold in trained cyclists.* J Strength Cond Res. 2002 Nov; 16(4): 573-80.

146 – RIBEIRO, J. P.; FIELDING, R. A.; HUGHES, V.; BLACK, A.; BOCHESE, M. A.; KNUTTGEN, H. G. *Heart rate break point may coincide with the anaerobic and not the aerobic threshold.* Int J Sports Med. 1985 Aug; 6(4): 220-4.

147 – JONES, A. M.; DOUST, J. H. *The Conconi test in not valid for estimation of the lactate turnpoint in runners.* J Sports Sci. 1997 Aug; 15(4): 385-94.

148 – POKAN, R.; HOFMANN, P.; VON, DUVILLARD, S. P.; BEAUFORT, F.; SCHUMACHER, M.; FRUHWALD, F. M.; ZWEIKER, R.; EBER, B.; GASSER, R.; BRANDT, D.; SMEKAL, G.; KLEIN, W.; SCHMID, P. *Left ventricular function in response to the transition from aerobic to anaerobic metabolism.* Med Sci Sports Exerc. 1997 Aug; 29(8): 1040-7.

149 – BOURGOIS, J.; COOREVITS, P.; DANNEELS, L.; WITVROUW, E.; CAMBIER, D.; VRIJENS, J. *Validity of the heart rate deflection point as a predictor of lactate threshold concepts during cycling.* J Strength Cond Res. 2004 Aug; 18(3): 498-503.

150 – BODNER, M. E.; RHODES, E. C. *A review of the concept of the heart rate deflection point.* Sports Med. 2000 Jul; 30(1): 31-46.

151 – LUCÍA, A.; HOYOS, J.; SANTALLA, A.; PÉREZ, M.; CARVAJAL, A.; CHICHARRO, J. L. *Lactic acidosis, potassium, and the heart rate deflection point in professional road cyclists.* Br J Sports Med. 2002 Apr; 36(2): 113-7.

152 – LEPRETRE, P. M.; FOSTER, C.; KORALSZTEIN, J. P.; BILLAT, V. L. *Heart rate deflection point as a strategy to defend stroke volume during incremental exercise.* J Appl Physiol. 2005 May; 98(5): 1660-5.

153 – TANAKA, H.; KIYONAGA, A.; TERAO, Y.; IDE, K.; YAMAUCHI, M.; TANAKA, M.; SHINDO, M. *Double product response is accelerated above the blood lactate threshold.* Med Sci Sports Exerc. 1997 Apr; 29(4): 503-8.

154 – RILEY, M.; MAEHARA, K.; PÓRSZÁSZ, J.; ENGELEN, M. P.; BARTSTOW, T. J.; TANAKA, H.; WASSERMAN, K. *Association between the anaerobic threshold and the break-point in the double product/work rate relationship.* Eur J Appl Physiol Occup Physiol. 1997; 75(1): 14-21.

155 – BRUBAKER, P. H.; KIYONAGA, A.; MATRAZZO, B. A.; POLLOCK, W. E.; SHINDO, M.; MILLER, HS, J. R.; TANAKA, H. *Identification of the anaerobic threshold using double product in patients with coronary artery disease.* Am J Cardiol. 1997 Feb 1; 79(3): 360-2.

156 – OMIYA, K.; ITOH, H.; HARADA, N.; MAEDA, T.; TAJIMA, A.; OIKAWA, K.; KOIKE, A.; AIZAWA, T.; FU, L. T.; OSADA, N. *Relationship between double product break point, lactate threshold, and ventilatory threshold in cardiac patients.* Eur J Appl Physiol. 2004 Mar; 91(2-3): 224-9.

157 – MIYASHITA, M.; KANEHISA, H.; NEMOTO, I. *EMG related to anaerobic threshold.* J Sports Med Phys Fitness. 1981 Sep; 21(3): 209-17.

158 – MATSUMOTO, T.; ITO, K.; MORITANI, T. *The relationship between anaerobic threshold and electromyographic fatigue threshold in college women.* Eur J Appl Physiol Occup Physiol. 1991; 63(1): 1-5.

159 – LUCÍA, A.; SÁNCHEZ, O.; CARVAJAL, A.; CHICHARRO, J. L. *Analysis of the aerobic-anaerobic transition in elite cyclists during incremental exercise with the use of electromyography.* Br J Sports Med. 1999 Jun; 33(3): 178-85.

160 – HUG, F.; LAPLAUD, D.; SAVIN, B.; GRÉLOT, L. *Occurrence of electromyographic and ventilatory thresholds in professional road cyclists.* Eur J Appl Physiol. 2003 Nov; 90(5-6): 643-6.

161 – LUCÍA, A.; VAQUERO, A. F.; PÉREZ, M.; SÁNCHEZ, O.; SÁNCHEZ, V.; GÓMEZ, M. A.; CHICHARRO, J. L. *Electromyographic response to exercise in cardiac transplant patients: a new method for anaerobic threshold determination?* Chest. 1997 Jun; 111(6): 1571-6.

162 – CHICHARRO, J. L.; LEGIDO, J. C.; ALVAREZ, J.; SERRATOSA, L.; BANDRES, F.; GAMELLA, C. *Saliva electrolytes as a useful tool for anaerobic threshold determination.* Eur J Appl Physiol Occup Physiol. 1994; 68(3): 214-8.

163 – CHICHARRO, J. L.; CALVO, F.; ALVAREZ, J.; VAQUERO, A. F.; BANDRÉS, F.; LEGIDO, J. C. *Anaerobic threshold in children: determination from saliva analysis in field tests.* Eur J Appl Physiol Occup Physiol. 1995; 70(6): 541-4.

164 – CHICHARRO, J. L.; LUCÍA, A.; PÉREZ, M.; VAQUERO, A. F.; UREÑA, R. *Saliva composition and exercise.* Sports Med. 1998 Jul; 26(1): 17-27.

165 – CALVO, F.; CHICHARRO, J. L.; BANDRÉS, F.; LUCÍA, A.; PÉREZ, M.; ALVAREZ, J.; MOJARES, L. L.; VAQUERO, A. F.; LEGIDO, J. C. *Anaerobic threshold determination with analysis of salivary amylase.* Can J Appl Physiol. 1997 Dec; 22(6): 553-61.

166 – CHICHARRO, J. L.; PÉREZ, M.; CARVAJAL, A.; BANDRÉS, F.; LUCÍA, A. *The salivary amylase, lactate and electromyographic response to exercise.* Jpn J Physiol. 1999 Dec; 49(6): 551-4.

167 – YAMAMOTO, Y.; HUGHSON, R. L.; PETERSON, J. C. *Autonomic control of heart rate during exercise studied by heart rate variability spectral analysis.* J Appl Physiol. 1991 Sep; 71(3): 1136-42.

169 – TULPPO, M. P.; MÄKIKALLIO, T. H.; TAKALA, T. E.; SEPPÄNEN, T.; HUIKURI, H. V. *Quantitative beat-to-beat analysis of heart rate dynamics during exercise.* Am J Physiol. 1996 Jul; 271(1 Pt 2): H244-52.

170 – ALONSO, D. O.; FORJAZ, C. L. M.; REZENDE, L. O.; BRAGA, A. M. F. W.; BARRETO, A. C. P.; NEGRÃO, C. E.; RONDON, M. U. P. B. *Comportamento da frequência cardíaca e da sua variabilidade durante as diferentes fases do exercício físico progressivo máximo.* Arq. Bras. Cardiol. 1998, v. 71, n. 6, pp. 787-792.

171 – LIMA, J. R. P.; KISS, M. A. P. D. M. *Limiar de variabilidade da frequência cardíaca.* Rev Bras Ativ Fís Saúde, 1999; 4 (1) 29-38.

172 – ANOSOV, O.; PATZAK, A.; KONONOVICH, Y.; PERSSON, P. B. *High-frequency oscillations of the heart rate during ramp load reflect the human anaerobic threshold.* Eur J Appl Physiol. 2000 Nov; 83(4 -5): 388-94.

173 – KARAPETIAN, G. K.; ENGELS, H. J.; GRETEBECK, R. J. *Use of heart rate variability to estimate LT and VT.* Int J Sports Med. 2008 Aug; 29(8): 652-7.

174 – ABAD, C. C. C.; BARROS, R. V.; DE-OLIVEIRA, F. R.; LIMA, J. R. P.; PEREIRA, B.; KISS, M. A. P. D. M. et. al. *Lecturas Educación Física y Deportes* (Buenos Aires), v. 12, p. 114, 2007.

175 – FRONCHETTI, L.; NAKAMURA, F.; AGUIAR, C.; OLIVEIRA, F. R. *Indicadores de regulação autonômica cardíaca em repouso e durante exercício progressivo: Aplicação do limiar de variabilidade da frequência cardíaca.* Rev. Port. Cien. Desp., jan. 2006, vol. 6, no. 1, p. 21-28.

176 – NAKAMURA, F.; AGUIAR, C. A.; FRONCHETTI, L.; AGUIAR, A. F.; LIMA, J. R. P. *Alteração do limiar de variabilidade da frequência cardíaca após treinamento aeróbio de curto prazo.* Motriz, 2005; 11 (1): 01-09.

177 – BRUNETTO, A. F.; SILVA, B. M.; ROSEGUINI, B. T.; HORAI, D. M.; GUEDES, D. P. *Limiar ventilatório e variabilidade da frequência cardíaca em adolescentes.* Rev Bras Med Esporte [online]. 2005, vol. 11, n. 1, pp. 22-27.

178 – ZANATTA, C.; MATSUSHIGUE, K. A.; NAKAMURA, F. Y.; DE--OLIVEIRA, F. R. *Limiar de variabilidade da frequência cardíaca e resposta do lactato sanguíneo em exercícios de carga constante.* Rev Ed Fís/UEM 2008; 19(2): 251-260.

179 – SCHERRER, J.; MONOD, H. *Local muscle work and fatigue in man.* J Physiol (Paris). 1960; 52: 419-501.

180 – MORITANI, T.; NAGATA, A.; DEVRIES, H. A.; MURO, M. *Critical power as a measure of physical work capacity and anaerobic threshold.* Ergonomics. 1981 May; 24(5): 339-50.

181 – HUGHSON, R. L.; OROK, C. J.; STAUDT, L. E. *A high velocity treadmill running test to assess endurance running potential.* Int J Sports Med. 1984 Feb; 5(1): 23-5.

182 – SMITH, C. G.; JONES, A. M. T*he relationship between critical velocity, maximal lactate steady-state velocity and lactate turnpoint velocity in runners.* Eur J Appl Physiol. 2001 Jul; 85(1-2): 19-26.

183 – WAKAYOSHI, K.; YOSHIDA, T.; UDO, M.; HARADA, T.; MORITANI, T.; MUTOH, Y.; MIYASHITA, M. *Does critical swimming velocity represent exercise intensity at maximal lactate steady state?* Eur J Appl Physiol Occup Physiol. 1993; 66(1): 90-5.

184 – HILL, D. W.; SMITH, J. C. *Determination of critical power by pulmonary gas exchange.* Can J Appl Physiol 1999; 24: 74-86.

185 – POOLE, D. C.; WARD, S. A.; GARDNER, G. W.; WHIPP, B. J. *Metabolic and respiratory profile of the upper limit for prolonged exercise in man.* Ergonomics. 1988 Sep; 31(9): 1265-79.

186 – POOLE, D. C.; WARD, S. A.; WHIPP, B. J. *The effects of training on the metabolic and respiratory profile of high-intensity cycle ergometer exercise.* Eur J Appl Physiol Occup Physiol. 1990; 59(6): 421-9.

187 – PRINGLE, J. S. M.; JONES, A. M. *Maximal lactate steady state, critical Power and EMG during cycling.* Eur J Appl Physiol 2002; 88: 214–226.

188 – SCRIMGEOUR, A. G.; NOAKES, T. D.; ADAMS, B.; MYBURGH, K. *The influence of weekly training distance on fractional utilization of maximum aerobic capacity in marathon and ultramarathon runners.* Eur J Appl Physiol Occup Physiol. 1986; 55(2): 202-9.

189 – NOAKES, T. D. *Implications of exercise testing for prediction of athletic performance: a contemporary perspective.* Med Sci Sports Exerc. 1988 Aug; 20(4): 319-30.

190 – MORGAN, D. W.; MARTIN, P. E.; KRAHENBUHL, G. S. *Factors affecting running economy.* Sports Med. 1989 May; 7(5): 310-30.

191 – CURRELL, K.; JEUKENDRUP, A. E. *Validity, reliability and sensitivity of measures of sporting performance.* Sports Med. 2008; 38(4): 297-316.

192 – LAURSEN, P. B.; RHODES, E. C.; LANGILL, R. H.; MCKENZIE, D. C.; TAUNTON, J. E. *Relationship of exercise test variables to cycling performance in an Ironman triathlon.* Eur J Appl Physiol. 2002 Aug; 87(4-5): 433-40.

193 – PALMER, G. S.; DENNIS, S. C.; NOAKES, T. D.; HAWLEY, J. A. *Assessment of the reproducibility of performance testing on an air-braked cycle ergometer.* Int J Sports Med. 1996 May; 17(4): 293-8.

194 – RUSSELL, R. D.; REDMANN, S. M.; RAVUSSIN, E.; HUNTER, G. R.; LARSON-MEYER, D. E. *Reproducibility of endurance performance on a treadmill using a preloaded time trial.* Med Sci Sports Exerc. 2004 Apr; 36(4): 717-24.

195 – JEUKENDRUP, A.; SARIS, W. H.; BROUNS, F.; KESTER, A. D. *A new validated endurance performance test.* Med Sci Sports Exerc. 1996 Feb; 28(2): 266-70.

196 – HOPKINS, W. G.; SCHABORT, E. J.; HAWLEY, J. A. *Reliability of power in physical performance tests.* Sports Med. 2001; 31(3): 211-34.

197 – COGGAN, A. R.; COSTILL, D. L. *Biological and technological variability of three anaerobic ergometer tests.* Int J Sports Med. 1984 Jun; 5(3): 142-5.

198 – BILLAT, V.; RENOUX, J. C.; PINOTEAU, J.; PETIT, B.; KORALSZTEIN, J. P. *Reproducibility of running time to exhaustion at VO2max in subelite runners.* Med Sci Sports Exerc. 1994 Feb; 26(2): 254-7.

199 – BILLAT, L. V.; KORALSZTEIN, J. P. *Significance of the velocity at VO2max and time to exhaustion at this velocity.* Sports Med. 1996 Aug; 22(2): 90-108.

200 – BILLAT, V.; RENOUX, J. C.; PINOTEAU, J.; PETIT, B.; KORALSZTEIN, J. P. *Times to exhaustion at 100% of velocity at VO2max and modelling of the time-limit/velocity relationship in elite long-distance runners.* Eur J Appl Physiol Occup Physiol. 1994; 69(3): 271-3.

4. TESTES PARA AVALIAÇÃO AERÓBIA

Alexandre F. Machado

A avaliação da potência aeróbia é uma prática comum e apropriada nos programas de exercícios físicos e de reabilitação; os objetivos dos testes incluem: [1] fornecer dados para o desenvolvimento do programa de exercício físico, [2] acompanhamento do programa para avaliar o progresso do praticante, [3] motivar os participantes, através de metas razoáveis e alcançáveis e [4] estratificação dos riscos.

Neste capítulo abordaremos a fisiologia básica da potência aeróbia e descreveremos alguns dos protocolos que se utilizam para obtenção desta variável, as contraindicações absolutas e relativas para um teste de esforço e também os critérios de interrupção do teste.

VO$_2$ MÁXIMO

Em 1884, um italiano chamado Mosso observou os efeitos de se exercitar um músculo em um tipo de ergômetro. Ele foi um dos primeiros fisiologistas a levantar a hipótese de que a eficiência muscular era dependente de fatores do sistema circulatório.

Archibold Hill, em 1921, ganhou o prêmio Nobel por seus estudos realizados sobre o metabolismo energético; desde então vários pesquisadores têm investido muito tempo em estudos sobre o consumo máximo de oxigênio (VO$_2$ máximo).

A mais alta captação de oxigênio que o indivíduo pode alcançar durante um trabalho físico, respirando ar ao nível do mar, é denominada de capacidade aeróbica, **potência aeróbica máxima**, consumo de oxigênio máximo ou simplesmente VO_2 máximo.

No pulmão ocorre da seguinte forma: 1) por difusão, o oxigênio passa para o sangue arterial; 2) os eritrócitos (células vermelhas) transportam-no até a membrana celular do músculo; 3) por meio desta, o oxigênio é transportado até as mitocôndrias e 4) nestas, o oxigênio exerce sua função através das reações químicas associadas ao metabolismo aeróbico [1].

O transporte de oxigênio do meio externo para o interior das mitocôndrias da célula muscular contrátil requer a interação do fluxo sanguíneo e a ventilação no metabolismo celular. Uma alta capacidade aeróbica requer a resposta integrada e de alto nível de diversos sistemas fisiológicos [2], podendo suportar níveis metabólicos de 10 a 12 vezes maiores do que os de repouso.

Quando a interação entre os sistemas não é suficiente a ponto de atender aos rápidos aumentos da atividade muscular, o metabolismo anaeróbico compensa transitoriamente essas demandas energéticas [3], levando a uma acidose metabólica, o que acarretará uma fadiga precoce [2].

A informação fornecida pela avaliação da captação máxima de oxigênio representa uma medida de 1) a maior produção de energia por processos aeróbicos e 2) a capacidade funcional da circulação [4]. Com isso o VO_2 máx. tem recebido a atenção de vários pesquisadores, pois tem sido aceito como parâmetro fisiológico para classificar o nível de aptidão de um indivíduo.

O VO_2 máximo é um dos mais importantes parâmetros fisiológicos e reflete a interação de vários sistemas que servem de suporte ao desenvolvimento das capacidades físicas [5].

Resume-se em seis itens a importância de medir o VO_2 máximo [6]:

1 – É aceito internacionalmente como melhor parâmetro fisiológico para avaliar, em conjunto, a capacidade funcional do sistema cardiorrespiratório;

2 – É um parâmetro fisiológico e metabólico para avaliar a capacidade metabólica oxidativa aeróbica durante trabalhos musculares acima do metabolismo basal;

3 – É um parâmetro ergométrico utilizado para a avaliação da capacidade de trabalho do homem em diferentes atividades ocupacionais (medicina do trabalho);

4 – É um parâmetro fisiológico utilizado para prescrever atividades físicas sob forma de condicionamento físico normal (sedentários, obesos, idosos) ou especial (cardíacos, pneumopatas, diabéticos, etc.) ou sob forma de treinamento físico (preparação física de atletas) ou para prescrever atividades ocupacionais no ambiente de trabalho.

5 – É um parâmetro usado para quantificar o efeito do treinamento físico no sistema cardiorrespiratório.

6 – É usado em estudos epidemiológicos para comparação de capacidade física entre os povos e atletas.

O consumo de oxigênio em repouso é aproximadamente de 3,5 ml.kg.min^{-1} tanto para indivíduos sedentários como treinados; mas durante de esforços máximos os indivíduos treinados possuem valores até duas vezes maior do que aqueles apresentados pelos indivíduos sedentários [3].

Sabemos que o VO_2 máximo pode ser expresso em litros de oxigênio consumido por minuto (L/min^{-1}) ou em mililitros de oxigênio consumido por minuto por quilograma de peso corporal (ml.kg.min.$^{-1}$), ou seja, na forma absoluta ou relativa respectivamente.

O valor do VO_2 máximo expressa quantitativamente a capacidade individual para a ressíntese aeróbica do ATP [2].

FATORES DETERMINANTES

Os principais fatores determinantes do VO_2 máximo são: genético, etário, sexual e de treinamento. Aqui veremos cada um dos quatro fatores determinantes.

Genético

Pesquisadores constataram, analisando a contribuição genética para as diferenças individuais na capacidade fisiológica e metabólica do ser humano, que a hereditariedade era responsável por 93% das diferenças observadas quando medida pelo VO_2 máximo [2]. Investigações posteriores indicaram um efeito significativo menor sobre os fatores hereditários em relação à capacidade aeróbica. Os fatores genéticos são responsáveis por 67% da variabilidade observada no VO_2 máximo [8].

Observamos que os fatores genéticos influenciam significativamente o VO_2 máximo do ser humano. Os fatores genéticos e ambientais influenciam o VO_2 máximo, com os primeiros provavelmente estabelecendo, os limites para o indivíduo [10].

Etário e sexual

Os equipamentos e os testes para se medir o VO_2 máximo foram desenvolvidos em sua maioria para adultos, o que torna muito difícil sua adaptação para crianças. Um dos maiores problemas nos trabalhos realizados com crianças e adolescentes é determinar quais respostas são em função do estímulo e quais respostas são em função do crescimento. A maturação biológica é um determinante crítico das respostas fisiológicas durante o exercício [11]. A determinação do VO_2 máximo em crianças menores de 8 anos de idade é muito difícil de ser realizada [12]. Os resultados obtidos em crianças abaixo dos 8 anos de idade devem ser observados com restrições [13]. Em meninos de 8 a 16 anos verificou-se um aumento anual da porcentagem de VO_2 máximo de 11,1, sendo que os maiores aumentos foram entre a faixa etária de 12 e 13 anos (0,31 l/min) e 13 e 14 anos (0,32 l/min) [14]. No mesmo estudo em relação a meninas de 8 a 13 anos, verificou-se que o VO_2 máximo aumentou em função da idade cronológica. Em um outro estudo com meninas de 8 a 13 anos de idade, observou-se que tiveram um aumento anual de 11,6% do VO_2 máximo, registrando-se os maiores aumentos entre as faixas etárias de 11 e 12 anos (0,25 l/min) e 12 e 13 anos (0,23 l/min) [14].

Através de um estudo transversal verificou-se que o VO_2 máximo, quando expresso em l/min, é 12% maior em meninos do que nas meninas aos 10 anos de idade; aos 12 anos esta diferença sobe para 23%, aos 14 anos sobe para 31% e aos 16 anos a diferença é de 37% [13]. Podemos associar esta diferença ao nível de atividade física exercida entre crianças e adolescentes de sexo diferentes, os meninos pareceram possuir um nível habitual de atividade física maior que as meninas [7]. O VO_2 máximo atinge seu ponto mais alto entre 18 e 20 anos de idade, ocorrendo um decréscimo gradual posteriormente tanto para valores absolutos como para relativos [15]. A potência aeróbica das mulheres é, em média, 70 a 75 por cento daquela dos homens [4].

Em relação ao esgotamento e aproveitamento periférico de oxigênio, a mulher está em desvantagem em relação ao homem: devido à menor massa muscular e à pior capilarização do músculo feminino não treinado [16].

A influência da idade e do sexo sobre o VO_2 máximo é diferente quando este é expresso em valores relativos [7].

Treinamento

O treinamento pode aumentar o VO_2 máximo, e este aumento é mais frequentemente encontrado em torno de 15 a 20% em indivíduos que praticam atividade física pelo menos 3x na semana durante 30 minutos [17]. Quando durante o programa de atividades físicas o indivíduo perde significativamente gordura corporal e o VO_2 máx. é expresso em valores relativos, os resultados podem apresentar um aumento em torno de 40%.

Devemos levar em consideração que aquele indivíduo que tiver um grau maior de comprometimento com o programa de treinamento terá um percentual maior de melhora do VO_2 máximo e aqueles que tiverem um comprometimento menor com o programa terá um percentual de melhora baixo ou não apresentará nenhuma melhora. Alguns pesquisadores têm proposto a existência de pessoas que respondem e outras que não respondem ao treinamento [10].

Quanto maior for o nível inicial do condicionamento físico, menor será a melhora relativa determinada pelo programa de treinamento. Os maiores valores de VO_2 máximo são atingidos dentro de 8 a 18 meses de treinamento [7]. Lembrando que as adaptações determinadas pelo programa de treinamento são específicas para o tipo de exercício realizado, cada indivíduo tem um nível limitado de VO_2 máx. que pode ser atingido [10].

FATORES LIMITANTES

Existem duas escolas de pensamento que trabalham com hipóteses diferentes sobre a limitação do VO_2 máx.: 1) aceita a hipótese de existência da limitação central [18]; 2) propõe a hipótese da limitação periférica [19]. Sabemos que a oferta central de oxigênio depende do débito cardíaco máximo e do conteúdo máximo de oxigênio arterial, enquanto que a extração periférica de oxigênio transportado é expressa através da diferença arteriovenosa (a – VO_2). Quando estes fatores são combinados, temos a habilidade de fazer com que o sistema circulatório ofereça e extraia o oxigênio.

A teoria da limitação central baseia-se em estudos da década de 60, no qual os indivíduos alteraram seu nível de atividade física, concluindo-se que a limitação era do coração, enquanto que a teoria de limitação periférica baseia-se no fato de que o VO_2 máx. é influenciado pelo potencial oxidativo da fibras musculares, ou seja, pela concentração das enzimas oxidativas e também pelo número e tamanho das mitocôndrias.

A limitação periférica pode ocorrer a partir da difusão tecidual do oxigênio, ou seja, a frequência com que o oxigênio pode se difundir da hemoglobina até a mitocôndria [7]. Sabemos também que existe uma relação entre o VO_2 máximo e a PO_2 venosa da musculatura ativa, mesmo se a oferta de oxigênio for aumentada ou diminuída. Esta relação indica a compatibilidade da teoria da difusão periférica de oxigênio, limitando o VO_2 máximo [7].

Pesquisadores [7, 18, 20] têm sustentado que a principal limitação do VO_2 máximo seria o sistema cardiovascular, ou seja, a teoria da limitação central. Contudo em alguns estudos em indivíduos altamente treinados, o sistema respiratório pode limitar o VO_2 máximo [10]. Outros estudos têm proposto que o sistema respiratório não limita o VO_2 máximo de indivíduos saudáveis exercitando-se ao nível do mar [7]. Entretanto [10] afirmam que, com aumento da intensidade de esforço realizado por alguns sujeitos altamente treinados, algumas deficiências do sistema respiratório ficam evidentes. O que sustenta a hipótese do sistema respiratório também ser um fator limitante do VO_2 máximo.

AVALIAÇÃO DA POTÊNCIA AERÓBICA

É através do teste de esforço que se pode saber até que ponto os sistemas conseguem responder bem a sua função e, mais ainda, pode-se saber também como tais sistemas estão respondendo a um determinado nível de estresse físico no decorrer do exercício [21]. Os diferentes testes ergométricos apresentam características distintas, podendo variar de um sistema simples a equipamentos com elevado grau de sofisticação tecnológica.

Através do teste ergométrico se pode responder algumas questões como: qual a capacidade de realizar um esforço, qual é a requisição metabólica para um determinado nível de esforço, se há alguma anormalidade na relação ventilação-perfusão, se há algum defeito na utilização de O_2 pelos músculos [37, 38].

Para se realizar a medida do VO_2 máximo, vários protocolos foram desenvolvidos, podendo estes serem de pista ou laboratoriais, máximos ou submáximos, e ainda diretos ou indiretos. Os cientistas da área de fisiologia do exercício e médicos utilizam-se de provas de esforço para avaliar objetivamente o VO_2 máximo [24]. Durante a execução dos testes, deve-se estar atento não só à sua qualidade mas também à facilidade. Existem várias categorias de ergômetros, muitas das quais são utilizadas somente para fins de *performance* em treinamento desportivo [25].

Os três tipos de ergômetros mais utilizados são o banco, a bicicleta e a esteira [26]. O ergômetro de banco pode ser constituído de um, dois ou mais degraus e a altura do degrau vai variar conforme o protocolo. Suas vantagens: não depende de luz elétrica, baixo custo, facilidade de transporte, é indicado para estudos de grandes populações. Suas desvantagens: difícil monitoramento da PA, contraindicado para indivíduos obesos devido à ação dos microtraumatismos, a altura do banco em alguns protocolos para o público feminino poderá induzir a um fator antropométrico limitante.

O cicloergômetro pode ser de dois métodos: de acordo com a frenagem e de acordo com a constância do nível de potência. [26]. Existem dois tipos de frenagem: a mecânica e a elétrica que atuam de maneira similar. Quanto ao controle de potência, um é constante, independente da velocidade do pedal, e no outro ocorrem modificações na potência conforme varia a velocidade do pedal. Suas vantagens: permitir pequenos aumentos de cargas, maior facilidade de registro do ECG, maior facilidade para medir a PA durante o exercício. Suas desvantagens: envolvem menor massa muscular durante o exercício físico que a esteira, fadiga precoce do quadríceps femural antes que o nível adequado do exercício tenha sido atingido, requer que o indivíduo saiba pedalar.

Na esteira, existem duas variáveis de sobrecarga: a velocidade – observa-se uma velocidade mínima de 1,6 km/h e máxima de 20 km/h (em algumas esteiras); e o ângulo de inclinação, que pode variar de zero a 24%. O tapete da esteira deve ter no mínimo 127 cm de comprimento e 40,64 cm de largura. Além disso, ela deve ser capaz de suportar diferentes pesos corpóreos de até 157,5 kg; recomenda-se ainda a presença de apoios frontais e laterais [27]. Suas vantagens: usa um tipo comum de exercício, utiliza uma massa muscular maior e causa menor estresse ao sistema cardiovascular. Suas desvantagens: custo alto na aquisição e manutenção, maior dificuldade de registro de ECG e PA, dificuldade de transporte e o peso corporal interfere no trabalho físico realizado. Os resultados de VO_2 máx. alcançado na esteira são em média 18% maior que no cicloergômetro [25].

Para cada atividade existem testes de formas variadas que nos permitem realizar uma adequada seleção para aplicação, dependendo dos objetivos que foram traçados para os grupos [7]. Existem três formas de submissão do sistema cardiovascular ao estresse: os testes isométricos, os dinâmicos e a combinação destes [29]. Os testes dinâmicos impõem uma atividade muscular rítmica, motivo pelo qual este tipo de teste é mais utilizado.

Os protocolos laboratoriais dinâmicos podem ser divididos em testes em que se utilizam múltiplos estágios com cargas progressivas, e os testes de *steady-state* [30]. Os testes onde os indivíduos são levados ao *steady-state* são utilizados para acessar a função cardiopulmonar sob condições de demanda metabólica constante. Skinner (1991) propõe cinco requisitos destinados aos testes para medir o VO_2 máximo:

1 – O trabalho deve envolver grandes grupos musculares;
2 – O trabalho deve ser mensurável e reproduzível;
3 – As condições do teste devem ser comparáveis e reproduzíveis;
4 – O teste deve ser tolerável pelos indivíduos a ele submetidos;
5 – A eficiência mecânica necessária para a execução da tarefa deve ser a mais uniforme possível dentre a população testada.

Os testes podem ser: diretos – quando o consumo de oxigênio é analisado através de um analisador de gases respiratórios – e indiretos – onde o consumo de oxigênio é calculado a partir da FC, distância percorrida e carga – o resultado é obtido por meio de uma equação de regressão ou através de normogramas.

Os testes podem ser classificados em máximos e submáximos. Os máximos são aqueles em que os indivíduos são induzidos a esforços, de forma que alcance o seu maior nível de metabolismo, fazendo com que o esforço seja realizado acima de 90% da sua FC máxima; e submáximos, aqueles em que os indivíduos atuam com esforços entre 75% e 90% da sua FC máxima [26].

Encontra-se grande dificuldade na reprodutibilidade dos resultados obtidos em um teste máximo [33]. Em contrapartida, os submáximos são mais facilmente reprodutíveis, posto que os determinantes do término do teste são um ponto fixo como a carga, FC ou PA [31]. Os testes de esforço máximo são clinicamente mais úteis para diagnóstico de DAC em indivíduos assintomáticos [31].

MÉTODO DIRETO

Para medir o VO_2 máx. através do método direto, precisa-se de instrumentos especializados e de alto custo, com os quais pode-se medir com precisão a concentração de gases inspirados durante os exercícios. Com isso, obtém-se a medida de oxigênio consumido e do CO_2 produzido durante o exercício. Tais equipamentos, conhecidos como analisadores de gases, permitem a realização de estudos mais aprofundados e uma adequada exploração dos resultados obtidos [7].

A análise das trocas gasosas durante um teste de esforço, conhecida como calorimetria indireta ou ainda como ergoespirometria, consiste em um meio não invasivo de obtenção das grandezas respiratórias como: ventilação (V_E), volume corrente (V_T), frequência respiratória (FR), captação de O_2 (VO_2), eliminação de CO_2 (VO_2), taxa de troca respiratória (R), equivalente ventilatório de O_2 (V_E / VO_2) e o equivalente ventilatório de CO_2 (V_E / VO_2) [32].

MÉTODO INDIRETO

Utiliza-se de um ou mais parâmetros, que não seja a coleta direta de gases para estimar o VO_2 máx. Geralmente, estes parâmetros são: a FC, distância percorrida, tempo ou carga de trabalho, onde são aplicados modelos matemáticos [26, 33, 34].

ESTRATIFICAÇÃO DE RISCO

Durante o exame clínico que antecede o teste de esforço deve ser realizada a estratificação de risco, que irá determinar a necessidade ou não da supervisão médica durante o teste (Tabela 4.1) e também estimar o risco de submeter o avaliado a um esforço máximo ou submáximo. O American

College of Sports Medicine [31] estabeleceu critérios que contraindicam ou restringem o teste de esforço em alguns casos, descritos abaixo:

Contraindicações relativas:
- PA diastólica em repouso > 115 mmHg ou PA sistólica em repouso > 200 mmHg;
- Doença cardíaca valvular moderada;
- Marcapasso de ritmo fixo;
- Aneurisma ventricular;
- Doença metabólica não controlada (Diabetes Mellitus);
- Doença infecciosa crônica;
- Desordens neuromusculares;
- Anormalidades eletrolíticas conhecidas;
- Gravidez avançada ou com complicações.

Contraindicações absolutas:
- Alterações significativas do ECG que sugerem um IM;
- Complicações recentes de IM;
- Angina instável;
- Arritmia ventricular não controlada;
- Arritmia atrial não controlada comprometendo a função cardíaca;
- Bloqueio AV de 3º grau sem marcapasso;
- Insuficiência cardíaca congestiva aguda;
- Estenose aórtica severa;
- Aneurisma dissecante conhecido ou suspeitado;
- Miocardite ou pericardite ativa ou suspeitada;
- Tromboflebite ou trombos intracardíacos;
- Embolia pulmonar ou sistêmica recente;
- Infecção aguda;
- Estresse emocional significativo.

Tabela 4.1: Recomendação para presença médica durante o teste de esforço do (31).

Teste	Aparentemente saudáveis - Jovem	Aparentemente saudáveis - Idoso	Risco aumentado - Assintomático	Risco aumentado - Sintomático	Doença conhecida
Submáximo	Não	Não	Não	Sim	Sim
Máximo	Não	Sim	Sim	Sim	Sim

Após determinado o tipo de teste (máximo ou submáximo), o professor deve estabelecer e conhecer os critérios que indicarão a interrupção do teste [31].

Critérios de interrupção:
- O avaliado pede para encerrar o teste;
- FC alvo atingida;
- Limitações físicas (exaustão);
- Náusea e vômito;
- Claudicação introduzida pelo exercício;
- Palidez intensa;
- PAS > 250 mmHg;
- PAD > 120 mmHg em normotensos;
- PAD > 140 mmHg em hipertensos;
- Dispneia severa e desproporcional à intensidade do exercício;
- Desconforto músculo-esquelético intenso;
- Taquicardia ventricular;
- Redução da FC e PA com o aumento do esforço;
- Instabilidade emocional;
- Perda da qualidade do exercício;
- Falha dos equipamentos;
- Aumento progressivo da duração QRS;
- Fribilação ou taquicardia atrial;
- Aumento do grau de bloqueio A-V, de 2° e 3° graus;
- Manifestações clínicas de desconforto torácico com aumento da carga que se associa com alterações do ECG ou outros sintomas.

Para a realização do teste o avaliado deve seguir algumas normas (descritas abaixo) com o objetivo de minimizar quaisquer risco.
- Trazer, caso possua, um ECG de repouso, recente;
- Ter uma noite repousante e evitar atividade física intensa no dia que antecede o teste;
- Evitar fumar nas 4 horas que antecede o teste;
- Intervalo mínimo de 2 horas entre o teste e a última refeição;
- Comunicar qualquer tipo de alteração no estado de saúde nas últimas 24 horas que antecede o teste.

TESTES

TESTES DE PISTA

Teste de caminhada de 3 km [26]

Consiste em caminhar num plano horizontal uma distância de 3 km. Registra-se o tempo total da caminhada em minutos, o resultado é expresso em $ml.kg^{-1}.min^{-1}$.

VO$_2$ máx. = 0,35 x V^2 + 7,4
Onde:
V = velocidade média em km/h
t = tempo em minutos do percurso

$$V = \left[\frac{3000}{t} \times 60\right] / 1000$$

Teste de caminhada de 1.200 metros: Canadian Aerobic fites test [35]

Consiste em caminhar num plano horizontal uma distância de 1.200 metros. Após o teste afere-se a frequência cardíaca (FC). O resultado é expresso em l.min^{-1}.

VO$_2$ máx. = 6,952 + (0,0091 x Mc) − (0,0257 x I) + (0,5955 x S) − (0,2240 x T) − (0,0115 x FC)
Onde:
Mc = Massa corporal (kg)
I = Idade em anos
S = (1) masculino ou (0) feminino
T = tempo gasto na caminhada em minutos
FC = Frequência cardíaca da última volta

Teste de Cooper – 12 minutos [36]

Consiste em percorrer a maior distância possível em 12 minutos de corrida (preferencialmente) e/ou caminhada.
O resultado é a distância percorrida anotada e, a partir dela, é realizada a estimativa do consumo de oxigênio.

$$VO_2 \text{ máx.} = \frac{D(m) - 504}{45}$$

D = distância percorrida em metros
VO$_2$ expresso em ml.kg^{-1}.min^{-1}

Teste de 1.000 metros [26]

O teste consiste em percorrer correndo uma distância de 1.000 metros no menor tempo possível.
O resultado é o tempo percorrido em minutos, transformado em segundos. A partir do tempo é realizada a estimativa do consumo de oxigênio.

$$VO_2 \text{ máx.} = \frac{652,17 - T}{6,762}$$

onde:
VO$_2$ expresso em ml.kg^{-1}.min.$^{-1}$

T = tempo em segundos

Observações: O avaliado deve continuar caminhando progressivamente até parar, por 3 a 5 minutos após o encerramento do teste. O local ideal para a realização do teste seria a pista de atletismo, mas outros locais, como quadra de esportes, parques, ou trechos com distâncias conhecidas, geralmente são usados como alternativa. Os terrenos planos são mais preferidos.

Teste de 2.400 metros [35]

O teste consiste em percorrer correndo (preferencialmente) e/ou caminhando uma distância de 2.400 metros no menor tempo possível.

O resultado é o tempo percorrido em minutos, transformado em segundos. A partir do tempo é realizada a estimativa do consumo de oxigênio.

$$VO_2 \text{ máx.} = \frac{D(m) \times 60 \times 0,2 + 3,5}{T}$$

Onde:
D = distância em metros
T = tempo em segundos
VO_2 expresso em $ml.kg^{-1}.min^{-1}$

Observações: O avaliado deve continuar caminhando progressivamente até parar, por 3 a 5 minutos após o encerramento do teste. O local ideal para a realização do teste seria a pista de atletismo, mas outros locais, como quadra de esportes, parques, ou trechos com distâncias conhecidas, geralmente são usados como alternativa. Os terrenos planos são mais preferidos.

Teste de Balke – 15 minutos [35]

O teste consiste em percorrer a maior distância possível durante 15 minutos correndo (preferencialmente) e/ou caminhando.

A faixa etária pode variar de 15 a 50 anos. É indicado para indivíduos já condicionados ou atletas em função do tempo de teste. O resultado é expresso em $ml.kg^{-1}.min^{-1}$.

VO_2 máx. = 33 + [0,178 (Vm – 133)]
Onde: Vm = Velocidade média
Vm = D / Mc
D = Distância percorrida em metros
Mc = Massa corporal em kg

Teste de Rockpoort [28]

Consiste em percorrer um distância de uma milha (1609 metros), no menor tempo possível. Registra-se o tempo como também a frequência cardíaca no final do teste. O resultado é expresso em $ml.kg^{-1}.min^{-1}$.

VO2 máx. = 132.6 − (0.17 x Mc) − (0.39 x Id) + (6.31x S) − (3.27 x t) − (0.156 x FC)
Onde:
Mc = Massa corporal em kg;
Id = idade em anos;
S = sexo, 0 = mulheres e 1 = homens;
t = tempo em minutos;
FC = frequência cardíaca.

Teste dos 5 minutos [28]

Consiste em percorrer a distância máxima possível em 5 minutos de corrida contínua. Registra-se a distância percorrida no final do tempo. O resultado é expresso em ml.kg^{-1}. min $^{-1}$.
VO_2 máx. = 340.6 − 34.14 x V + 1.01 x V^2
Onde:
V = velocidade em km/h.

Teste de corrida de Ribisi & Kachodorian [28]

Indicado para indivíduos com um alto nível de aptidão física, não importando a idade. Consiste em percorrer uma distância de 3.200 metros correndo no menor tempo possível. O resultado é expresso em ml.kg^{-1}. min $^{-1}$.
VO_2 máx. = 114.496 − 0.04689 (t) − 0.37817 (Id) − 0.15406 (Mc)
Onde:
t = tempo em segundos;
Id = idade em anos;
Mc = Massa corporal em kg.

Teste de 6 minutos de corrida contínua [28]

Indicado para meninos e meninas entre 10 e 14 anos de idade. Consiste em percorrer a maior distância possível durante os 6 minutos de corrida contínua. O resultado é expresso em l.min $^{-1}$.
VO_2 máx. (meninos) = D / T x 0.118 + 17.8
VO_2 máx. (meninas) = D / T x 0.131 + 16.6
Onde:
D = distância em metros;
T = tempo em minutos.

TESTES DE BANCO

Teste máximo – protocolo de Nagle [33]

O teste inicia-se com o banco numa altura de 12 cm e 8 cm para homens e mulheres ou pacientes, respectivamente. Aumentando a altura de 4 cm em 4 cm a cada 2 minutos até 52 cm; o ritmo é de 30 passadas por minuto. Em pessoas muito debilitadas pode iniciar-se com a altura de 4 cm e aumentar apenas 2 cm a cada 2 minutos. Considerando como carga final a última completada. O resultado é expresso em ml.kg^{-1}.min^{-1}.

VO$_2$ máx. = 0,875 x altura do banco (cm) + 7,00

Teste máximo – protocolo de Harvard [37]

O teste foi desenvolvido para classificar níveis de aptidão em homens jovens e apresenta duas formas, a longa e a abreviada. Abordaremos aqui somente a última. A altura do banco é de 20 polegadas (50,8 cm), o ritmo do teste é de 30 passadas por minuto durante 5 minutos de teste. A contagem do pulso é feita durante 30 segundos após 1 minuto de descanso. Utiliza-se a fórmula abaixo para expressar os resultados e sequencialmente é utilizada a tabela de classificação (Tabela 4.2) para obter o resultado do teste.

$$Score = \frac{Tempo \text{ em segundos} \times 100}{5,5 \times FC \text{ (contagem do pulso)}}$$

O teste de Harvard foi modificado [37], utilizando-se de um banco de 18 polegadas (45,7 cm), 3 minutos de duração e com um ritmo de 24 passadas por minuto; seguindo os mesmos procedimentos citados acima encontraram um r = 0,82.

Tabela 4.2 – Classificação do resultado do teste de banco de Havard

Tabela de Classificação	
Abaixo de 50	Fraco
50 a 80	Médio
Acima de 80	Bom

Teste Submáximo – Protocolo de Katch & McArdle [39]

É constituído de carga única com banco na altura de 40,6 cm. A duração do teste é de 3 minutos; a frequência da passada deverá corresponder ao ritmo de 24 e 22 passadas por minuto para homens e para mulheres, respectivamente; aconselha-se o uso do metrônomo e seriam 96 e 88 bpm, respectivamente; no final do terceiro minuto do teste, o avaliado permanece de pé, enquanto é aferida a FC, começando 5 segundos após a interrupção do teste. O resultado é expresso em ml.kg^{-1}.min $^{-1}$.

No resultado da FC é aplicada a seguinte fórmula:

Homens – VO$_2$ máx. = 111,33 – 0,42 x FC do final do teste

Mulheres – VO$_2$ máx. = 65,81 – 0,1847 x FC do final do teste

Teste Submáximo – Protocolo de Cirilo [26]

Este protocolo segue o mesmo procedimento do anterior, incluindo as fórmulas; entretanto a altura do banco não é diferenciada segundo o sexo, mas sim segundo a estatura dos avaliados (Tabela 4.3) e podendo ser aplicado em crianças a partir de 9 anos de idade.

Tabela 4.3: Determinação da altura do banco referente à estatura do avaliado

Grupos (G) de estatura (cm)	Altura do banco (cm) para aplicação do teste Masculino & Feminino
G01- até 151,9 cm	32,0 cm
G02 – 152,0 até 161,9 cm	34,0 cm
G03 – 162,0 até 171,9 cm	38,0 cm
G04 – 172,0 até 181,9 cm	40,0 cm
G05 – 182,0 até 191,9 cm	42,0 cm
G06 – acima de 192,0 cm	45,0 cm

Teste submáximo – Protocolo de Astrand [40]

Carga única, porém diferenciada segundo o sexo: masculino 40 cm; feminino 33 cm. Antes da realização do teste deve-se mensurar o peso corporal total do avaliado; o ritmo de trabalho deverá ser mantido em 30 passadas por minuto até o indivíduo completar 6 minutos; a contagem da FC deverá ser feita imediatamente após o fim do teste; com os dados coletados (FC + Massa corporal), deverá ser determinado o resultado, expresso em l.min^{-1}, utilizando o normograma (Figura 4.1).

Figura 4.1: Normograma de Astrand

Testes de Potência Anaeróbica e Aeróbica

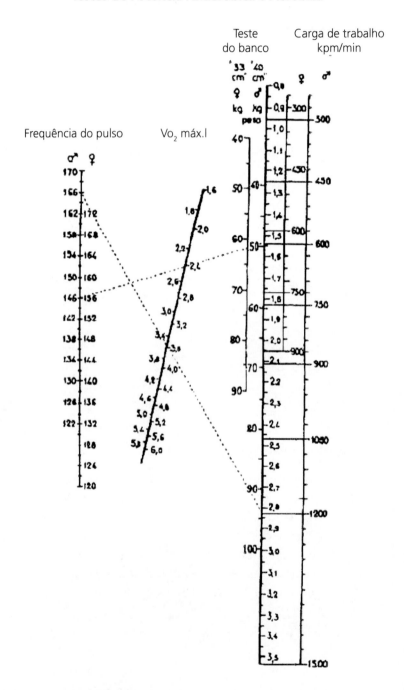

TESTE EM CICLOERGÔMETRO

Teste submáximo de Fox [41]

Consiste em pedalar por um período de 5 minutos, com uma carga de 150 Watts e uma velocidade constante de 60 rpm (21,6 km/h). O resultado é expresso em l.min^{-1}.

VO_2 máx. = 6,3 − (0,0193 x FC)
Onde:
FC = frequência cardíaca do final do teste.

Teste submáximo de Astrand [40]

Consiste em pedalar em uma velocidade constante (50 rpm = 18 km/h) por um período de 6 minutos, em uma bicicleta mecânica. A carga inicial deve variar, sendo indicada para homens de 100 a 150 Watts e para mulheres de 50 a 100 Watts. Uma vez atingida a velocidade do teste, a carga deverá ser aumentada lentamente até o valor da carga prescrita.

Obs.: Caso a FC esteja entre 140 e 149 bpm no final do terceiro minuto a carga não precisa ser aumentada.

Obs.: Caso a diferença da FC entre o quinto e sexto minuto seja superior a 10 bpm, o avaliado continuará a pedalar até que esta diferença entre os últimos minutos seja inferior a 10 bpm.

O resultado é expresso em l.min^{-1}.

- **Fator de correção:**

Masculino: (220 − I) − 61 / FC
Feminino: (220 − I) − 72 / FC

- VO_2 carga: (12 x W) + 300 / 1000
- Equação do VO_2:

Masculino: (220 − I) − 61 / FC − 61
Feminino: (220 − I) − 72 / FC − 72
Onde:
W = carga em Watts
I = Idade
FC = frequência cardíaca do último minuto de teste

VO_2 máximo = VO_2 carga x fator de correção x Equação do VO_2

Teste máximo de Astrand [40]

Consiste no avaliado pedalar a uma velocidade de 60 rpm (21,6 km/h), até a exaustão voluntária ou aparecimento de algum outro fator que seja critério de interrupção do teste. A cada 3 minutos a carga deverá ser aumentada em 25 Watts; a carga inicial é diferenciada para: cardiopatas = 10 W, mulheres = 25 W e homens = 50 W. O resultado é expresso em ml.kg^{-1}.min^{-1}.

$$VO_2 \text{ máximo} = \frac{Wx12 + 300}{Mc}$$

Onde:
W = Watts do último minuto de teste
Mc = Massa corporal

Teste máximo de Bruce [43]

Consiste no avaliado pedalar a uma velocidade de 60 rpm (21,6 km/h), até a exaustão voluntária ou aparecimento de algum outro fator que seja critério de interrupção do teste. A cada 3 minutos a carga deverá ser aumentada em 25 Watts para não atletas e 50 Watts para atletas. O resultado é expresso em l.min^{-1}.

VO_2 máximo = 0,129 + 0,014 (W) + 0,075
Onde:
W = carga em Watts que encerrou o teste

Teste máximo de Balke [40]

Consiste no avaliado pedalar a uma velocidade de 60 rpm (21,6 km/h) até a exaustão voluntária. A carga inicial será zero e a cada 2 minutos deverá ser aumentada em 25 W para não atletas e 50 W para atletas. O resultado é expresso em ml.kg^{-1}.min^{-1}.

$$VO_2 \text{ máximo} = \frac{200 + (12xW)}{Mc}$$

Onde:
W = carga em Watts do último estágio do teste
Mc = Massa corporal

Teste máximo de Storer [43]

Consiste no avaliado pedalar a uma velocidade de 60 rpm (21,6 km/h) até a exaustão voluntária. A carga inicial será zero e a cada minuto deverá ser aumentada em 15 W. O resultado é expresso em ml.kg^{-1}.min^{-1}.

$$VO_2 \text{ máximo (masculino)} = \frac{(10,51xW) + (6,35xMc) - (10,49xId) + 519,3}{Mc}$$

$$VO_2 \text{ máximo (feminino)} = \frac{(9,39xW) + (7,7xMc) - (5,88xId) + 136,7}{Mc}$$

Onde:
W = carga em Watts do último minuto
Mc = massa corporal
Id = Idade em anos

Teste máximo do ACSM [31]

Consiste no avaliado pedalar a uma velocidade de 60 rpm (21,6 km/h) até a exaustão voluntária. A carga inicial será zero e a cada 2 minutos deverá ser aumentada; este protocolo destaca-se por ter fórmulas diferenciadas para as bicicletas mecânicas e eletromagnéticas. O resultado é expresso em ml.kg^{-1}.min^{-1}.

$$VO_2 \text{ máximo (mecânica)} = \frac{Kpmx2 + 300}{Mc}$$

$$VO_2 \text{ máximo (eletromagnética)} = \frac{Wx12 + 300}{Mc}$$

Onde:
Watts = carga em Watts
Kpm = carga em kpm
Mc = Massa corporal

TESTE EM ESTEIRA ROLANTE

Teste submáximo de Machado [44]

Consiste no avaliado correr a uma velocidade de 8 km/h durante um período de 6 minutos, onde a FC deverá ser monitorada continuamente durante todo o teste e registrada a cada 30 segundos. Este protocolo foi desenvolvido e validado em jovens entre 18 e 25 anos do sexo masculino, obtendo um r = 0,89, r2 = 0,80 e SE = 146, 68 ml.min^{-1}. O resultado é expresso em l.min^{-1}.

$$VO_2 \text{ máximo} = 4,62 + 0,02(\Delta FC_{6min}) - 0,02(FC_R) + 0,01(D_{HR}) - 0,01(\Delta FC_{5min})$$

Onde:
FC_R = Representa a FC de repouso.
ΔFC_{6min} = Corresponde à variação da FC entre o quinto e sexto minuto de teste, sendo a FC obtida nos últimos 30 segundos do sexto minuto menos a FC obtida nos últimos 30 segundos do quinto minuto.

$\Delta FC_{5 min}$ = Corresponde à variação da FC entre o quarto e quinto minuto de teste, sendo a FC obtida nos últimos 30 segundos do quinto minuto menos a FC obtida nos últimos 30 segundos do quarto minuto.

D_{HR} = Déficit cronotrópico, reflete o atraso da resposta cronotrópica
Cálculo da variável D_{HR}:

A) Subtrai-se a FC obtida nos últimos 30 segundos de teste pela FC de repouso e multiplica-se por 6.

B) Somam-se todas as FC obtidas a cada 30 segundos de teste e multiplica-se por 6 e depois divide-se por 12.

C) Multiplica-se a FC de repouso por 6.

Onde:

D_{HR} = A - (B - C)

Teste máximo de Ellestad [45]

A velocidade pode variar de 2,7 km/h a 12,8 km/h, a inclinação é de 10% nos quatros primeiros estágios e sua duração pode variar também de 2 a 3 minutos e no quinto minuto haverá um incremento na inclinação de 5%, até o final do teste. Este protocolo é indicado para indivíduos idosos por permitir uma variabilidade na velocidade. O resultado é expresso em ml.kg^{-1}.min^{-1}.

VO_2 máximo = 4,46 + (3,933xT)

Onde:

T = Tempo de teste em minutos

Teste máximo de Bruce [42]

Com estágios de 3 minutos, velocidade inicial de 2,7 km/h e inclinação inicial de 10%; ocorrerá incrementos de 1,3 km/h e 2% a cada estágio até a exaustão voluntária ou aparecimento de algum sinal ou sintoma. O resultado é expresso em ml.kg^{-1}.min^{-1}.

VO_2 máximo = 6,14 + 3,26xT

Onde:

T = tempo total do teste em minutos

Teste máximo de Balke [33]

A velocidade mantém-se constante a 5,5 km/h, a cada estágio de 2 minutos haverá aumentos de 2% na inclinação. O resultado é expresso em ml.kg^{-1}.min^{-1}.

VO_2 máximo = 1,75xI + 10,5

I = inclinação expressa em %

Teste máximo de Naughton [46]

Com estágios de 3 minutos de duração e pequenos aumentos de velocidade a cada estágio e também uma diminuição da inclinação em alguns estágios, este protocolo é indicado para indivíduos de baixo condicionamento físico (Tabela 4.4).

Tabela 4.4: Protocolo de Naughton

Estágio	Velocidade (km/h)	Inclinação (%)	VO$_2$ máx. (ml.kg^{-1}.min^{-1})
1	3,2	7,0	14,0
2	3,2	10,5	17,5
3	3,2	14,0	21,0
4	4,8	10,0	24,5
5	4,8	12,5	28,0
6	5,5	12,0	31,5
7	5,5	14,0	35,0
8	5,5	16,0	38,5
9	5,5	18,0	42,0

Teste máximo protocolo de Rampa [31]

O protocolo de Rampa proporciona aumento de carga de forma contínua, o estágio inicial de baixa carga para o aquecimento. Sequencialmente o aumento progressivo da carga de trabalho varia de acordo com a capacidade individual de cada um, estimada previamente, procurando-se alcançar a capacidade máxima aeróbia em aproximadamente 10 minutos em média (8 a 12 minutos).

Vantagens
- *Individualização do teste;*
- *Boa adaptação ao trabalho.*

Desvantagem
- Necessidade de sistemas computadorizados.

$VO_2 = 0,72 \times (VO_2$ previsto$) + 3,67$ ml / kg / min

CLASSIFICAÇÃO DO CONDICIONAMENTO FÍSICO

A avaliação do condicionamento físico da forma quantitativa nos permite direcionar o trabalho de maneira segura para que o aluno ou cliente possa atingir o objetivo almejado em menor tempo. Já a medida qualitativa classifica os resultados do teste, seja direto ou indireto, de maneira que o avaliado é enquadrado e comparado a um grupo de mesmo gênero e faixa etária.

O principal interesse no esporte de alto rendimento e o resultado final, diferente dos que praticam atividade física de maneira recreativa ou com objetivo de melhorar a qualidade de vida [19]. As tabelas 4.5, 4.6, 4.7 e 4.8 classificam o condicionamento físico segundo idade, sexo e nível de condicionamento [48].

Tabela 4.5: Classificação do condicionamento físico (VO_2 máximo) para homens sedentários (VO_2 expresso em ml.kg^{-1}.min^{-1})

Idade (anos)	Muito Fraco	Fraco	Regular	Bom	Excelente
20-29	< 36	36 – 42	43 – 45	46 – 49	> 49
30-39	< 34	34 – 38	39 – 41	42 – 45	> 45
40-49	< 30	30 – 33	34 – 35	36 – 39	> 39
50-59	< 27	27 – 31	32 – 34	35 – 38	> 38

Tabela 4.6: Classificação do condicionamento físico (VO_2 máximo) para mulheres sedentárias (VO_2 expresso em ml.kg^{-1}.min^{-1})

Idade (anos)	Muito Fraco	Fraco	Regular	Bom	Excelente
20-29	< 30	30 – 34	35 – 36	37 – 41	> 41
30-39	< 29	29 – 33	34 – 35	36 – 38	> 38
40-59	< 25	25 – 29	30 – 32	33 – 34	> 34

Tabela 4.7: Classificação do condicionamento físico (VO_2 máximo) para homens atletas (VO_2 expresso em ml.kg^{-1}.min^{-1})

Idade (anos)	Muito Fraco	Fraco	Regular	Bom	Excelente
20-29	< 53	53 – 56	57 – 61	62 – 66	> 66
30-39	< 50	50 – 54	55 – 58	59 – 61	> 61
40-49	< 49	49 – 53	54 – 55	56 – 59	> 59
50-59	< 44	44 – 48	49 – 53	54 – 56	> 56

Tabela 4.8: Classificação do condicionamento físico (VO_2 máximo) para mulheres sedentárias (VO_2 expresso em ml.kg^{-1}.min^{-1})

Idade (anos)	Muito Fraco	Fraco	Regular	Bom	Excelente
20-29	< 43	43 – 48	49 – 51	52 – 54	> 54
30-39	< 45	45 – 49	50 – 51	52 – 56	> 56
40-59	< 39	39 – 42	43 – 46	47 – 49	> 49

REFERÊNCIAS BIBLIOGRÁFICAS

1 – SILVA, P. R. S e Col. *A importância do limiar anaeróbico e do consumo Máximo de oxigênio (VO_2 max.) em jogadores de futebol*. V3. Âmbito medicina desportiva. São Paulo, 1998. pp.15-24.

2 – McARDLE, W. D; KATCH, F. I. & KATCH, V. L. *Fisiologia do exercício: Energia, Nutrição e Desempenho Humano*. Ed Guanabara Koogan, 5ª edição. Rio de Janeiro, 2003.

3 – SKINNER, J. S. *Prova de esforço e prescrição de exercício para casos específicos*. Revinter. Rio de Janeiro, 1991.

4 – ÂSTRAND, P-O. *Tratado de fisiologia do exercício*. 2ª ed. Rio de Janeiro: Guanabara, 1987.

5 – MACHADO, A. F. *A eficiência da pedaleira na predição do VO_2 máximo durante o teste de cicloergômetro submáximo de Astrand*. 44 f. Monografia (Pós-Graduação Lato Sensu em Fisiologia do esforço) Pró-Reitoria de Pesquisa e Pós-Graduação, Universidade Castelo Branco. 2001.

6 – LEITE, Paulo F. *Fisiologia do exercício, ergometria e condicionamento físico*. 4ª ed. São Paulo, Robe, 2000.

7 – DENADAI, B. S.*Consumo máximo de oxigênio fatores determinantes e limitantes*. Revista Brasileira de atividade física. Paraná, V1, N° 1, pp. 85-94, 1995.

8 – KLAUSEN, K; KNUTTGEN, H.G; FORSTER, H.V. *Effect of pre-existing high blood lactate concentration on maximal exercise performance*. Scandinavian Journal of Clinical and Laboratory Investigation. V. 30, p.415-419, 1972.

9 – FAULKNER, J. A. et. al. *Cariovascular responses to submaximum and maximum effort cycling and running*. J. Appl. Physiol. 1971, 30(4): 457-461.

10 – SUTTON, J.R. *VO_2 max. new concepts on an old theme*. Med. Sci. Sports. Exerc. 1992, 24(1): 26-29.

11 – DOIMO, L. A; MUTARELLI, C. & KISS, M. A. P. D. M. *Ergometria em crianças e Adolescentes*. Âmbito medicina desportiva. V.9. São Paulo. 1998. pp. 09-14.

12 – MARGARIA, R; CERRETELL, P; AGHEMO, P; SASSI, G. *The effects of running speed on the metabolic and mechanical*. J. Appl. Physiol; 1963, 18: 367-70.

13 – ARMSTRONG, N & WELSMAN, J.R. *Assessment and interpretation of aerobic Fitness in children and adolescents*. Exercise and Sport Sci. Reviews: 1994,.v.22,pp.435-476.

14 – MIRWALD, R.L. & BAILEY, D. A. *Maximal aerobic power*. London : Sports Dynamics. 1986.

15 – ÄSTRAND, P-O. *Aerobic capacity in mem and women with special reference toage*. Acta Physiolocal Scandinava: 1960, v.49,pp.1-92.

16 – WEINECK, J. *Biologia do esporte*. 2ª ed. São Paulo. Manole, 2000.

17 – POLLOCK, M. L. & WILMORE, J. H. *Exercícios na saúde e na doença – avaliação e prescrição para prevenção e reabilitação*. 2ª ed. Rio de Janeiro. Medsi, 1993.

18 – STORER, T. W; DAVIS, J. A; CAIOZO, V.J. *Accurate prediction of VO2 max in cycle ergometry*. Med. Scien. Sports Exerc. 1990, 22(5): 704-712.

19 – WASSERMAN, K. *et. al. Principles of exercise testing and interpretation*. Philadelphia. Lea, Febiger, 1999.

20 – GIBSON, A ST. C; LAMBERT, M; HAWLEY, J. A; BROOMHEAD, S.A; NOAKES, T.D. *Measurement of maximal oxygen uptake from two diffetent laboratory protocols in runners and squash players*. Med. Sci. Sport Exerc. 1999: 1226-29.

21 – SHEPHARD, R.J. *A gold standard for submaximal aerobic tests*. Can. J. Sport Sci. 1992, 17(2): 154.

22 – WASSERMAN, K; HANSEN, J. E; SUE,D.Y; WHIPP, B.J.; CASABURI, R. *Principles of exercise Testing and Interpretation*. 20ª edição, Philadelphia: Lea & Febiger, 1994.

23 – CHURCH, T.S *et. al.ii. Evaluating the reproducibility and validty of the aerobic adaptation test*. Med. Sci. Sport Exerc. 2001, V.33 (10): 1770-1773.

24 – HEYWARD, V. *Evaluación y prescripción del ejercicio*. Ed. Paidotribo. Barcelona. 1996.

25 – NEVES, C. E. B. & SANTOS, E. L. *Avaliação Funcional*. Rio de Janeiro. Ed. Sprint, 2003.

26 – FERNANDES FILHO, José. *A prática da avaliação física*. 2ª ed. Rio de Janeiro, Shape, 2003.

27 – GUIMARÃES, J. I. *Normatização de técnicas e equipamentos para realização de exames em ergometria e ergoespirometria*. Arq. Brás. Cardiol, v. 80. São Paulo, 2003, 458-64.

28 – LUCIC, I. A. D. *Análisis comparativo del VO_2 máximo estimado, mediante la aplicación de las pruebas de campo test de 12 minutos de cooper, test de naveta y test de 2400 metros de carrera, en estudiantes universitarios varones entre 18 y 20 años*. 137 f. Dissertação de Mestrado (Programa de strictu-sensu em Ciência da Motricidade Humana) Universidade Taparacá – Chile. 2002.

29 – FROLICHER, V. F.; MYERS, J.; FOLLANSBEE, W. P. & LABOVITZ, A. J. *Exercício e o coração*. 30ª edição. Rio de Janeiro. Revinter,1998.

30 – RUPPEL, G. *Manual of pulmonary Function testing*. Philadelfia. Mosby, 1994.

31 – AMERICAN COLLEGE OF SPORTS MEDICINE. *Manual de pesquisa das Diretizes do ACSM para os testes de esforço e sua prescrição*. 4ª edição. Rio de Janeiro: Guanabara, 2003.

32 – SANTOS, E. L. *Redes neurais aplicadas a grandezas ergoespirométricas de cardiopatas chagásicos crônicos*. 180 f. Dissertação de Mestrado (Coppe) Universidade Federal do Rio de Janeiro. Rio de Janeiro, Brasil, 1999.

33 – ARAÚJO,C. G. S. *Manual de testes de esforço*. 2ª ed. Rio de janeiro: Ao Livro Técnico, 1984.

34 – ALMEIDA, M. B. & ARAÚJO, C. G. S. *Efeitos do treinamento aeróbico sobre a frequência cardíaca*. Rev. Bras. Med. Esp., v. 9, n. 2, mar/abr. 2003.

35 – MARINS, J. C. B; GIANNICHI, R. S. *Avaliação e prescrição de atividade física: guia prático*. 2ª ed. Rio de Janeiro, Shape, 2003.

36 – COOPER, K. *The new aerobics*. Evans and Company, New York. 1970.

37 – MATHEWS, D. K. *Medida e avaliação em Educação Física*. 5ª edição. Rio de Janeiro. Editora Guanabara, 1980.

38 – SKUBIC, V; HODGHINS, J. *Cardiovascular efficiency test for girls and women*. Research Quart., 1963, 34:2, 191.

39 – McARDLE, W. D; KATCH, F. I. & KATCH, V. L. *Fisiologia do exercício: Energia, Nutrição e Desempenho Humano*. Ed Guanabara Koogan, 5ª edição. Rio de Janeiro. 2003.

40 – ÂSTRAND, P-O. *Tratado de fisiologia do exercício*. 2ª ed. Rio de Janeiro: Guanabara, 1987.

41 – FOSS, M. L. & KETEYIAN, S. J. *Bases fisiológicas do exercício e do esporte*. 6ª edição. Rio de Janeiro. Guanabara Koogan, 2000.

42 – ADAMS, G.M. *Exercise Physiology: Laboratory manual*. 2ª Edition. California. Brown and Benchmark, 1994.

43 – BRUCE, R.A. Methods of exercise testing. *Am. J. Cardiol*. 1974. (33)1: 59-67.

44 – STORER, T. W; DAVIS, J. A; CAIOZO, V.J. *Accurate prediction of VO_2 max in cycle ergometry*. Med. Scien. Sports Exerc. 1990, (22)5: 704-712.

45 – MACHADO, A. F. *Predição do VO_2 máximo baseado na frequência cardíaca*. 156 f. Dissertação (Programa de Pós-Graduação Strictu Sensu em Ciência da Motricidade Humana) Pró-Reitoria de Pesquisa e Pós-Graduação, Universidade Castelo Branco. 2005.

46 – ELLESTAD, M. H. *Stress testing*. Phyladelphia. Davis Company, 1986.

47 – NAUGHTON, J. P; HELLERSTEIN, H.K; MOHLER, I.C. *Exercise testing and exercise training in coronary heart disease*. New York, Academic Press, 1973.

48 – PIERON, M. *Estilo de vida, prática de atividades físicas e esportivas, qualidade de vida.* Fitness and Performance Journal. 2004, (3)1: 10-17.

49 – GHORAYEB, N; BARROS NETO, T. L. *O exercício: Preparação fisiológica, avaliação médica, aspectos especiais e preventivos.* São Paulo. Atheneu, 1999.

5. TESTES PARA AVALIAÇÃO ANAERÓBIA

Rafael Carvalho de Moraes

METABOLISMO ANAERÓBIA

No exercício físico necessitamos de energia para que ocorra contração muscular. Para isto temos que obter esta energia de algum substrato, sendo este chamado de adenosina trifosfato (ATP).

O músculo é o principal tecido para motricidade e, para isto, utiliza somente adenosina trifosfato (ATP) como fonte de energia tanto para sua contração quanto para relaxamento, além de condução de impulsos nervosos para assegurar as reações do metabolismo imprescindíveis para manutenção de sua atividade.

Essa ressíntese ocorre por meio de diversas reservas existentes em nosso organismo, tais como fosfocreatina, glicogênio e triglicérides.

Quem irá determinar qual será a fonte de energia predominante para fornecimento de ATP será a intensidade e duração do exercício, estabelecendo, assim, se o exercício é predominantemente aeróbio ou anaeróbio.

Quando nos referimos à realização de exercício físico em que a obtenção de energia provém predominantemente de fontes onde não há utilização de oxigênio, estamos definindo o que podemos chamar de exercício anaeróbio.

Os mecanismos anaeróbios (sem utilização de oxigênio) para regeneração de ATP são conseguidos através de compostos ricos em energia, que transferem seu grupo fosfato para molécula de ADP. Estes compostos podem ser, por exemplo, fosfocreatina, 1,3 bisfosfoglicerato e/ou fosfoenolpiruvato, sendo, estes dois últimos, derivados da quebra da molécula de glicose.

Há quatro formas, que já se encontram dentro dos músculos, de fornecer energia para as células musculares. Uma delas é o próprio ATP que se encontra em quantidades extremamente pequenas que são suficientes para apenas um ou dois segundos de contração muscular [1, 2], outras seriam a Fosfocreatina (PC) que já é encontrada em maior quantidade que a primeira forma citada [3] (cerca de dez vezes mais) [1], a glicose e/ou glicogênio muscular e a via das mioquinases ou adenilato quinase.

SISTEMA ATP/FOSFOCREATINA

Começaremos agora explicitando uma fonte de ATP que é capaz de fornecer energia de maneira extremamente rápida para o exercício.

Semelhante à molécula de ATP, a Fosfocreatina (PC) também tem uma ligação química rica em energia (anidrido-fosfórica) que, quando desdobrada em creatina mais fosfato inorgânico (Pi), também libera energia assim como quando ATP se desdobra em ADP+Pi. A diferença é que o ATP é utilizado diretamente como fonte de energia para ações musculares enquanto que a PC utiliza a "quebra" de sua ligação para fornecer energia para recombinar ADP e o fosfato novamente em ATP [3], como pode ser observado abaixo:

$$PC + ADP + H^+ \xrightleftharpoons{CK} Creatina + ATP^{[1]}$$

Esta reação catalisada pela enzima creatina quinase (CK), embora não forneça grandes quantidades de energia, tem quebra extremamente rápida para sua produção, pois envolve apenas uma reação que é capaz de ressintetizar ATP, além de independer do oxigênio para sua função catalítica, sendo de grande importância para eventos curtos e explosivos [3, 4]; com isso, em esforços de alta intensidade, seus estoques são capazes de fornecer energia por aproximadamente 10 segundos [1], como demonstrado na Figura 5.1. Em esportes de força máxima, explosiva e rápida, e em provas de velocidade onde os esforços duram até 40 – 50 segundos, esse sistema tem grande importância [4, 5]. Portanto podemos observar a importância deste sistema, por exemplo, para a natação, não somente para as provas curtas, mas também nas saídas, viradas e nos finais de quaisquer provas desta modalidade.

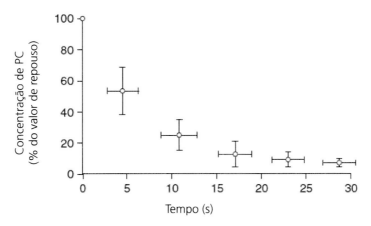

Figura 5.1: Cinética da Fosfocreatina (PC) do gastrocnêmio medial durante 30 segundos de flexão plantar máxima do pé determinada por imagem de ressonância nuclear localizada. Os círculos abertos representam PC como percentual dos valores de repouso; barras representam os desvios padrão [1,6]

Além disso, nos direcionando não apenas para o momento da competição, mas sim para todo o período preparatório, essa via tem grande importância para treinos que exigem alto índice de esforço em curto espaço de tempo, como treinos de potência, velocidade e força. É interessante ressaltar que, para utilização adequada dessa via, deve-se atentar não somente ao estímulo, mas também às pausas fornecidas nas séries de treino, pois, diferente de seu fornecimento de energia para contração muscular que é extremamente rápido, para ressíntese de PC é necessário um tempo um pouco maior do que para sua quebra, que varia alguns minutos, além, também, de esse tempo variar de acordo com o aporte de oxigênio, como pode-se observar nas figuras 5.2 e 5.3, respectivamente.

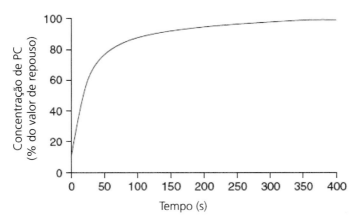

Figura 5.2: Cinética da recuperação da Fosfocreatina (PC) do gastrocnêmio medial após 30 segundos de flexão plantar máxima do pé determinada por imagem de ressonância nuclear localizada [1,6]

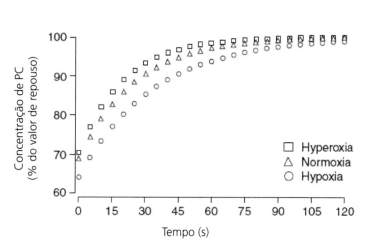

Figura 5.3: Influência da disponibilidade de oxigênio na cinética da recuperação da Fosfocreatina (PC) do gastrocnêmio medial após 5 minutos de flexão plantar máxima do pé determinada por imagem de ressonância nuclear localizada [1,6]

GLICÓLISE ANAERÓBIA

Ainda nos direcionando para as fontes de energia anaeróbias, seguiremos agora descrevendo uma via de suma importância para a contração muscular em situações que a procura de ATP é bastante grande, porém, o tempo para fornecimento deste é reduzido.

Esta via também ressintetiza ATP sem a presença de oxigênio. Apesar de envolver onze reações químicas até o final de seu ciclo, a glicólise também é considerada uma via de fornecimento rápido de ATP, mas ainda um pouco mais lenta que a via explicada anteriormente (ATP / Fosfocreatina). Porém relacionada à unidade de tempo a glicólise produz maiores quantidades de ATP às fibras em atividade que a primeira via citada [7], ou seja, sua manutenção da capacidade energética é muito maior que a do sistema ATP-PC. Através dessas reações químicas partindo da quebra parcial de glicose ou glicogênio muscular temos a formação de 2 moléculas de ATP e, como consequência, a formação de 2 moléculas de lactato devido à necessidade de reoxidação das coenzimas pertencentes à via para a mesma se manter em funcionamento:

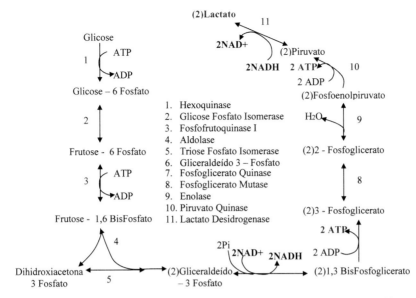

Figura 5.4: Via Glicolítica Anaeróbia – substratos, enzimas e produtos [8]

Podemos afirmar que a glicólise pode ser responsável por cerca de 80% do ATP necessário para exercício de alta intensidade com duração de aproximadamente 3 minutos [7].

Este fato pode ser mais bem explicado através de um estudo que realizou um protocolo com 8 voluntários, que consistia na realização de 10 *sprints* de 6 segundos, com intervalo de 30 segundos cada, no cicloergômetro [9]. Neste estudo verificou-se, através de biópsia muscular, que tanto a Fosfocreatina quanto a glicólise anaeróbia contribuíram de maneira praticamente igualitária para manutenção da mais alta potência gerada nos *sprints*.

Com isto vemos que esta via é tão importante quanto o sistema ATP – PC para as provas e situações já citadas, além também de fornecer significativas contribuições para provas e/ou situações que têm duração de aproximadamente 1 a 4 minutos. Tanto a capacidade aeróbia quanto a anaeróbia são relevantes para a natação [10]; por exemplo, onde os eventos mais competitivos estão na faixa de 30 segundos a 4 minutos (eventos de 50 – 400m respectivamente).

Apesar disso não podemos considerar que, para estímulos de maior duração, esta via não estará contribuindo, pois, apesar de esta contribuição ser menor, não deixa de ser menos expressiva, uma vez que atletas são capazes de se exercitar por até 60 minutos com concentrações de lactato que giram em torno de 6 – 10 mmol/L [11]. Ainda seguindo esta visão, pode-se observar, através do teste de dez minutos (T10') em nadadores, que de fato altas concentrações de lactato são encontradas mesmo após dez minutos de atividade contínua [12], como podemos observar no gráfico a seguir:

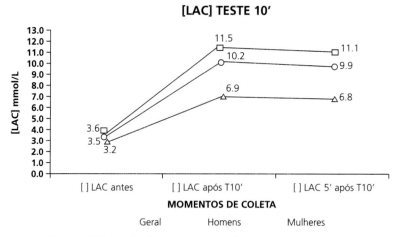

Figura 5.5: Média da concentração de lactato antes, após e 5 minutos após o teste de 10 minutos (T10') em nadadores [12]

A Figura 5.5 descreve o comportamento das concentrações sanguíneas de lactato (média) para homens, mulheres e geral em três momentos (antes, imediatamente após e 5 minutos após) referente ao T10'.

Apesar de não ter sido acompanhada a cinética do lactato durante o teste podemos afirmar que sua produção é bastante alta, pois mesmo cinco minutos após o término do teste a concentração de lactato sanguíneo praticamente não se alterou em relação ao momento imediatamente pós-teste, o que nos permite afirmar que a concentração muscular de lactato era tão alta que mesmo após o término do teste o músculo ainda o estava removendo.

Em relação às séries de treino essa fonte é bastante utilizada para séries de limiar anaeróbio que, embora a velocidade de uso do glicogênio muscular para estas capacidades (séries de limiar por exemplo) seja menos elevada do que durante o *sprint training* (séries mais curtas e intensas), a quantidade de glicogênio gasta pode ser maior devido às séries prolongadas [5].

VIA DAS MIOQUINASES (MK) OU ADENILATO QUINASE

Finalizando as vias anaeróbias para contração muscular, esta fonte de energia possui grande papel quando se trata de fornecimento de ATP para o exercício físico.

A via da mioquinase catalisada pela enzima Adenilato Quinase é também conhecida como Mioquinase (devido sua abundância no músculo [13] também pode ser chamada de anaeróbia, uma vez que não utiliza oxigênio para formação de ATP). Através da enzima Adenilato Quinase temos a síntese de uma molécula de ATP através de duas moléculas de ADP [14, 15].

$$\text{ADP + ADP} \xleftrightarrow{\text{Adenilato Quinase}} \text{ATP + AMP}^{(13)}$$

Esta é uma reação prontamente reversível. Portanto, em situações em que o músculo encontra-se em repouso, por exemplo, a reação supracitada ocorrerá da direita para esquerda, isto é, a razão ATP/ADP é mantida em um nível alto [13]. Já em situações em que a célula muscular enfrenta situações de estresse que depleta ATP, a razão ATP/ADP cairá e, desta forma, a reação acima se deslocará da esquerda para a direita [13].

Dessa forma, quando nosso músculo é exposto a situações de exercícios de alta intensidade, que necessitam de fontes rápidas de ATP, esta via é de suma importância, pois nos fornece energia como foi demonstrado. Esta via é bastante ativada em estímulos de altíssima intensidade com pausas demasiadamente curtas, insuficientes para o aparelho locomotor requisitado ressintetizar, recuperar seus estoques de PC, além também de a glicólise anaeróbia não estar fornecendo o aporte necessário para a atividade a que o indivíduo é exposto. É uma situação em que a quebra, necessidade de ATP ultrapassa a capacidade do organismo de fornecê-lo elevando, assim, a razão ADP/ATP, que "obrigará", cada vez mais, o músculo a buscar caminhos que lhe forneçam a quantidade de energia necessária para manter a atividade proposta.

Também é a partir desta fonte que temos ativação da enzima AMP--proteína quinase ativada (AMPK) que também irá nos fornecer ATP [13]. Porém esta fonte só irá ser ativada de fato quando houver uma alta razão AMP/ATP concomitantemente a uma depleção dos estoques de glicogênio, além também do decréscimo de Fosfocreatina (PC) e ATP, aumento da oxidação de ácidos graxos e aumento do consumo de glicose [13]. Aprofundando um pouco, a AMPK funciona como um "sensor" dos níveis de energia [16] e demonstram sua atuação na Figura 5.6:

133

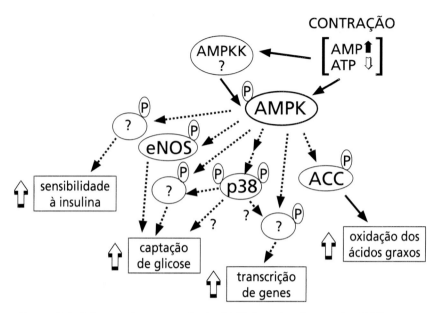

Figura 5.6: Substratos e consequências biológicas da ativação da AMPK em resposta à contração muscular. Contração altera o estado de combustível do músculo esquelético, que leva à ativação de AMPK por mecanismos alostéricos e fosforilação-dependente. AMPK ativada fosforila vários pontos conhecidos ou não e induz múltiplas respostas celulares. AMPKK, AMP-activated protein kinase kinase; eNOS, endothelial nitric oxide synthase; ACC, acetyl-CoA carboxilase; ?, unidentified molecule [16]

Este comportamento fisiológico faz sentido, pois a alta razão AMP/ATP promove uma ativação da glicogenólise e glicólise anaeróbia através da regulação alostérica da glicogênio-fosforilase e da fosfofrutoquinase para síntese de ATP, que não requer AMPK. Porém este mecanismo ainda não é muito conhecido, fato este confirmado quando em um estudo em humanos com a doença de McArdle (doença hereditária onde o glicogênio não é mobilizado devido à falta da fosforilase, enzima que inicia a reação de quebra do glicogênio para fornecimento de energia), a AMPK encontra-se hiperativada por baixos níveis de exercício, mesmo com altos índices de glicogênio [13].

AVALIAÇÃO ANAERÓBIA – TESTES E DEFINIÇÕES

Quem irá determinar qual será a fonte de energia predominante para fornecimento de ATP será a intensidade e duração do exercício, estabelecendo, assim, se o exercício é predominantemente aeróbio ou anaeróbio.

Para determinação de qual fonte tem maior contribuição em determinadas intensidades de exercícios, temos descritos na literatura diferentes protocolos. Para natação há testes que verificaram o gasto energético de vinte nadadores de elite através de um analisador de gases, velocidade e distância nadada e, dessa forma, utilizando equações de regressões o autor demonstrou o percentual de contribuição de cada substrato energético para determinadas distâncias nadadas em diferentes intensidades em relação ao volume máximo de oxigênio consumido (VO$_2$máximo) de cada atleta [17].

Com isso, temos uma faixa de intensidade de exercício em que o metabolismo anaeróbio começa a predominar sobre o aeróbio, pois este último não está sendo suficiente para fornecer energia para a atividade em questão; tal faixa de alternância de predominância metabólica será mais bem definida nos parágrafos seguintes.

A taxa específica de trabalho, além do início de acúmulo de lactato, significa que o metabolismo anaeróbio ocorreu. Dessa forma, o consumo de oxigênio ou a carga de trabalho referente a este início é definido como Limiar Anaeróbio [18].

Não somente em relação à produção e remoção de lactato, o Limiar Anaeróbio tem sido definido como o nível de potência utilizada ou volume de oxigênio consumido (VO$_2$) onde a acidose metabólica e as mudanças associadas às trocas gasosas começam a ocorrer. Afirmam também que é definido como a intensidade de exercício onde a energia do metabolismo anaeróbio (produção de lactato) aumenta para complementar o fornecimento energético do metabolismo aeróbio [19].

Dessa forma, a avaliação anaeróbia consiste no controle das vias fornecedoras de energia na ausência de oxigênio. Porém, é interessante ressaltar que, quando avaliamos estas vias metabólicas, não significa que as vias aeróbias (que utilizam oxigênio para obtenção de energia) não estejam atuando; muito pelo contrário, tais vias estão em seu máximo para complementar o fornecimento de energia para a atividade em questão (Figura 5.7). Podemos dizer que a via aeróbia não irá possuir muita influência apenas em atividades de intensidades máximas e extremamente curtas, pois, nesta situação, não haverá tempo hábil para ativar estas vias produtoras de energia, uma vez que elas possuem diversas reações que levam certo tempo para fornecimento de ATP.

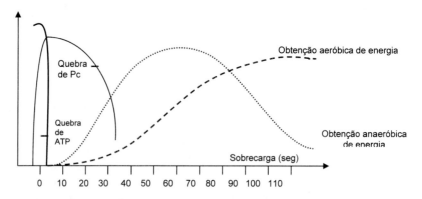

Figura 5.7: Participação percentual dos diversos substratos energéticos no fornecimento de energia [20]

Portanto, quando se fala de via anaeróbia para obtenção de energia, diferente do que se pensa, não significa somente exercícios máximos e de curta duração, mas sim, de exercícios onde a via predominante fornecedora de energia será a via anaeróbia, isto é, é qualquer atividade onde o indivíduo tem a capacidade de realizá-la acima de seu Limiar Anaeróbio.

Há diversas maneiras de mensurar os suprimentos de energia anaeróbia para estimação do metabolismo muscular, tais como, biópsia muscular, ressonância nuclear magnética estretoscópica, concentração de lactato e equilíbrio ácido-básico [21].

A capacidade anaeróbia (CAn) é fator determinante de *performance* em provas desportivas em que é requerida a manutenção prolongada de grande potência de fornecimento de energia; com sua equação dada pelo somatório das capacidades fosfagênica/alática e glicolítica/lática. No processo de avaliação da CAn não há consonância sobre "padrões ouro" para a sua medida, sendo que, geralmente, são utilizadas medidas físicas/mecânicas de trabalho/potência, geradas em esforços de predominância anaeróbia, com protocolos que duram de 30 a 120 segundos. Tais características de duração têm sido divididas em testes de curta duração (até 10 segundos) de média duração (até 30 segundos) e de longa duração (até 90 segundos) [22]. Nestes esforços, em algumas situações, há a concomitante medida de concentrações de lactato e estimativa do máximo déficit acumulado de oxigênio. Outra abordagem de crescente utilização é a derivação da participação anaeróbia a partir da determinação da potência crítica [23].

Tanto pesquisadores quanto técnicos esportivos visam a melhora de desempenho do sujeito a ser treinado, independente da capacidade em questão;

o objetivo é sempre a otimização de resultados na atividade proposta. Neste tópico vamos abordar as atividades com características mais intensas e testes para avaliar como as fontes energéticas anaeróbias (supracitadas) funcionam. Para isso, faz-se necessário entender que quanto menos o indivíduo fadigar mais tempo ele conseguirá manter a atividade em alta intensidade e, portanto, melhor será seu desempenho.

Avaliação anaeróbia é dividida em testes para mensuração de potência anaeróbia e capacidade anaeróbia [24]. Para testes de potência estão incluídos testes de força-velocidade tal como salto vertical com e/ou sem contra movimento e com e/ou sem auxílio dos braços, teste de escada, testes de cicloergômetro. Para avaliação da capacidade anaeróbia máxima temos testes que são subdivididos em teste que avalia débito máximo de oxigênio (testes ergométricos (testes máximos e testes de carga constante), teste para mensuração do débito de oxigênio durante teste em carga constante e mensuração do pico de lactato sanguíneo [24]. Através dos fatos mencionados podemos afirmar que a avaliação anaeróbia está voltada para testes que avaliam performance.

Com isto, testes de lactato não são muito usuais para avaliar tal capacidade, uma vez que, normalmente, são testes que levam o indivíduo à exaustão. Entretanto, pode-se coletar o sangue do avaliado para mensuração do lactato sanguíneo analisando sua cinética pós-teste e, assim, verificar onde ocorrerá a concentração máxima de lactato (pico de lactato) para controle do indivíduo, a fim de, em uma próxima avaliação, caso o sujeito não obtenha melhora de desempenho, ser possível avaliar se, ao menos, o alcance de seu pico de lactato pós-teste foi antecipado ou mais tardio podendo, dessa forma, obter alguns dados que justifiquem a estagnação ou piora no desempenho do avaliado. Seguindo esta vertente, nos testes apresentados para avaliação anaeróbia, caso haja condições, pode-se realizar coletas de sangue para aferição da concentração de lactato sanguíneo a cada minuto pós-teste.

Ainda nos direcionando para avaliação anaeróbia lática, como devemos sempre visar a especificidade da modalidade, temos que ter conhecimento de testes de campo como os testes de 30 e 60 segundos de corrida em intensidade máxima onde, após cada repetição, é coletado sangue do indivíduo para mensuração do lactato sanguíneo imediatamente após um, três, cinco, sete e meio e dez minutos subsequentes à repetição de 30 ou 60 segundos. Desta forma, utiliza-se a maior concentração obtida de lactato sanguíneo após cada teste. Para cálculo da potência gerada durante os testes divide-se a concentração sanguínea de lactato pelo tempo de exercício ($mM.s^{-1}$), assumindo-se uma relação linear crescente entre estas variáveis [23].

Dentre tantos testes, onde cada um possui sua virtude, é necessário conhecer o indivíduo a ser avaliado, além das condições oferecidas para realização do teste, pois diferentes testes anaeróbios parecem mensurar diferentes características dentro do conceito de potência e capacidade anaeróbias [22]. Para isso, devemos nos preocupar se os testes elaborados estão de acordo com o que queremos avaliar em relação à modalidade que está sendo treinada, a capacidade física específica da atividade, segmento corporal, gesto esportivo dentre outros, ou seja, não é muito indicado realizarmos um teste em uma pista de atletismo ao avaliarmos um nadador, pois este estará realizando um teste que não irá condizer nem com seu ambiente e muito menos com a especificidade de seu treino e competição. Assim, as avaliações devem objetivar o controle do sujeito avaliado da maneira mais minuciosa possível, ou seja, deve nos fornecer dados suficientes para identificarmos quais as maiores deficiências e qualidades do avaliado na modalidade praticada.

Um dos testes mais conhecidos para avaliação anaeróbia é o Teste de Wingate, que é realizado em bicicleta ergométrica, com o banco devidamente ajustado, sendo, inicialmente, realizado o aquecimento com o avaliado pedalando com carga de 2% da massa corpórea, por cinco minutos, mantendo entre 60 e 70 as rotações de pedal por minuto. Nos minutos um, dois, três e quatro, foi executado um *sprint* por três segundos. Após o aquecimento, o avaliado permanece cinco minutos em descanso para o início do teste. A seguir, realiza-se o teste com duração de trinta segundos, pedalando em máxima intensidade contra uma resistência fixa de 10% do peso corporal, objetivando gerar máxima potência nesse período [25]. Dessa forma, o número de rotações por minuto (RPM) pode ser aferido por sistema de filmagem, de 5 em 5 segundos para, posteriormente, multiplicar por seis e calcular a potência média absoluta, relativa e velocidade média [26].

Apesar de ser um teste bastante conceituado na literatura, deve-se atentar para sua especificidade, isto é, possui altas correlações de desempenho anaeróbio para ciclistas, mas não o bastante para grande parte dos atletas não-ciclistas [23] pois, para estes o teste não corresponde ao gesto específico que necessita ser avaliado. Essa limitação de transferência de resultados é devida a vários fatores tais como: a mensuração da *performance* de um evento único de 30 segundos de duração pode limitar diretamente a aplicação para esportes de múltiplos *sprints* (futebol, *hockey*, *rugby*, *handball* e basquete), os quais requerem esforços máximos em curta duração (< 6s) que são realizados repetidamente por todo o tempo [27].

Para avaliação da velocidade de corrida a literatura goza de diversos testes, que normalmente são compostos de estímulos máximos de 30 a 50 metros [21], tais como: teste de 40 segundos de corrida em velocidade máxima para avaliar a distância percorrida neste tempo, o teste de 40 metros de velocidade de deslocamento cíclico-acíclico (10m para frente e 5m para o lado) [28], teste de 40 metros em velocidade máxima, teste de corrida anaeróbia máxima que consiste na elevação gradual de 20 segundos de corrida com 100 segundos de pausa, testes de protocolo de corrida intermitente baseado em 6 repetições de 36,56m com 20 segundos de pausa, teste *shuttle run*, dentre outros [27].

Um teste bastante utilizado é o teste de RAST, no qual o indivíduo, após aquecimento de cinco minutos, realiza seis repetições (corridas) máximas de 35 metros em linha reta com apenas dez segundos de pausa entre elas. O tempo de cada repetição é anotado para posterior cálculo de potência e velocidade. A potência de cada repetição é calculada da seguinte maneira: peso vezes distância ao quadrado dividido pelo tempo ao cubo, a força: peso vezes aceleração, a aceleração: velocidade sobre o tempo, além da potência máxima, média e mínima.

Entre os métodos existentes para a determinação da potência muscular, ou da máxima potência ou capacidade anaeróbia, pode-se incluir: teste de salto vertical [29, 24], teste de escada de Margaria [30] e testes na bicicleta ergométrica [25, 31]. As corridas realizadas até a exaustão também têm sido utilizadas para a avaliação de indivíduos sedentários e treinados [32].

No teste de salto vertical ou de Bosco o avaliado fica em uma plataforma de força dimensional e, com as mãos na cintura, realiza saltos rápidos em esforço máximo sempre com flexão de joelhos a 90° por 60 segundos e, a partir deste teste, calcula-se potência pico, média e tempo de voo [22]. Para salto vertical há também uma metodologia onde o avaliado salta apenas uma vez para averiguação de altura de salto, sendo que este pode ser iniciado com contramovimento ou em posição inicial estática com os joelhos a 90° [33]; esta metodologia é realizada para avaliação de potência de perna [21].

Ainda em relação a saltos, temos também o *Squat Jump Test* que pode ser feito em um Ergo Jump™ no qual o indivíduo salta e o tempo é monitorado no momento imediato em que o pé do avaliado perde contato com a plataforma até o instante em que o pé volta a tocar na plataforma; tal salto é efetuado sem realização de contramovimento, ou seja, as mãos ficam apoiadas no quadril e os joelhos em uma posição de semiagachamento [34].

Tais testes vêm sendo muito utilizados e possuem grande valia para determinados esportes (geralmente cíclicos), porém, para atividades de múltiplos *sprints* como supracitado, não podemos deixar de citar um termo que está sendo bastante discutido na literatura atual, do inglês "*Repeated-Sprint Ability (RSA)*" [35, 36, 37, 38] ou Capacidade de *Sprints* Repetidos (CSR).

Apesar do conhecimento da importância da RSA para diversos esportes, pouco se sabe sobre as características fisiológicas que a determinam [38], isto porque a depleção dos estoques de fosfocreatina é frequentemente citada como fator limitante, porém, para reposição de seus estoques a capacidade aeróbia parece ter influência neste processo [39, 38]. Logo, a capacidade de manutenção de desempenho anaeróbio no teste pode sofrer alteração em função da queda dos estoques de fosfocreatina, uma acumulação dos íons de hidrogênio nas células musculares [35, 36] e/ou da capacidade aeróbia do avaliado.

Entretanto, este termo se refere à mensuração da capacidade anaeróbia do indivíduo [39] e é composto pela quantidade de repetições de curta duração e intensidade máxima que o sujeito é capaz de realizar com o mínimo de queda de rendimento, ou seja, é a capacidade que um atleta possui de se recuperar e ser capaz de reproduzir alta potência em subsequentes *sprints* em um importante requerimento da atividade em questão [2]. Tais repetições duram não mais que 10 segundos com intervalos normalmente inferiores a 30 segundos [40].

Um dos testes de RSA bastante mencionado na literatura é o que envolve de 6 a 12 esforços com pausa parcial entre estes [39]. Porém, dada a grande variedade de aplicações para *sprint* e intervalo do exercício, diversos protocolos estão sendo criados de acordo com a modalidade específica a ser avaliada; por exemplo, testes de corrida em campo ou laboratório ou usando um cicloergômetro [36]. Generalizando, os protocolos de testes de RSA envolvem normalmente uma sequência de 5 a 7 *sprints* de 4 a 6 segundos ou de 30 a 40 metros intercalados com 19 a 25 segundos de pausa ou pausa leve [36], mas é interessante ressaltar que há autores que citam tais esforços com pausa de até 3 minutos [41].

Os testes de *sprints* repetidos vêm sendo estudados principalmente, para avaliar modalidades coletivas como futebol, basquete, hockey, dentre outras, que são modalidades esportivas que, apesar de serem praticadas por períodos relativamente longos (90 minutos no futebol por exemplo), são atividades em que o determinante geralmente são as ações anaeróbias, ou seja, momentos do jogo onde ações em intensidade máxima irão diferenciar os indivíduos. Essas ações ocorrem de maneira aleatória, isto é, não têm um momento predeterminado para ocorrer; tais *sprints* são realizados sem a determinação para tempos de pausa, distância e duração do estímulo: irá depender da situação a que o atleta está exposto no momento da atividade. Com isso, torna-se plausível a "grande flexibilidade" que o RSA se propõe quanto a variações de protocolos, pois, estes, devem buscar a maior semelhança possível (através de *scalts*, por exemplo) com a atividade a ser avaliada.

A tabela 5.1 demonstra a grande variedade de testes de RSA já validados na literatura, confirmando, mais uma vez, o quão esta metodologia vem sendo estudada, além também de os autores demonstrarem benefícios para o treinamento quando se utilizam os dados obtidos em tais avaliações.

Tabela 5.1: Testes de Capacidade de *sprints* repetidos [37]

Estudo	Exercício	Distância do Sprint (m)	Duração do Sprint (s)	Nº de Reps.	Duração da Pausa	Modo da Pausa
Aziz et. al.	Corrida – Pista	40	~ 5,5	8	30	Alongamento
Balsom et. al.	Corrida – Pista	15	~ 2,6	40	30	Passiva
Balsom et. al.	Corrida – Pista	30	~ 4,5	20	30	Passiva
Balsom et. al.	Corrida – Pista	40	~ 6	15	30	Passiva
Balsom et. al.	Bicicleta		6	10	30	Passiva
Balsom et. al.	Bicicleta		6	10	30	NR
Balsom et. al.	Corrida – Esteira		6	15	24	Passiva
Balsom et. al.	Bicicleta		6	5	30	Passiva
Bishop et. al.	Bicicleta		6	5	24	Livre
Dawson et. al.	Bicicleta		6	5	24	Pedal Leve
Dawson et. al.	Corrida – Pista	40	~ 5,5	6	24	Caminhada
Fitzsimons et. al.	Corrida – Pista	40	~ 5,8	6	24	Caminhada
Fitzsimons et. al.	Bicicleta		6	6	24	Livre
Gaitanos et. al.	Corrida-NM Esteira		6	10	30	Passiva
Gaitanos et. al.	Bicicleta		6	10	30	Passiva
Hamilton et. al.	Corrida – NM Esteira		6	10	30	Passiva
Hautier et. al.	Bicicleta		6	15	25	Passiva
Holmyard et. al.	Corrida – NM Esteira		6	10	30	NR
Holmyard et. al.	Corrida – NM Esteira		6	10	60	NR
Mujika et. al.	Corrida – Pista	15	~ 2,3	6	24	NR
Signorile et. al.	Bicicleta		6	8	30	Pedal – 60W

Estudo	Exercício	Distância do Sprint (m)	Duração do Sprint (s)	N° de Reps.	Duração da Pausa	Modo da Pausa
Stathis et. al.	Bicicleta		10	4	50	Passiva
	Bicicleta		10	8	50	Passiva
Wadley and Le Rossignol	Corrida – Pista	20	~ 3	12	~ 17	NR
Wragg et. al.	Corrida – Pista	34,2	~ 7,5	7	25	Corrida leve
NR = Não Reportado; reps = repetições; m = metros; s = segundos; Corrida – Esteira = corrida monitorada em esteira; Corrida – NM Esteira = corrida não-monitorada em esteira							

Dentro de tantas definições e testes para avaliação anaeróbia, para termos um teste que avalie de fato a capacidade determinada é necessário que haja entendimento das vias metabólicas produtoras de energia tanto anaeróbia quanto aerobiamente, para, assim, haver condições da elaboração de um teste com tempo de estímulo, pausa e especificidade adequados a cada sujeito submetido à avaliação. Tendo domínio dessas vias metabólicas é possível avaliar qual teste melhor se enquadra para cada objetivo. Portanto é necessário conhecer primeiro como funciona o organismo internamente (reações enzimáticas, transporte de substratos e metabólitos, fontes energéticas, tipos de fibras etc.) para, posteriormente, saber interpretar e aplicar testes de aptidão física.

REFERÊNCIAS BIBLIOGRÁFICAS

1 – GLAISTER, M. *Multiple Sprint Work – Physiological Responses, Mechanisms of Fatigue and the Influence of Aerobic Fitness*. Sports Medicine. 2005; 35 (9): 757-777.

2 – BISHOP, D.; EDGE, J.; DAVIS, C.; GOODMAN, C. *Induced Metabolic Alkalosis Affects Muscle Metabolism and Repeated-Sprint Ability*. MEDICINE & SCIENCE IN SPORTS & EXERCISE. 2003; 807-813.

3 – FLECK, S. J.; KRAEMER, W. J. *Fundamentos do Treinamento de Força Muscular*. 2ª ed. Porto Alegre: Artes Médicas Sul Ltda, 1999.

4 – BOMPA, T. O. *Treinamento de Potência para o esporte*. 1ª ed. São Paulo: Phorte, 2004.

5 – MAGLISCHO, E. W. *Nadando Ainda Mais Rápido*. 1ª ed. São Paulo: Manole, 1999.

6 – WALTER, G.; VANDENBORNE, K.; MCCULLY, K.K.; et. al. *Noninvasive measurement of phosphocreatine recovery kinetics in single human muscle*. Am J Physiol. 1997; 272: C525-534.

7 – SPRIET, L. L. *Anaerobic metabolism during high-intensity exercise*. IN: Hargreaves, M., ed. Exercise Metabolism 1ª ed. Human Kinetics. 1995; 1 – 40.

8 – MORAES, R. C. *Proposta e verificação da validade de testes de limiar anaeróbio para natação no nado crawl*. Dissertação de Mestrado em Ciência do Esporte da Faculdade de Educação Física. Campinas: Unicamp, 2008.

9 – GAITANOS, G. C.; WILLIAMS, C.; BOOBIS, L. H. and BROOKS, S. *Human muscle metabolism during intermittent maximal exercise*. Journal of Applied Physiology. 1993; 75 (2): 712-719.

10 – PYNE DB, LEE H, SWANWICK KM. *Monitoring the lactate threshold in world-ranked swimmers*. Med Sci Sports Exerc. 2001; 33 (2): 291-297.

11 – COYLE, E. F. *Integration of the physiological factors determining endurance performance ability*. Exerc. Sport Sci. Rev. 1995; 23: 26-64.

12 – MORAES, R. C., ANDRIES JUNIOR, O., BARBOSA, A. C., MACEDO, D. V., SILVA, F. O. C. *CONCENTRAÇÃO DE LACTATO APÓS O TESTE DE 10 MINUTOS (T10') EM NADADORES*. XXVIII SIMPÓSIO INTERNACIONAL DE CIÊNCIAS DO ESPORTE. Outubro 2005.

13 – HARDIE, G. D. *AMP – Activated Protein Kinase: A Key Sistem Mediating Metabolic Responses to Exercise*. Med. Sci. Sports Exerc. 2004; 36 (1): 28-34.

14 – WILLEMOES, M.; KILSTRUP, M. *Nucleoside triphosphate synthesis catalysed by adenylate kinase is ADP dependent*. Archives of Biochesmitry and Biophysics. 2005; 195-199.

15 – RAMAMANI, A.; ARULDHAS, M., M.; GOVINDARAJULU, P. *Impact of testosterone and oestradiol on region specificity of skeletal muscle-ATP, creatine phosphokinase and myokinase in male and female Wistars rats*. Acta Physiol Scand. 1999; 166: 91-97.

16 – SAKAMOTO, K., GOODYEAR, L. J. *Exercise Effects on Muscle Insulin on Signaling and Action Invited Review: Intracellular signaling in contracting skeletal muscle*. J. Appl. Physiol. 2002; 93: 369-383.

17 – CAPELLI, C.; PENDERGAST, D. R.; TERMIN, B. *Energetics of swimming at maximal speeds in humans*. Eur. J. Appl. Physiol. 1998; 78: 385-393.

18 – WASSERMAN, K.; MCILROY, M. B. *Detecting the threshold of anaerobic metabolism in cardiac patients during exercise.* Am. J. Cardiol. 1964; 14: 844.

19 – MONETA, J. C., ROBERGS, R. A., DAVID L. COSTILL, D. L., FINK, W. J. *Threshold for muscle lactate accumulation during progressive exercise.* American Physiological Society. 1989; 2710 – 2716.

20 – WEINECK, J. *Treinamento Ideal.* 9ª ed. São Paulo: Manole, 1999.

21 – PRAAGH, E. V. *Anaerobic fitness tests: What are we measuring?.* Med Sport Sci. 2007; 50:26-45.

22 – SAND, W. A.; MCNEAL, J. R.; OCHI, M. T.; URBANEK, T. L.; JEMNI, M.; STONE, M. H. *COMPARISON OF THE WINGATE AND BOSCO ANAEROBIC TESTS.* Journal of Strength and Conditioning Research. 2004; 18 (4): 810-815.

23 – OLIVEIRA, F. R.; SILVA, A. E. L.; NAKAMURA, F. Y.; KISS, M. A. P. D. M.; LOCH, M. S. *Testes de pista para avaliação da capacidade lática de corredores velocistas de alto nível.* Rev. Bras. Med. Esporte. 2006; 12 (2): 99-102.

24 – VANDEWALLE, H.; PÉRÈS, G.; MONOD, H. *Standard anaerobic exercise tests.* Sports Med. 1987; 4 (4): 268-89.

25 – BAR-OR, O. *The Wingate anaerobic test: An update on methodology, reliability and validity.* Sports Medicine. 1987, 50: 273-282.

26 – FERNANDES, M. *CAPACIDADE ANAERÓBIA: BUSCANDO CORRELAÇÃO ENTRE DIFERENTES MÉTODOS.* 16° Congresso de Iniciação Científica. 30/09 – 02/10/2008.

27 – JÚNIOR, J. B. S.; CARVALHO, R. G. S.; FERREIRA, J. C.; SILVA, N. W. P.; SZMUCHROWSKI, L. A. *CORRELAÇÃO ENTRE OS ÍNDICES DO TESTE DE CORRIDA COM O TESTE DE WINGATE.* Arquivos em Movimento. Rio de Janeiro. 2008; 4 (1): 12-22.

28 – MOREIRA, A. *TESTES DE CAMPO PARA MONITORAR DESEMPENHO, FADIGA E RECUPERAÇÃO EM BASQUETEBOLISTAS DE ALTO RENDIMENTO.* R. da Educação Física/UEM. 2008; 19 (2): 241-250.

29 – BOSCO, C., LUHTANEN, P. KOMI, P.V. *A simple method for measurement of mechanical power in jumping.* European Journal Applied Physiology. 1987; 50: 273-282.

30 – MARGARIA, R., AGHEMO, P., ROVELLI, E. *Measurement of muscular power (anaerobic) in man.* Journal Applied Physiology. 1966; 21: 1662-1664.

31 – SZÖGY, A., CHEREBETIU, G. *Minutentest auf dem Fahrradergometer zur Bestimmung der anaeroben Kapazitat.* European Journal Applied Physiology. 1974; 33: 171-173.

32 – DENADAI, B. S.; GUGLIEMO, L. G. A.; DENADAI, M. L. D. R. *VALIDADE DO TESTE DE WINGATE PARA A AVALIAÇÃO DA PERFORMANCE EM CORRIDAS DE 50 E 200 METROS.* R. Motriz. 1997; 3 (2): 89-94.

33 – BISSAS, A. I.;HAVENETIDIS, K. *The use of various strength-power tests as predictors of sprints running performance.* Journal of Sports Medicine and Physical Fitness. 2008; 48 (1): 49-54.

34 – DORÉ, E.; BEDU, M.; PRAAGH, E. V. *Squat Jump Performance During Growth in Both Sexes: Comparison With Cycling Power.* PhysicalEducation, Recreation and Dance. 2008; 79 (4): 517-524.

35 – VILLANUEVA, A. M.; HAMER, P.; BISHOP, D. *Fatigue Responses during Repeated Sprints Matched for Initial Mechanical Output.* Physical Fitness and Performance. 2007; :2219-2225.

36 – MACGAWLEY, K.; BISHOP, D. *Reliability of a 5 · 6-s maximal cycling repeated-sprint test in trained female team-sport athletes.* Eur. J. Appl. Physiol. 2006; 98: 383-393.

37 – SPENCER, M.; BISHOP, D.;DAWSON, B.;GOODMAN, C. *Physiological and Metabolic Responses of Repeated-Sprint Activities – Specific to Field-Based Team Sports.* Sports Medicine. 2005; 35 (12): 1025-1044.

38 – BISHOP, D.; SPENCER, M. *Determinants of repeated-sprint ability in well-trained team-sport athletes and endurance-trained athletes.* J. Sports Med. Phys. Fitness. 2004; 44 (1): 1-7. Eur. J. Appl. Physiol. 2006; 97: 373-379.

39 – MECKEL, Y.; GOTTLIEB, R.; ELIAKIM, A. *Repeated sprint tests in young basketball players at diVerent game stages.* J. Appl. Physiol. 2009.

40 – BISHOP, D.; EDGE, J. *Determinants of repeated-sprint ability in females matched for single-sprint performance.* Eur. J. Appl. Physiol. 2006; 97: 373-379.

41 – OLIVER, J. L.; ARMSTRONG, N.; WILLIAMSC. A. *Relationship between brief and prolonged repeated sprint ability.* Journal of Science and Medicine in Sport. 2009; 12 (1): 238-243.

6. AVALIAÇÃO MUSCULAR (FORÇA E FLEXIBILIDADE)

Sandro Rodrigues Barone
Ana Paula da Silva Azevedo

FORÇA

Força é considerada uma grandeza física, é o produto entre massa e a aceleração (F = m.a). A força é a interação entre um objeto e o que o cerca [1], inclusive outros objetos, ou um agente que produz ou tende a produzir alteração no estado de repouso ou de movimento de um. Já quando pensamos em força motora ou força realizada por um indivíduo, diversos autores definem a seu modo tal capacidade, sendo que, de acordo com alguns autores [1, 2], força motora é a capacidade que um músculo ou grupo muscular tem de se opor a uma carga ou resistência externa. Para Barbanti [3] esta é definida como a capacidade de gerar uma tensão muscular contra uma certa resistência, envolvendo em tal processo fatores biomecânicos e neurofisiológicos que determinam a força em algum movimento ou momento particular [3].

A força muscular, por ser uma capacidade física, se manifesta de diferentes formas em decorrência da exigência biomecânica e/ou neurofisiológica do movimento. Assim de acordo com Weineck [4] temos a força máxima, força de potência (potência de força) e a força de resistência.

Força Máxima pode ser definida como a maior força que o sistema neuromuscular pode realizar de forma voluntária, através de um músculo ou grupo muscular, se opondo a uma carga, podendo ser dividida em:

• **Força Máxima Dinâmica:** compreende a máxima força gerada por um músculo ou grupo(s) muscular(es) em ações isotônicas (concêntricas e excêntricas).

• **Força Máxima Estática:** ocorre da mesma forma, sendo que a ação muscular é isométrica.

Força de Potência ou Potência de Força é definida como a força produzida na unidade de tempo [5]. Portanto força de potência acaba sendo o produto da força gerada, multiplicada pela velocidade angular do movimento [2].

Força de Resistência ou Resistência de Força: é a capacidade do sistema neuromuscular de sustentar níveis de força moderados por intervalos de tempo prolongado [2, 6].

Ainda haveria a força conhecida como Torque, que é a ação ou tendência da força de produzir rotação ao redor de um eixo articulado [2].

O ACSM [7] assume que o treinamento de força (popularmente conhecido como musculação) possui sua aplicação não só para atletas ou finalidade estética, mas também para a promoção de saúde e qualidade de vida de jovens, idosos, hipertensos e cardiopatas. Pensando nas aplicações do treinamento de força relatam-se 4 motivos básicos para a mensuração desta força:

I. Relevância com o desempenho esportivo;
II. Desenvolver o Perfil do Atleta;
III. Acompanhar os progressos obtidos;
IV. Acompanhar progressos reabilitacionais, entre outros.

FORMAS DE SE MENSURAR FORÇA MUSCULAR

Devido à necessidade de se medir e avaliar a força muscular, diversos testes podem ser aplicados. Quando se pensa em avaliar a força máxima, podemos optar pela análise da força máxima isométrica ou pela força máxima isotônica.

1. Força Máxima Isométrica (FMI)

As contrações isométricas são contrações musculares em que o comprimento do músculo permanece constante, sendo que nenhum movimento ocorre e, portanto, nenhum trabalho físico é realizado; contudo na prática, contrações isométricas resultam em pequenas mudanças no comprimento da fibra muscular e alongamento dos componentes elásticos do músculo [8].

A principal vantagem do teste de FMI, a partir do momento que se tenha o equipamento adequado, são a sua praticidade e facilidade de execução à análise de grandes grupos de indivíduos. Para este tipo de análise pode-se utilizar tensiômetros de cabo, extensômetros, dinamômetros e equipamentos isocinéticos (com velocidade ângular zero). A principal desvantagem da medição da FMI é que a força registrada é ângulo dependente, isto quer dizer que o valor da FMI só é válido para o ângulo articular ao qual foi mensurado. Além disso, uma vez que a maioria das atividades físicas são dinâmicas, questionam-se as medidas de FMI [8].

Para exemplificar o que foi dito acima, peguemos um teste de FMI do músculo Quadríceps Femoral. Por ser o agonista primário (motor primário) da extensão do joelho, opta-se por mensurar a FMI desse músculo em cadeia cinética aberta (cadeira extensora). A pessoa a ser avaliada ficará posicionada sentada sobre a cadeira com a regulagem do encosto sendo feita por ela mesma em consideração ao seu relato de maior conforto para a execução do teste, ficando esta presa à cadeira por meio de bandagens reguláveis cruzadas em "X" na altura do tórax. Solicita-se também que a pessoa segure-se em apoiadores laterais existentes no equipamento, para limitar ao máximo sua movimentação durante o teste. O braço de movimento do equipamento ficará ajustado (travado) no ângulo de interesse para esta mensuração, sendo que preso a ele tem-se uma célula de carga de tração, com capacidade variada [8].

Durante a mensuração da FDI, deve-se atentar também para o tempo de manutenção da força máxima, pois de acordo com Brow & Weir (2001) [8] este tempo deve ser entre 3 e 6 segundos, com o tempo de descanso entre as tentativas de no mínimo 2 minutos e um número máximo de até 3 tentativas.

2. Força Máxima Dinâmica (FMD)

A medição da FMD baseia-se em ações concêntricas e excêntricas (isotônicas), onde a maioria dos treinamentos com pesos (máquinas ou pesos livres) são referidos desta forma. As vantagens do teste da FDM é que o equipamento necessário é de fácil acesso e muitas vezes barato. Além disso, uma vez que a maioria dos programas de treinamento de resistência enfatizam o treinamento em ações concêntricas e excêntricas, este tipo de teste é específico para a prática de treino e possui grande confiabilidade.

O teste de FMD pauta-se em dois critérios:

• **Mensuração através da 1RM (repetição máxima)** – Consiste na máxima carga movida na execução completa de um exercício ou movimento, sem que haja ajuda na execução deste. Neste tipo de teste deve haver um intervalo de descanso entre os *sets*, sendo o ideal de 3 a 5 minutos, para que não haja Interferência da fadiga periférica, sendo que não se deve ultrapassar o máximo de 4 a 5 *sets*. Neste tipo de teste, o aumento da carga passa por avaliação subjetiva do voluntário e do professor.

Após a obtenção do valor máximo de carga, a FMD, estipula-se a carga de treinamento do aluno/atleta baseada nos critérios e objetivos de treinos e finalidade do mesmo (força pura, hipertrofia muscular e resistência de força) – Tabela 6.1.

Tabela 6.1: Relação entre a FMD e os tipos de treino.
Adaptado de Brow & Weir, 2001

%1RM	Tipos de Treinos	N° De Repetições
100 a 85	Força Pura	1 a 6
85 a 65	Hipertrofia	6 a 15
65 a 50	Resistência Muscular	15 a 20

• **Mensuração por repetições (3RM, 5RM, 10RM)** – Parecido com o teste de 1RM, sendo que se estipula uma carga que "acredita-se" ser próxima à carga máxima e realizam-se os movimentos até a fadiga, sem que haja ajuda de terceiros para completar o exercício. A partir do valor de carga movida, usa-se uma equação, entre tantas descritas na literatura, a fim de predizer a carga máxima. Abaixo, algumas das equações descritas por Tous, 1999, que podem ser utilizadas:

I. Equação de Brzycki, 1993 [10] (aplicada até o número máximo de 10 movimentos)

$$1RM = peso\ movido\ /\ (1,0278 - 0,0278X)$$

Onde X é o número de repetições realizadas
II. Equação de Welday, 1988 [11]

$$1RM = (Peso\ movido\ X\ 0,0333\ X\ n°\ de\ rep.\ até\ a\ fadiga) + peso\ movido$$

III. Equação de Lander, 1985 [12]

$$\%1RM = 101,3 - 2,67123\ X\ n°\ de\ repetições\ até\ a\ fadiga$$

IV. Equação de O'Conner, 1989 [13]

$$\%1RM = 0,025(peso\ movido\ X\ n°\ de\ rep.\ até\ a\ fadiga) + peso\ movido$$

Apesar dos testes de FMD, há ainda algumas divergências quanto a problemas preexistentes, como o fato de ele fornecer uma medida de desempenho das ações concêntricas e nenhuma informação sobre a capacidade excêntrica. Além disso, durante tais testes alteram-se os padrões de movimento, as velocidades de contração e acelerações, em comparação com o ambiente de treino [8].

3. Força de Potência ou Potência de Força

Dentre os testes aplicados a fim de mensurar tal capacidade, o mais comum é o teste de corrida de 50m para membros inferiores, de Johnson

& Nelson [14], em que o aluno/atleta deve percorrer o itinerário no mínimo tempo e, a partir da tabela abaixo, verificar sua classificação (Tabela 6.2).

Tabela 6.2: Relação entre tempo de percurso do teste de 50m em segundos, para corredores novatos e experientes.
Adaptado de Johnson & Nelson [14]

Velocistas	Fraco	Regular	Bom	Muito bom	Excelente
Experientes	5,7	5,6	5,5	5,4	< 5,4
Novatos	6,1	6	5,9	5,8	< 5,8

4. Força de Resistência ou Resistência de Força

Quando se pensa na mensuração desta capacidade física, podemos citar os dois testes mais utilizados:

• **Teste de Flexão de Braços** – Apesar de o termo flexão de braço ser amplamente utilizado, na verdade este exercício compreende uma adução/abdução horizontal da glenoumeral, conjuntamente com flexoextensão do cotovelo. O avaliado (sexo masculino) deverá posicionar-se inicialmente com as palmas das mãos e ponta dos pés no solo (decúbito ventral), com os cotovelos extendidos. As mãos voltadas para frente, seguindo a direção da linha dos ombros, sendo que a distância entre ambas segue a distância biacromial. O avaliado executará a flexão do cotovelo até que o tórax aproxime-se ao solo e retornará à posição inicial, realizando o máximo de movimentos em 1 minuto. A contagem inicia a partir da primeira extensão dos cotovelos. Para as avaliadas (sexo feminino), a execução deve seguir as mesmas orientações, sendo que serão utilizados seis apoios, com joelhos, mãos e pés no solo. Os valores obtidos podem ser comparados com uma tabela descrita por Pollock & Wilmore [15], (Tabela 6.3 e 6.4).

Tabelas 6.3 e 6.4: Valores de referência para o teste de flexão de braço, para homens e mulheres respectivamente.
Adaptado de Pollock & Wilmore (15)

CLASSIFICAÇÃO PARA HOMENS (número de repetições por minuto)					
Idade	Excelente	Acima da Média	Média	Abaixo da Média	Fraco
15-19	≥39	29 a 33	23 a 28	13 a 22	≤17
20-29	≥36	29 a 35	22 a 28	17 1 21	≤16
30-39	≥30	22 a 29	17 a 21	12 a 16	≤11
40-49	≥22	17 a 21	11 a 16	10 a 12	≤09
50-59	≥21	13 a120	10 a 12	07 a 09	≤06
60-69	≥18	11 a 17	08 a 10	05 a 07	≤04

CLASSIFICAÇÃO PARA MULHERES (número de repetições por minuto)					
Idade	Excelente	Acima da Média	Média	Abaixo da Média	Fraco
15-11	≥33	25 a 32	18 a 24	12 a 17	≤11
20-29	≥30	21 a 29	15 a 20	10 a 14	≤9
30-39	≥27	20 a 26	13 a 19	08 a 12	≤7
40-49	≥24	15 a 23	11 1 14	05 a 10	≤4
50-59	≥21	11 a 21	07 a 10	02 a 06	≤1
60-69	≥17	12 a 16	05 a 11	02 a 04	≤1

• **Teste de Flexão de Tronco (abdominais)** – O indivíduo a ser avaliado deve deitar-se em decúbito dorsal no colchonete, joelhos fletidos a 90°, região plantar dos pés apoiada sobre o solo, pés fixados no chão com a ajuda do avaliador e mãos na nuca. Deve-se realizar a flexão do tronco até encostar os cotovelos nos joelhos, voltando à posição inicial até que as escápulas toquem o solo. O avaliador deve contar quantas vezes o avaliado consegue realizar este movimento em 1 minuto, podendo descansar entre as repetições, caso não consiga executar ininterruptamente, mas o tempo não deve ser interrompido. A partir dos resultados, compara-se com as Tabelas 6.5 e 6.6 [15].

Tabelas 6.5 e 6.6: Valores de referência para o teste de flexão de tronco (abdominais), para homens e mulheres respectivamente [15].

CLASSIFICAÇÃO PARA HOMENS (número de repetições por minuto)					
Idade	Excelente	Acima da Média	Média	Abaixo da Média	Fraco
15-191	≥48	42 a 47	38 a 41	33 a 37	≤32
20129	≥43	37 a 42	33 a 36	29 a 32	≤18
30-39	≥36	31 a 35	27 a 30	22 a 126	≤21
40-49	≥31	26 a 30	22 a 251	17 a 21	≤16
50-59	≥26	22 a 25	18 a 21	13 a 17	≤12
60-69	≥23	17 a 22	12 a 16	07 a 11	≤6

CLASSIFICAÇÃO PARA MULHERES (número de repetições por minuto)					
Idade	Excelente	Acima da Média	Media	Abaixo da Média	Fraco
15-19	≥42	16 a 41	32 a 35	27 a 31	≤26
20-291	≥36	31 a 35	25 a 30	21 a 24	≤201
30-39	≥29	24 a 23	20 a 23	15 a 19	≤14
40-49	≥25	20 a 24	15 a 19	07 a 14	≤6
50-59	≥19	12 a 13	05 a 11	03 a 04	≤2
60-69	≥16	12 a 15	04 a 11	02 a 03	≤1

FLEXIBILIDADE

Considerada uma das principais capacidades físicas apresentadas pelo aparelho locomotor para a realização do movimento humano, a flexibilidade é uma qualidade física responsável pela execução voluntária de um movimento de amplitude angular máxima, por uma articulação ou conjunto de articulações, dentro dos limites morfológicos e sem risco de lesão [16].

Por ser a capacidade física que descreve a amplitude de movimento (ADM) que uma articulação pode realizar, a flexibilidade geralmente está relacionada à saúde e ao desempenho desportivo [17], possuindo relação direta com a execução de movimentos de diversas naturezas, como atividades da vida diária, gestos de esportes de alto rendimento, manutenção da qualidade de vida e tarefas ocupacionais.

Sendo assim, medir e avaliar a flexibilidade do aluno ou atleta apresenta-se como uma ferramenta fundamental, pois permite guiar a prescrição do treinamento de forma mais adequada, atendendo as necessidades de cada um e evitando possíveis lesões. Além disso, é uma forma de analisar o rendimento, assim como de observar a evolução do aluno/atleta com a progressão do treinamento.

Além de servir como um parâmetro de avaliação direto do nível de capacidade física e guiar a prescrição do treinamento, a avaliação da flexibilidade pode auxiliar na prevenção direta de lesões e na recuperação do aluno ou atleta, já que esta capacidade física permite acessar informações sobre disfunções musculares e/ou articulares e predisposições a patologias, além de servir de estratégia para a recuperação funcional.

Os testes existentes para a medição e avaliação da flexibilidade podem ser classificados em tipos: *adimensionais*, *lineares* e *angulares*.

TESTES ADIMENSIONAIS

São testes em que não se adota uma unidade convencional, como ângulo ou centímetro, para expressar os resultados obtidos. Dessa forma, não dependem de equipamentos para a sua realização, utilizando-se apenas de critérios ou mapas de análises preestabelecidos [2]. O principal exemplo deste tipo de instrumento é o teste de Araújo e Pável, mais conhecido como *Flexiteste* [18].

Flexiteste

O *Flexiteste* é realizado a partir da comparação do ângulo alcançado pelo executante em diversos movimentos com o mapa de amplitude do flexiteste. São 20 movimentos realizados de maneira assistida em diversas articulações, considerando membros inferiores (oito movimentos), membros superiores (nove movimentos) e tronco (três movimentos) (Figura 6.1).

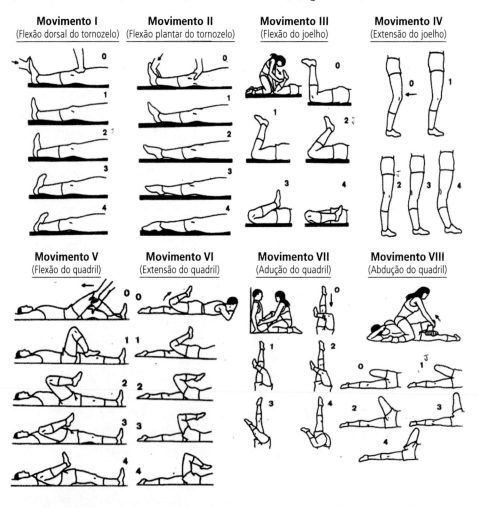

Figura 6.1: Mapa de avaliação de amplitude para cada um dos vinte movimentos realizados no flexiteste

A partir da comparação com o mapa de amplitude, gradua-se a angulação obtida pelo executante em cada um dos movimentos em uma escala crescente de 0 a 4. Ao final, soma-se a pontuação obtida pelo executante nos vinte movimentos, alcançando-se o "índice global de flexibilidade", também denominado *flexíndice*, do aluno, permitindo classificá-lo de acordo com uma tabela de referência (Tabela 6.7).

Tabela 6.7: Classificação do Flexíndice. Adaptado de Araújo e Pável.

Classificação	Somatório de 20 movimentos
Deficiente	<20
Fraco	21 a 30
Médio (-)	31 a 40
Médio (+)	41 a 50
Bom	51 a 60
Excelente	≥60

Dentre os testes adimensionais, o *flexiteste* é um dos mais utilizados pois trata-se de um teste simples, de fácil e rápida realização, e com baixíssimo custo, já que não necessita de nenhum equipamento para sua realização.

TESTES LINEARES

Caracterizam-se por expressar seus resultados em escala de distância, geralmente em centímetros ou polegadas, utilizando-se de réguas, fitas métricas ou trenas. O exemplo clássico de teste linear é o teste de *Sentar e Alcançar de Wells*. No entanto, existem outros instrumentos deste tipo bem conhecidos, como o *Teste de Extensão de Tronco e Pescoço*, o *Teste de Rotação de Ombro* e o *Teste de Afastamento Lateral de Membros Inferiores* [19].

Teste de Sentar e Alcançar de Wells

Este teste é a forma mais popular de medir flexibilidade, sendo um dos mais utilizados dentre todos os testes. Grande parte de sua popularidade se dá pelo seu método simples de realização e interpretação dos resultados. Contudo, permite medir e avaliar a flexibilidade apenas da articulação do quadril e porção lombar do tronco.

Para a realização deste teste, utiliza-se um equipamento conhecido como "Banco de Wells" (Figura 6.2), que pode ser substituído por um flexômetro, no qual há uma superfície de apoio para os pés, sobre a qual se encontra uma régua que servirá de referência para a medição da flexibilidade.

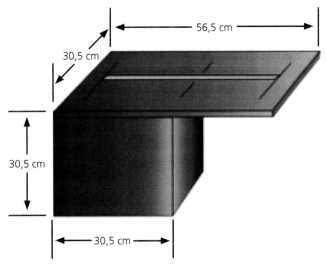

Figura 6.2: Banco de Wells

O teste inicia-se com o executante na posição sentada, com os joelhos estendidos, pés apoiados na superfície anterior do equipamento e braços estendidos à frente do corpo. A partir de então, o executante deve levar o tronco a frente, flexionando o quadril e tronco, procurando alcançar com as mãos a distância máxima possível na régua que se situa na superfície superior do equipamento (Figura 6.3).

Figura 6.3: Ilustração da realização do teste de sentar e alcançar de Wells

Desenhar

Para realizar esta tarefa, o executante faz três tentativas, devendo ser considerado pelo examinador o melhor dos resultados obtidos. Para classificação do executante, são utilizadas tabelas de referência direcionadas especificamente para este teste (Tabelas 6.8 e 6.9).

Tabela 6.8: Classificação para o teste de sentar e alcançar, utilizando o banco de Wells, de acordo com o CSTF. Adaptado do CSFT

Sentar e Alcancar – Masculino – com banco (em centfmetros)						
Idade	15-19	20-29	30-39	40-49	50-59	60-69
Excelente	≥39	≥40	≥38	≥35	≥35	≥33
Acima da média	34-33	34-39	33-37	29-34	23-34	25-32
Média	29-33	30-33	28-32	24-28	24-27	20-24
Abaixo da média	24-23	25-29	23-27	13-23	16-23	15-19
Ruim	<23	<24	<22	<17	<15	<14

Sentar e Alcançar – Feminino – com banco (em centimetros)						
Idade	15-19	20-29	30-39	40-49	50-59	60-69
Excelente	≥43	≥41	≥41	≥38	≥39	≥35
Acima da media	33-42	37-40	36-40	34-37	33-33	31-34
Media	34-37	33-36	32-35	30-33	30-32	27-30
Abaixoda media	29-33	28-32	27-31	25-29	25-29	23-26
Ruim	<23	<27	<26	<24	<24	<22

Fonte: Canadian Standardized Teste of Fitness (CSTF)

Tabela 6.9: Classificação para o teste de sentar e alcançar, utilizando o banco de Wells, de acordo com o Pollock & Wilmore

Sentar e Alcançar – com banco (em centimetros) – Masculino e Feminino	
Excelente	22 ou mais
Rom	entre 19 - 21
Medio	entre 14 - 18
Regular	entre 12 -13
Fraco	11 ou menos

Fonte: Pollock, M. L. & Wilmore J. H.F (1993)

Teste de Extensão de Tronco e Pescoço

Outro teste do tipo linear é o *Teste de Extensão de Tronco e Pescoço*, voltado para medir a flexibilidade destas articulações durante a realização de sua extensão. Com o executante posicionado no solo, em decúbito ventral, e realizando a maior extensão de tronco e pescoço possível, realiza-se a medição da distância entre o chão e a base do nariz do executante utilizando-se um flexômetro.

Assim como no teste anterior, o executante também faz três tentativas para tentar realizar o melhor desempenho no teste de extensão de tronco e pescoço. No entanto, o resultado final deste teste é obtido subtraindo-se o melhor resultado dentre as três tentativas executadas do comprimento do tronco e pescoço.

Teste de Rotação de Ombros

Considerando a avaliação da flexibilidade nos membros superiores, este é um teste linear bastante utilizado. Utilizando-se de uma corda de 150 cm posicionada nas mãos, com polegares próximos e braços a frente do corpo, executa-se rotação simultânea dos braços de modo a tentar encostar a corda nas costas. Dessa forma, mede-se a distância existente entre os polegares, subtraindo-se desse valor o diâmetro dos deltoides.

Apesar de ser um teste bastante utilizado, possui algumas limitações. Por suas características de execução, sofre a influência antropométrica do comprimento dos segmentos e do volume muscular individual, devendo-se considerar estes aspectos na análise dos resultados do teste.

Teste de Afastamento Lateral do Membros Inferiores

É um teste bastante tradicional para a avaliação específica da flexibilidade dos membros inferiores. Iniciando-se com o executante na posição em pé, com a cabeça e o tronco eretos, o teste consiste na abdução da articulação coxofemural (quadril) de ambos os lados, simultaneamente, procurando-se aproximar o quadril o máximo possível do solo, mantendo-se sempre os joelhos estendidos.

Utilizando-se, então, um flexômetro, afere-se a distância existente entre o ponto mais baixo do executante e o solo. O executante faz três tentativas, sendo considerado o melhor resultado.

TESTES ANGULARES

São testes que avaliam os ângulos formados entre dois segmentos com eixo articular comum e que se opõem na articulação, cujos resultados são expressos graus [17].

Os principais métodos e respectivos instrumentos utilizados para se avaliar a flexibilidade em graus são: a *goniometria*, que se utiliza do *goniômetro*;

a *fleximetria*, que tem como instrumentos o *flexômetro* e o *flexímetro*; e a *inclinometria*, que se utiliza de um equipamento denominado *inclinômetro* [17].

Neste tipo de teste, o registro dos dados angulares se dá a partir da medição da amplitude de movimento (ADM). Para isso, assume-se a posição anatômica como 0° de movimento, considerando-se, assim, que a amplitude de movimento possui escala de 360° [20]. Pessoas que apresentam ADM menor que 180° nestes testes são classificadas como população normal. Já indivíduos com ADM maior que 180° enquadram-se no grupo composto por pessoas do meio desportivo.

Apesar de fornecerem dados precisos para a avaliação da flexibilidade e prescrição do treinamento, os testes angulares não são usualmente utilizados devido à necessidade de equipamentos específicos para a medição e razoável experiência por parte daqueles que aplicam os testes.

REFERÊNCIAS BIBLIOGRÁFICAS

1 – ENOKA, R. M. *Bases neuromecânicas da cinesiologia.* 2ª ed. São Paulo, Manole, 2000.

2 – VASSEN, J. F. *Comparison of Dynamic Push-up Training and Plyometric Push-Up Training on Upper-Body Power and Strength.* Journal of Strength and Conditioning Research, v. 14, n. 3, p. 248-253, 2000.

3 – BARBANTI, V. S. *Teoria e prática do treinamento desportivo.* São Paulo, Edusp, 1979.

4 – WEINECK, J. *Treinamento ideal.* 9ª ed. São Paulo, Manole, 1999.

5 – ZATSIORSKY, V. M. *Ciência e prática do treinamento de força.* São Paulo, Phorte, 1999.

6 – PLATONOV, V. N.; BULATOVA, M. M. *Lá preparación física, deporte e entrenamiento.* Paidotribo, 1998.

7 – AMERICAN COLLEGE OF SPORTS MEDICINE. *Manual de pesquisa das Diretizes do ACSM para os testes de esforço e sua prescrição.* 4ª edição. Rio de Janeiro: Guanabara, 2003.

8 – BROWN, L. E.; WEIR, J. P. *Asep procedures recommendation i: accurate assessment of muscular strength and power.* Journal of Exercise Physiology. vol. 4 n. 3 August, 2001.

9 – TOUS, F. J. *Nuevas tendencias en fuerza y musculación*. Barcelona: Ergo. 1999.
10 – BRZYCKI, M. *Strength testing: predicting a one-rep max from repetitions to fatigue.* JOPERD. 1993; 64:88-90.
11 – FOSS, M. L. & KETEYIAN, S. J. *Bases fisiológicas do exercício e do esporte.* 6ª edição. Rio de Janeiro. Guanabara Koogan, 2000.
12 – ADAMS, G.M. *Exercise Physiology: Laboratory manual.* 2ª Edition. California. Brown and Benchmark, 1994.
13 – McARDLE, W. D; KATCH, F. I. & KATCH, V. L. *Fisiologia do exercício: Energia, Nutrição e Desempenho Humano.* Ed. Guanabara Koogan, 5ª edição. Rio de Janeiro. 2003.
14 – JOHNSON, B. L. & NELSON, J. K. *Pratical Measurements for Evoluation in Physical Education.* Minnesota: Burgess Publishing Company, 470 p, 1975.
15 – POLLOCK, M. L. & WILMORE, J. H. *Exercícios na Saúde e na Doença – Avaliação e Prescrição para Prevenção e Reabilitação.* 2ª ed. Rio de Janeiro: MEDSI – Ed. Médica, 1993.
16 – DANTAS, E. H. M. *Flexibilidade: alongamento e flexionamento.* 4ª edição. Rio de Janeiro: Shape, 1999.
17 – MONTEIRO, G. A. *Avaliação da Flexibilidade – Manual de Utilização do Flexímetro Sanny.* 1ª ed. agosto, 2000.
18 – ARAÚJO, C. G. S.; PÁVEL, R. C. *Flexiteste – método da avaliação da amplitude máxima de 20 movimentos articulares. In*: Congresso Mundial da Aiesep, 1981.
19 – FERNANDES FILHO, J. *A prática da avaliação física: teste, medidas e avaliação física em escolares, atletas e academias de ginástica.* 2ª ed. Editora Shape, 2003.
20 – NORKIN, C. C.; WHITE, D. J. *Medida do movimento articular: manual de goniometria.* 2ª ed. Porto Alegre: Artes Médicas; 1997.

7. AVALIAÇÃO DA APTIDÃO FÍSICA EM JOVENS

Diogo Pantaleão

Neste capítulo será abordada a avaliação de jovens de forma prática e eficaz, através de diversos testes e medidas que poderão ser facilmente aplicados por profissionais da saúde, em especial educadores físicos, em seus espaços esportivos e educacionais.

As avaliações propostas nas diversas idades do avaliado devem possuir características formativas e de caráter somativo, ou seja, gerar informações sobre o progresso do treinamento em momentos pontuais e, ao mesmo tempo, servir de parâmetro ao longo do processo de treinamento. O intuito de toda avaliação é fornecer subsídios ao profissional e aos próprios avaliados, se os conteúdos propostos de treinamento, sejam eles com objetivo de *performance*, recreativo ou diagnóstico, estão gerando os resultados esperados.

As avaliações com fins de *performance* em atletas jovens, principalmente, não devem ser instrumentos únicos de aptidão; as dimensões técnicas, táticas e psicológicas devem ser consideradas para que não se faça uma avaliação simplista acerca daquele momento e, simplesmente, classificar um atleta como apto ou não apto a participar de determinada modalidade.

Devemos atentar para o fato de que diversas razões podem influenciar o resultado de uma única avaliação: razões simples, como sono e alimentação inadequada, e mais complexas, como a maturação sexual, motivacionais e problemas psicológicos que podem influenciar de forma significativa o resultado obtido.

A nomenclatura para descrever as aptidões físicas atualmente vem dividida em aptidões relacionadas à saúde e ao desempenho motor. As avaliações que abordaremos em crianças e adolescentes serão divididas em:

1 – Avaliação da composição corporal
- Percentual de gordura
- IMC
- Circunferência de cintura

2 – Avaliação das capacidades físicas
- Velocidade
- Agilidade
- Força e potência
- Resistência muscular localizada
- Flexibilidade
- Capacidade cardiorrespiratória

Em relação aos testes a serem escolhidos, devem sempre seguir os padrões de critérios científicos abordados no capítulo 1.

1. AVALIAÇÃO DA COMPOSIÇÃO CORPORAL

Determinar a composição corporal é um aspecto importante seja para jovens sedentários, praticantes esportivos recreacionais e os que buscam a *performance* esportiva, pois fornecem dados sobre o crescimento, desenvolvimento e o nível de gordura corporal. A Organização Mundial de Saúde sinaliza que a prevalência de sobrepeso e obesidade aumenta em ritmo alarmante em todo o mundo, não só nos países desenvolvidos como também nos países em desenvolvimento [1]. Em países em desenvolvimento como o Brasil, a curva de sobrepeso e obesidade apresenta crescente ao longo dos anos em crianças e adolescentes nas diferentes regiões e níveis socioeconômicos [2, 3, 4, 5, 6, 7, 8], ao contrário dos níveis de desnutrição, que vêm caindo [2, 7]. As razões para o aumento da obesidade é multifatorial. Fatores ambientais (prática de atividade física e hábitos alimentares), genéticos, fisiopatológicos (glandulares – diabetes, doenças da tireoide, anormalidades no crescimento e osteoporose), psicológicos e os biológicos podem predispor o indivíduo à obesidade. As razões mais prováveis desta tendência mundial são aumento da prevalência de inatividade física, consumo elevado de alimentos de alta densidade energética derivada da gordura e aumento de atividades de lazer como assistir televisão e o uso de jogos eletrônicos [1, 9, 10, 11].

É importante salientar que, apesar desta complexa interação de fatores, o que determina mudanças na massa corporal é o desequilíbrio na balança energética do indivíduo, que resultará em ganho ou perda de massa corporal. Se o indivíduo consumir mais calorias do que foi gasto durante o seu dia, resultará em balança energética positiva e consequentemente aumento da massa corporal, enquanto um resultado negativo na balança energética resultará no emagrecimento. Na obesidade este processo se repete por períodos prolongados e gera um aumento na adiposidade corporal.

Heyward e Stolarczyk [12] sugerem que a composição corporal seja abordada em ambiente escolar; contudo, as formas de intervenção em diferentes faixas etárias devem ser diferentes e as abordagens relacionadas ao assunto são distintas. Este tema para ser inserido na educação física escolar deve seguir algumas orientações baseadas no estudo de Thomas e Whitehead (1993) citado por Heyward e Stolarczyk [12] para incorporar a composição corporal no currículo de educação física escolar e saúde:

1 – Antes do teste de composição corporal, explicar minunciosamente aos pais o propósito e os procedimentos para avaliar a composição corporal.

2 – Instruir os alunos sobre conceitos e procedimentos para medir a composição corporal.

3 – Arquivar os dados sobre essas medidas ao longo do tempo, a fim de avaliar os efeitos de interação do crescimento, maturação, dieta e atividade física nas mudanças da composição corporal.

4 – Medir apenas pontos padronizados e seguir procedimentos estabelecidos.

5 – Se houver necessidade, pedir ao professor(a), enfermeira ou aos pais da criança que estejam presentes durante o teste de composição corporal.

6 – Assegurar confidencialidade, mostrando os resultados de grupo para os participantes.

7 – Fornecer respostas pessoais e interpretações de grupo para os participantes.

8 – Não utilizar os resultados da composição corporal como forma de avaliação.

9 – Certificar-se de que a avaliação da composição corporal esteja se tornando uma experiência positiva para a criança. Não rotular, criticar ou ridicularizar crianças durante qualquer fase desse processo.

Em crianças, especialmente em meninas, o tema deve ser abordado com extrema cautela, pois o quadro de transtornos alimentares (anorexia e bulimia) geralmente se iniciam na infância e na adolescência [13]. As formas de intervenção devem partir da ludicidade e jogos de cooperação, de forma que crianças de diferentes níveis de aptidões e composição corporal se sintam motivados a praticar a atividade física, seja ela no ambiente escolar, como também em seus momentos de lazer.

Em adolescentes, a abordagem pode partir da discussão sobre padrões estéticos e de beleza que cada vez mais a mídia divulga e, acompanhando esta discussão, sugere-se a inclusão de informações sobre o processo da puberdade, o que irá, certamente, facilitar o entendimento sobre as mudanças corporais característicos da idade e ao mesmo tempo possibilitar a discussão sobre os padrões de beleza "impostos" pela mídia. A partir desta problemática se torna mais fácil o entendimento da composição corporal, e as formas de intervenção se tornam mais atraentes.

As formas de intervenção em adolescentes são um pouco mais complexas, principalmente pelo fato de alguns estudos relatarem a diminuição da atividade física conforme o passar da adolescência seja no Brasil [14, 15] ou em países desenvolvidos [16, 17, 18]. Este fato requer atenção ao considerarmos o resultado do estudo de Silva et. al. [19], que reitera as estimativas encontradas nas diferentes cidades brasileiras, na qual a prevalência de sedentários é maior do que a de indivíduos ativos. Além disso, o sexo feminino e os adolescentes foram os grupos com maiores prevalências de sedentarismo [20] corroborando com a tendência de que a adiposidade aumenta com a idade [16].

Sugere-se que em cada grupo seja colocado em discussão o tema, buscando alternativas. Indubitavelmente, a adoção de um estilo de vida fisicamente ativa, quando positivo na infância e fortalecido na adolescência, será levado para sua vida adulta, resultando em diversos benefícios para sua saúde [20].

Neste sentido entende-se que avaliar a composição corporal serve de instrumento de prevenção e controle ao comportamento sedentário. Para avaliar a composição corporal de crianças e adolescentes podem ser utilizados os métodos das dobras cutâneas (% de gordura), o índice de massa corporal e a circunferência de cintura.

PERCENTUAL DE GORDURA

O uso de dobras cutâneas (Dc) ou pregas cutâneas é um método duplamente indireto para avaliar a adiposidade corporal. Ao avaliarmos a espessura do tecido adiposo, estamos estimando a densidade corporal total e consequentemente a gordura corporal relativa (% de gordura) [12]. Esta medição é realizada através do compasso de dobras cutâneas ou plicômetro.

As relações entre as Dc e a densidade corporal podem ser lineares em amostras homogêneas (equações para grupos específicos) ou não-lineares em amostras de heterogêneas (equações generalizadas) tanto em homens quanto em mulheres [12].

Medidas da composição corporal podem ser usadas para acompanhar mudanças durante o crescimento e desenvolvimento e para avaliarmos a adiposidade corporal em crianças e adolescentes. Segundo o Consenso Latino--Americano em Obesidade [13] as crianças obesas possuem um maior risco de se tornarem adultos obesos, e que 40% das crianças obesas se tornam adolescentes obesos, e dos adolescentes obesos, 80% se tornam adultos obesos. Estas crianças também têm um risco relativamente maior de desenvolverem doenças cardiovasculares, principalmente aquelas que possuem gordura corporal relativa com mais de 25% (meninos) e 30% (meninas) [21]. Alguns propósitos ao avaliarmos as Dc são [22]:

- Identificar os riscos de saúde associados com a falta ou o excesso de gordura corporal total;
- Controlar as mudanças na composição corporal associadas ao efeito da nutrição e do exercício;
- Estimar o peso ideal;
- Acompanhar o crescimento, desenvolvimento, maturação e idade relacionadas com as mudanças na composição corporal;
- Identificar nos pacientes os riscos de saúde associados com o acúmulo excessivo (intra-abdominal) ou a falta de gordura;
- Formular recomendações dietéticas e prescrição de exercícios.

Ao avaliarmos um grupo específico, como é o caso de crianças e adolescentes, existem diversas equações específicas desenvolvidas. Na Tabela 1 encontram-se algumas bastante usadas na literatura. A descrição dos locais e procedimentos para avaliar as dobras cutâneas encontram-se no capítulo 2.

Tabela 7.1: Equações para estimar a gordura corporal relativa (% gordura)

REFERÊNCIA	IDADE/ MATURAÇÃO	EQUAÇÃO
Meninos Brancos		
Slaughter et. al. (1988) [23] $\sum$ Dc < 35mm	Pré-púbere	%G= 1,21 (TR+SE) – 0,008 (TR+SE)^2 – 1,7
Slaughter et. al. (1988) [23] $\sum$ Dc < 35mm	Púbere	%G= 1,21 (TR+SE) – 0,008 (TR+SE)^2 – 3,4
Slaughter et. al. (1988) [23] $\sum$ Dc < 35mm	Pós-púbere	%G= 1,21 (TR+SE) – 0,008 (TR+SE)^2 – 5,5
Meninos Negros		
Slaughter et. al. (1988) [23]	Pré-pubere	%G= 1,21 (TR+SE) – 0,008 (TR+SE)^2 – 3,2
Slaughter et. al. (1988) [23]	Púbere	%G= 1,21 (TR+SE) – 0,008 (TR+SE)^2 – 5,2
Slaughter et. al. (1988) [23]	Pós-púbere	%G= 1,21 (TR+SE) – 0,008 (TR+SE)^2 – 6,8

REFERÊNCIA	IDADE/ MATURAÇÃO	EQUAÇÃO
	**Meninos Brancos e Negros**		
Slaughter et. al. (1988) [23]	8 – 17 anos	%G= 0,735 (TR+PM) + 1,0
Slaughter et. al. (1988) [23] $\sum Dc > 35mm$	8 – 17 anos	%G= 0,783 (TR+SE) + 1,6
Boileau et. al. (1985) [24]	Todas as idades	%G= 1,35 (TR+SE) – 0,012 (TR+SE)^2 – 4,4
Lohman (1986) [25]	6 a 17 anos	%G= 1,35 (TR+SE) – 0,012 (TR+SE)^2 – C
Thorland et. al. (1984) [26] Atletas	14 a 19 anos	Dc= 1,1136 – 0,00154(X2) + 0,00000516 (X2)^2
Thorland et. al. (1984) [26] Atletas	14 a 19 anos	Dc= 1,1091 – 0,00052 (X1) + 0,00000032(X1)^2
	**Meninas Brancas e Negras**		
Slaughter et. al. (1988) [23]	8 – 17 anos	%G= 0,610 (TR+PM) + 5,1
Slaughter et. al. (1988) [23] $\sum Dc < 35mm$	8 – 17 anos	%G= 1,33 (TR+SE) – 0,013 (TR+SE)^2 – 2,5
Slaughter et. al. (1988) [23] $\sum Dc > 35mm$	8 – 17 anos	%G= 0,546 (TR+SE) + 9,7
Boileau et. al. (1985) [24]	Todas as idades	%G= 1,35 (TR+SE) – 0,012 (TR+SE)^2 – 2,4
Lohman (1986) [25]	6 a 17 anos	%G= 1,35 (TR+SE) – 0,012 (TR+SE)^2 – C
Thorland et. al. (1984) [26] Atletas	14 a 19 anos	DC= 1,0987 – 0,00122 (X3) + 0,00000263 (X3)^2
Thorland et. al. (1984) [26] Atletas	14 a 19 anos	DC= 1,1046 – 0,00059 (X1) + 0,00000060 (X1)^2
Weststrate & Deurenberg (1989) [27]	2 a 10 anos	%G= ({562 – 1,1 [ID em anos -2]}/D) – {525 – 1,4 [ID (anos) – 2]}
Weststrate & Deurenberg (1989) [27]	10 a 18 anos	%G= ({553 – 7,3 [ID (anos) -10]}/D) – {514 – 8,0 [ID em anos – 10]}

C= constantes na tabela 2 válidas para ambos os sexos das idades de 7, 10, 13 e 16 anos de etnia branca (Lohman, 1986) (25), demais idades e etnia negra adaptadas por Pires-Neto & Petroski (1996) (28).

X1= Σ 7 Dc (TR+SE+AM+SI+AB+CX+PA)
X2= Σ 3 Dc (TR+SE+AM)
X3= Σ 3 Dc (TR+SE+SI)

ID= Idade; DC= densidade corporal; TR= Dc Tríceps; SE= Dc Subescapular; AM= Dc Axilar média; SI= Dc Suprailíaca; AB= Abdominal; CX= Dc Coxa; PA= Dc Panturrilha.

Para Transformas DC em %Gordura utilizar as seguinte equações: Meninos (7 a 12 anos) %G= [(530/DC) – 489], Meninos (13 a 16 anos) %G= [(507/Dc) – 464], Meninos (17 a 19 anos) %G= [(499/Dc) – 455] (12); Meninas (7 a 8 anos) %G= [(543/DC) – 503], Meninas (9 a 10 anos) %G= [(535/Dc) – 495], Meninas (11 a 12 anos) %G= [(525/Dc) – 484], Meninas (13 a 14 anos) %G= [(512/Dc) – 469], Meninas (15 a 16 anos) %G= [(507/Dc) – 464], Meninas (17 a 19 anos) %G= [(505/Dc) – 462] (28).

Tabela 7.2: Constantes por idade, sexo e raça

Sexo / Raça	\multicolumn{12}{c}{IDADES}
	6	7	8	9	10	11	12	13	14	15	16	17
\multicolumn{13}{c}{MASCULINO}
Branca	3,1	3,4	3,7	4,1	4,4	4,7	5,0	5,4	5,7	6,1	6,4	6,7
Negra	3,7	4,0	4,3	4,7	5,0	5,3	5,6	6,0	6,3	6,7	7,0	7,3
\multicolumn{13}{c}{FEMININO}
Branca	1,2	1,4	1,7	2,0	2,4	2,7	3,0	3,4	3,6	3,8	4,0	4,4
Negra	1,4	1,7	2,0	2,3	2,6	3,0	3,3	3,6	3,9	4,1	4,4	4,7

Fonte: Pires-Neto & Petroski (1996) [29]

ÍNDICE DE MASSA CORPORAL

O Índice de Massa Corporal ou Índice de Quetelet é a relação entre a massa(kg) e estatura(m), sendo calculado pela fórmula:

$$IMC\ (kg/m^2) = \frac{Massa\ corporal}{Estatura^2}$$

O IMC vem sendo usado frequentemente em pesquisas epidemiológicas pela facilidade de aplicação do método. Entre diversas variáveis antropométricas, principalmente da massa e estatura corporal, têm sido a forma mais utilizada e aceita para a avaliação do estado nutricional de crianças e jovens [30], além de ser um bom índice de avaliação da adiposidade corporal e um indicador de doenças cardiovasculares [31].

As tabelas com os pontos de corte sugeridos na literatura para baixo peso, eutróficos, sobrepeso e obesidade podem ser divididas em internacionais, mistas e nacionais. A escolha de qual padrão de referência utilizar é amplamente discutido e questionado na literatura [32, 33, 34].

O padrão internacional de referência é estabelecido pelo CDC (Center for Disease and Control and Prevention) [35]. A amostra é unicamente formada por americanos de 2 a 20 anos, sendo adotados pontos de corte do percentil 5, 85 e 95 para o baixo peso, sobrepeso e obesidade, respectivamente.

O padrão misto e nacional são derivados das curvas de percentil que passam pelos pontos de corte do IMC que representam 17,5kg/m^2 [36] e 16,0kg/m^2, 17,0kg/m^2 e 18,5kg/m^2 para baixo peso [37], 25kg/m^2 para sobrepeso e 30kg/m^2 para obesidade, de indivíduos com 18 [38] e 20 anos [36]. A construção destes pontos ocorreu através do método estatístico LMS [36, 38].

O padrão misto surge a partir de questionamentos sobre a arbitrariedade dos pontos de corte utilizados através de percentil e a utilização de dados de crianças e adolescentes americanos para determinar padrões internacionais [38]. A Força Tarefa Internacional de Obesidade (International Obesity Task Force – IOTF) produziu uma tabela de pontos de corte internacionais de IMC para sobrepeso e obesidade [38], e mais recentemente para baixo peso [37]. Foram obtidos dados representativos descrevendo o peso e a estatura em idades entre 2 e 18 anos, de ambos os gêneros, usando dados populacionais dos Estados Unidos, Cingapura, Holanda, Hong Kong, Reino Unido e Brasil.

O padrão nacional [37] surge da necessidade possuirmos uma tabela específica para brasileiros e verificar se outros padrões são condizentes com a nossa situação de crescimento e desenvolvimento. A pesquisa é de extrema relevância, visto que a amostra é representativa de brasileiros com dados de 13.279 homens e 12.823 mulheres com idades entre 2 a 19 anos, extraídos da Pesquisa Nacional de Nutrição e Saúde de 1989. A construção deste padrão abriu um grande precedente para discussões e averiguações na população brasileira.

No intuito de avaliar a prevalência dos estados nutricionais e comparar estes três padrões de referência, recentemente Leite *et. al.* [39] encontraram forte concordância entre os padrões de referência, nos estados nutricionais em estudantes da região central de Curitiba-PR. Apesar das limitações, estudos neste sentido envolvendo diferentes padrões e, se possível, incluindo comparações entre etnias e níveis socioeconômicos devem ser fomentados.

Com isso, ressalta-se que não existe na literatura nacional uma definição clara de qual o padrão de referência é o mais apropriado para avaliar o baixo peso, o sobrepeso e a obesidade na população brasileira

Tabela 7.3: Tabela adaptada dos valores críticos do IMC propostos pelo CDC [35] para meninos e meninas

Idade (anos)	MASCULINO Percentil 5 BP	MASCULINO Percentil 85 SP	MASCULINO Percentil 95 OB	FEMININO Percentil 5 BP	FEMININO Percentil 85 SP	FEMININO Percentil 95 OB
2,0 - 2,49	14,73	17,79	18,85	14,32	17,60	18,61
2,5 - 2,99	14,32	17,37	18,28	14,13	17,31	18,25
3,0 - 3,49	14,13	17,29	18,31	13,80	17,33	18,42
3,5 - 3,99	14,18	17,06	18,12	13,58	16,88	17,84
4,0 - 4,49	13,94	17,06	17,92	13,71	16,98	18,53
4,5 - 4,99	13,92	16,84	17,82	13,67	16,75	18,27
5,0 - 5,49	13,85	16,87	18,08	13,47	17,08	19,36
5,5 - 5,99	13,82	17,06	18,53	13,46	17,54	19,98
6,0 - 6,49	13,72	16,81	18,12	13,46	16,88	18,34
6,5 - 6,99	13,73	17,49	19,09	13,36	17,16	18,74
7,0 - 7,49	13,43	17,17	18,79	13,56	17,18	19,22
7,5 - 7,99	13,90	17,39	19,62	13,64	17,80	19,66
8,0 - 8,49	13,57	17,71	19,71	13,61	18,30	19,90
8,5 - 8,99	14,10	18,02	19,68	13,76	18,63	21,54
9,0 - 9,49	14,00	19,64	22,29	14,09	19,04	22,88
9,5 - 9,99	13,98	19,29	21,78	13,96	20,18	23,29
10,0 - 10,49	14,54	19,36	22,03	13,80	19,93	23,18
10,5 - 10,99	14,59	19,95	24,16	14,09	20,04	23,35
11,0 - 11,49	14,77	20,87	23,05	14,45	21,38	24,71
11,5 - 11,99	14,72	21,61	26,04	14,39	22,01	25,76
12,0 - 12,49	15,03	21,02	24,20	14,77	22,00	25,10
12,5 - 12,99	15,22	21,19	24,96	15,19	23,58	26,59
13,0 - 13,49	15,54	21,85	25,12	15,42	23,37	28,47
13,5 - 13,99	16,02	23,45	26,66	15,60	23,71	27,83
14,0 - 14,49	16,14	22,68	25,29	16,39	24,62	29,13
14,5 - 14,99	16,53	23,64	27,38	16,68	24,52	27,69
15,0 - 15,49	16,58	23,51	25,69	16,77	24,01	28,54
15,5 - 15,99	16,80	23,54	27,08	17,19	23,86	27,14
16,0 - 16,49	17,59	23,88	27,93	17,71	25,70	29,68
16,5 - 16,99	17,76	24,82	27,59	17,65	25,22	29,33
17,0 - 17,49	17,80	24,86	28,83	17,11	25,15	30,27
17,5 - 17,99	18,03	25,11	28,06	17,92	25,41	30,27
18,0 - 18,49	18,11	26,57	31,43	16,59	24,45	32,55
18,5 - 18,99	18,69	26,20	28,70	17,58	24,32	28,88
19,0 - 19,49	19,17	26,16	30,79	17,71	25,65	28,98
19,5 - 19,99	18,04	26,80	30,73	18,67	25,99	32,51

BP= Baixo Peso; SB= Sobrepeso; OB= Obesidade.

Tabela 7.4: Tabela adaptada dos valores críticos do IMC propostos pelo ITOF [37, 38] para meninos

Idade (anos)	MASCULINO				
	16,0kg/m² BP	17,0kg/m² BP	18,5kg/m² BP	25,0kg/m² SP	30,0kg/m² OB
2,00	13,37	14,12	15,14	18,41	20,09
2,50	13,22	13,94	14,92	18,13	19,80
3,00	13,09	13,79	14,74	17,89	19,57
3,50	12,97	13,64	14,57	17,69	19,39
4,00	12,86	13,52	14,43	17,55	19,29
4,50	12,76	13,41	14,31	17,47	19,26
5,00	12,66	13,31	14,21	17,42	19,30
5,50	12,58	13,22	14,13	17,45	19,47
6,00	12,50	13,15	14,07	17,55	19,78
6,50	12,45	13,10	14,04	17,71	20,23
7,00	12,42	13,08	14,04	17,92	20,63
7,50	12,41	13,09	14,08	18,16	21,09
8,00	12,42	13,11	14,15	18,44	21,60
8,50	12,45	13,17	14,24	18,76	22,17
9,00	12,50	13,24	14,35	19,10	22,77
9,50	12,57	13,34	14,49	19,46	23,39
10,00	12,66	13,45	14,64	19,84	24,00
10,50	12,77	13,58	14,80	20,20	24,57
11,00	12,89	13,72	14,97	20,55	25,10
11,50	13,03	13,87	15,16	20,89	25,58
12,00	13,18	14,05	15,35	21,22	26,02
12,50	13,37	14,25	15,58	21,56	26,43
13,00	13,59	14,48	15,84	21,91	26,84
13,50	13,83	14,74	16,12	22,27	27,25
14,00	14,09	15,01	16,41	22,62	27,63
14,50	14,35	15,28	16,69	22,96	27,98
15,00	14,60	15,55	16,98	23,29	28,30
15,50	14,86	15,82	17,26	23,60	28,60
16,00	15,12	16,08	17,54	23,90	28,88
16,50	15,36	16,34	17,80	24,19	29,14
17,00	15,60	16,58	18,05	24,46	29,41
17,50	15,81	16,80	18,28	24,73	29,70
18,00	16,00	17,00	18,50	25,00	30,00

BP= Baixo Peso; SB= Sobrepeso; OB= Obesidade.

Tabela 7.5: Tabela adaptada dos valores críticos do IMC propostos pelo ITOF [37, 38] para meninas

Idade (anos)	FEMININO				
	16,0kg/m² BP	17,0kg/m² BP	18,5kg/m² BP	25,0kg/m² SP	30,0kg/m² OB
2,00	13,24	13,90	14,83	18,02	19,81
2,50	13,10	13,74	14,63	17,76	19,55
3,00	12,98	13,60	14,47	17,56	19,36
3,50	12,86	13,47	14,32	17,40	19,23
4,00	12,73	13,34	14,19	17,28	19,15
4,50	12,61	13,21	14,06	17,19	19,12
5,00	12,50	13,09	13,94	17,15	19,17
5,50	12,40	12,99	13,86	17,20	19,34
6,00	12,32	12,93	13,82	17,34	19,65
6,50	12,28	12,90	13,82	17,53	20,08
7,00	12,26	12,91	13,86	17,75	20,51
7,50	12,27	12,95	13,93	18,03	21,01
8,00	12,31	13,00	14,02	18,35	21,57
8,50	12,37	13,08	14,14	18,69	22,18
9,00	12,44	13,18	14,28	19,07	22,81
9,50	12,53	13,29	14,43	19,45	23,46
10,00	12,64	13,43	14,61	19,86	24,11
10,50	12,78	13,59	14,81	20,29	24,77
11,00	12,95	13,79	15,05	20,74	25,42
11,50	13,15	14,01	15,32	21,20	26,05
12,00	13,39	14,28	15,62	21,68	26,67
12,50	13,65	14,56	15,93	22,14	27,24
13,00	13,92	14,85	16,26	22,58	27,76
13,50	14,20	15,14	16,57	22,98	28,20
14,00	14,48	15,43	16,88	23,34	28,57
14,50	14,75	15,72	17,18	23,66	28,87
15,00	15,01	15,98	17,45	23,94	29,11
15,50	15,25	16,22	17,69	24,17	29,29
16,00	15,46	16,44	17,91	24,37	29,43
16,50	15,63	16,62	18,09	24,54	29,56
17,00	15,78	16,77	18,25	24,70	29,69
17,50	15,90	16,89	18,38	24,85	29,84
18,00	16,00	17,00	18,50	25,00	30,00

BP= Baixo Peso; SB= Sobrepeso; OB= Obesidade.

Tabela 7.6: Valores críticos do IMC propostos por Conde e Monteiro [36]

Idade (meses)	Masculino BP (17,5 kg/m²)	Masculino EP (25 kg/m²)	Masculino OB (30 kg/m²)	Feminino BP (17,5 kg/m²)	Feminino EP (25 kg/m²)	Feminino OB (30 kg/m²)
24,0	13,77	19,17	21,98	13,95	18,47	20,51
24,5	13,77	19,13	21,94	13,94	18,43	20,47
30,5	13,76	18,76	21,53	13,87	18,03	20,00
36,5	13,70	18,45	21,21	13,76	17,70	19,64
42,5	13,61	18,20	20,98	13,66	17,44	19,38
48,5	13,50	18,00	20,85	13,55	17,26	19,22
54,5	13,39	17,86	20,81	13,46	17,14	19,15
60,5	13,28	17,77	20,85	13,37	17,07	19,16
66,5	13,18	17,73	20,98	13,28	17,05	19,23
72,5	13,09	17,73	21,19	13,21	17,07	19,37
78,5	13,02	17,78	21,48	13,15	17,12	19,56
84,5	12,96	17,87	21,83	13,10	17,20	19,81
90,5	12,93	17,99	22,23	13,07	17,33	20,10
96,5	12,91	18,16	22,69	13,07	17,49	20,44
102,5	12,92	18,35	23,17	13,09	17,70	20,84
108,5	12,95	18,57	23,67	13,16	17,96	21,28
114,5	13,01	18,82	24,17	13,26	18,27	21,78
120,5	13,09	19,09	24,67	13,40	18,63	22,32
126,5	13,19	19,38	25,14	13,58	19,04	22,91
132,5	13,32	19,68	25,58	13,81	19,51	23,54
138,5	13,46	20,00	25,99	14,07	20,01	24,21
144,5	13,63	20,32	26,36	14,37	20,55	24,89
150,5	13,82	20,65	26,69	14,69	21,12	25,57
156,5	14,02	20,99	26,99	15,03	21,69	26,25
162,5	14,25	21,33	27,26	15,37	22,25	26,89
168,5	14,49	21,66	27,51	15,72	22,79	27,50
174,5	14,74	22,00	27,74	16,05	23,28	28,04
180,5	15,01	22,33	27,95	16,35	23,73	28,51
186,5	15,29	22,65	28,15	16,63	24,11	28,90
192,5	15,58	22,96	28,34	16,87	24,41	29,20
198,5	15,86	23,27	28,52	17,06	24,65	29,42
204,5	16,15	23,56	28,71	17,22	24,81	29,56
210,5	16,43	23,84	28,89	17,33	24,90	29,63
216,5	16,70	24,11	29,08	17,40	24,95	29,67
222,5	16,95	24,36	29,28	17,45	24,96	29,70
228,5	17,18	24,59	29,50	17,47	24,96	29,74
234,5	17,37	24,81	29,75	17,49	24,97	29,83
240,0	17,50	25,00	30,00	17,50	25,00	30,00
z	-2,17	1,32	2,83	-1,80	1,02	2,10
p	0,015	0,907	0,998	0,036	0,847	0,982

BP = baixo peso; EP = excesso de peso; IMC = índice de massa corporal; OB = obesidade.

CIRCUNFERÊNCIA DE CINTURA

Representa uma medida da distribuição de gordura na região central do corpo. Essa medida é de suma importância, pois além da quantidade é importante verificar a distribuição da gordura corporal, principalmente na região abdominal que está mais relacionada com as alterações metabólicas do que com a localizada na região gluteofemural [40]. Adicionalmente a circunferência de cintura é um melhor preditor de doenças cardiovasculares do que o IMC [41, 42].

Na literatura ainda não existe um padrão internacional utilizado, o que dificulta a comparação entre diversos estudos. Os pontos mais referenciados são [48]:

a parte mais estreita do tronco (cintura natural) [43], acima das cristas ilíacas [44, 45], cicatriz umbilical [41] e ponto médio entre a última costela e a crista ilíaca [1].

Estudos no sentido de relacionar a circunferência de cintura com parâmetros associados ao aspecto clínico e laboratorial da obesidade de crianças e adultos têm sido realizados, para verificar a eficácia do método [46, 47]. O uso da medida acima das cristas ilíacas, quando comparados aos outros locais, parece estar mais correlacionado com o percentual de gordura [48]. Nas Tabelas 7.7 e 7.8 serão apresentados os pontos de corte propostos por Fernandez et. al. [49] e Li et. al. [50], respectivamente. As medidas são realizadas após uma expiração normal no ponto acima da crista ilíaca.

Tabela 7.7: Tabela adaptada de Fernadez et. al. [49]

Idade (anos)	\multicolumn{5}{c}{MASCULINO}
	Percentil 5	Percentil 25	Percentil 50	Percentil 75	Percentil 90
2	43,2	45,0	47,1	48,8	50,8
3	44,9	46,9	49,1	51,3	54,2
4	46,6	48,7	51,1	53,9	57,6
5	48,4	50,6	53,2	56,4	61,0
6	50,1	52,4	55,2	59,0	64,4
7	51,8	54,3	57,2	61,5	67,8
8	53,5	56,1	59,3	64,1	71,2
9	55,3	58,0	61,3	66,6	74,6
10	57,0	59,9	63,3	69,2	78,0
11	58,7	61,7	65,4	71,7	81,4
12	60,5	63,5	67,4	74,3	84,8
13	62,2	65,4	69,5	76,8	88,2
14	63,9	67,2	71,5	79,4	91,6
15	65,6	69,1	73,5	81,9	95,0
16	67,4	70,9	75,6	84,5	98,4
17	69,1	72,8	77,6	87,0	101,8
18	70,8	74,6	79,6	89,6	105,2

Idade (anos)	FEMININO				
	Percentil 5	Percentil 25	Percentil 50	Percentil 75	Percentil 90
2	43,8	45,0	47,1	49,5	52,2
3	45,4	46,7	49,1	51,9	55,3
4	46,9	48,4	51,1	54,3	58,3
5	48,5	50,1	53,0	56,7	61,4
6	50,1	51,8	55,0	59,1	64,4
7	51,6	53,5	56,9	61,5	67,5
8	53,2	55,2	58,9	63,9	70,5
9	54,8	56,9	60,8	66,3	73,6
10	56,3	58,6	62,8	68,7	76,6
11	57,9	60,3	64,8	71,1	79,7
12	59,5	62,0	66,7	73,5	82,7
13	61,0	63,7	68,7	75,9	85,8
14	62,6	65,4	70,6	78,3	88,8
15	64,2	67,1	72,6	80,7	91,9
16	65,7	68,8	74,6	83,1	94,9
17	67,3	70,5	76,5	85,5	98,0
18	68,8	72,2	78,5	87,9	101,0

Tabela 7.8: Tabela adaptada de Li et. al. [50]

Idade (anos)	MENINOS ≥ 90° percentil	MENINAS ≥ 90° percentil
2	51,8	52,4
3	53,4	54,6
4	55,5	56,7
5	57,3	60,5
6	66,1	62,5
7	69,0	68,4
8	70,9	69,0
9	78,0	80,8
10	80,0	79,0
11	84,2	80,9
12	85,9	81,2
13	90,0	89,5
14	96,0	91,9
15	95,9	89,0
16	90,2	92,1
17	98,0	94,6
18	97,6	92,8
19	102,1	97,7

2. AVALIAÇÃO DAS CAPACIDADES FÍSICAS

Com o objetivo de se diagnosticar e desenvolver parâmetros para análise foram criadas diversas baterias de testes bem aceitas por profissionais relacionados à saúde e ao desempenho. As baterias de testes mais descritas na literatura internacional são a Eurofit (1988), AAHPERD (1976,1988) e Fitnessgram (2002). Uma proposta elaborada pelo Projeto Esporte Brasil (Proesp-BR) [51] é essencial, na medida em que são dados coletados na população brasileira tendo como objetivo referenciar indicadores da aptidão física relacionada à saúde e ao desempenho esportivo em crianças e jovens de 7 a 17 anos, contemplando diferentes regiões e níveis socioeconômicos. Os autores do Proesp-BR [51] ressaltam que tabelas de origem internacionais diferem de forma significativa nas variáveis corporais e motoras. Estas mudanças certamente estão relacionadas a diferenças sociais, culturais e ambientais encontradas entre as nacionalidades; contudo, os padrões internacionais devem ser analisados e comparados aos padrões nacionais para verificarmos o crescimento e desenvolvimento da população brasileira.

1 – VELOCIDADE

A velocidade é a capacidade de percorrer uma determinada distância no menor tempo possível. A velocidade é influenciada pelo tempo de reação (tempo do sinal de largada até os primeiros movimentos) e pelo tempo motor (primeiros movimento até o final da atividade) [52].

A velocidade de movimento, em regra, melhora até aproximadamente os 13 anos em ambos os sexos, porém, após esta idade as meninas tendem a estabilizar e/ou regredir, e os meninos tendem a melhorar durante a adolescência [52]. Este fator deve-se principalmente por ação dos hormônios sexuais característicos da puberdade, na qual os meninos apresentam melhora na força enquanto nas meninas a gordura corporal tende a aumentar.

Testes

- **Corrida de 20 metros (Proesp-BR, 2009)** [51]

Material e marcação: Cones (o máximo disponível)*, espaço de pelo menos 26 metros*, cronômetro. Uma pista demarcada com três linhas paralelas no solo da seguinte forma: a primeira (linha de partida); a segunda, distante 20m da primeira (linha de cronometragem) e a terceira linha, marcada a um metro da segunda (linha de chegada). A terceira linha serve como referência de chegada para o aluno na tentativa de evitar que ele inicie a desaceleração antes de cruzar a linha de cronometragem.

*sugestão adaptada

Descrição: O estudante parte da posição de pé, com um pé avançado à frente imediatamente atrás da linha de partida (primeira linha) e será informado que deverá cruzar a linha de chegada (terceira linha) o mais rápido possível. Ao sinal do avaliador, o aluno deverá deslocar-se, o mais rápido possível, em direção à linha de chegada. O avaliador deverá acionar o cronômetro no momento em que o avaliado, ao dar o primeiro passo, toque o solo pela primeira vez com um dos pés além da linha de partida. O cronômetro será travado quando o aluno, ao cruzar a segunda linha (linha de cronometragem), tocar pela primeira vez o solo. A anotação deve ser realizada em segundos e centésimos de segundos (duas casas após a vírgula).

Classificação: Tabela 7.9: Classificação visando o desempenho motor

Teste de velocidade (20 metros)

Normas de referência para a avaliação da velocidade dos rapazes.

Sexo	Idade	Excelência	M.Bom	Bom	Razoável	Fraco
MASCULINO	7	<= 3,65	3,66 - 4,12	4,13 - 4,42	4,43 - 4,62	> 4,63
	8	<= 3,50	3,51 - 4,00	4,01 - 4,21	4,22 - 4,47	> 4,47
	9	<= 3,15	3,16 - 3,88	3,89 - 4,09	4,10 - 4,31	> 4,31
	10	<= 3,07	3,08 - 3,74	3,75 - 3,98	3,99 - 4,15	> 4,15
	11	<= 3,00	3,01 - 3,62	3,63 - 3,86	3,87 - 4,03	> 4,03
	12	<= 3,00	3,01 - 3,50	3,51 - 3,74	3,75 - 3,96	> 3,96
	13	<= 3,00	3,01 - 3,37	3,38 - 3,60	3,61 - 3,81	> 3,81
	14	<= 2,90	2,91 - 3,23	3,24 - 3,46	3,47 - 3,67	> 3,67
	15	<= 2,87	2,88 - 3,16	3,17 - 3,38	3,39 - 3,60	> 3,60
	16	<= 2,78	2,79 - 3,12	3,13 - 3,31	3,32 - 3,50	> 3,50
	17	<= 2,72	2,73 - 3,12	3,13 - 3,30	3,31 - 3,53	> 3,53

Normas de referência para a avaliação da velocidade das moças.

Sexo	Idade	Excelência	M.Bom	Bom	Razoável	Fraco
FEMININO	7	<= 3,90	3,91 - 4,47	4,48 - 4,77	4,78 - 5,07	> 5,07
	8	<= 3,87	3,88 - 4,27	4,28 - 4,53	4,54 - 4,75	> 4,75
	9	<= 3,55	3,56 - 4,00	4,01 - 4,28	4,29 - 4,54	> 4,54
	10	<= 3,43	3,44 - 3,97	3,98 - 4,16	4,17 - 4,41	> 4,41
	11	<= 3,29	3,30 - 3,87	3,88 - 4,09	4,10 - 4,31	> 4,31
	12	<= 3,07	3,08 - 3,78	3,79 - 4,00	4,01 - 4,25	> 4,25
	13	<= 3,00	3,01 - 3,71	3,72 - 3,98	3,99 - 4,19	> 4,19
	14	<= 3,00	3,01 - 3,70	3,71 - 3,97	3,98 - 4,21	> 4,21
	15	<= 3,05	3,06 - 3,72	3,73 - 4,00	4,01 - 4,25	> 4,25
	16	<= 3,24	3,25 - 3,70	3,71 - 4,00	4,01 - 4,23	> 4,23
	17	<= 3,16	3,17 - 3,79	3,80 - 4,07	4,08 - 4,32	> 4,32

Comentário prático: Se possível, colocar durante o percurso cones de orientação para uma corrida mais reta possível. Sugerimos também incluir 2 cronometristas para que um inicie o cronômetro na partida e o outro inicie na chegada. Os dois deverão parar os cronômetros simultaneamente após a corrida, sendo o tempo de corrida a diferença entre os dois valores. Este procedimento auxilia a diminuir o erro de percepção tanto do momento da saída quanto na chegada quando se usa apenas um cronometrista.

- **Teste de corrida de 30 metros (Marins & Giannichi)** [53].

Material e marcação: cones, cronômetro, pista de pelo menos 35 metros* e dois avaliadores. As marcações são feitas com duas linhas paralelas ao solo com uma distância de 30 metros entre elas.

*sugestão adaptada

Descrição: O estudante parte da posição de pé. Os comandos "Pronto" e "Vai" devem ser dados. Ao comando "Vai" do primeiro avaliador, este deve abaixar o braço para que o segundo avaliador posicionado a linha de chegada possa acionar o cronômetro. Os testados devem correr o mais rápido possível até a linha de chegada. Uma outra opção para o teste é sua execução de uma corrida lançada, ou seja, o tempo registrado é observado com o sujeito já em movimento.

Classificação: Tabela 7.10: Adaptada de Popov (1986), citado por Marins e Giannichi [53]

	MASCULINO		FEMININO	
	Saída		Saída	
	Parada	Lançada	Parada	Lançada
	Orientação desportiva			
14 anos	4,35 - 4,40	3,20 - 3,25	4,60 - 4,65	3,60 - 3,65
	Especialização desportiva			
15 anos	4,20 - 4,25	3,10 - 3,15	4,45 - 4,50	3,50 - 3,55
16 anos	4,15 - 4,20	2,95 - 3,00	4,35 - 4,40	3,35 - 3,40
	Aperfeiçoamento desportivo			
17 anos	4,10 - 4,15	2,80 - 2,85	4,26 - 4,30	3,20 - 3,25
18 anos	4,05 - 4,10	2,75 - 2,80	4,20 - 4,26	3,15 - 3,17
	Alta competição			
	4,00 - 4,04	< 4,00	4,16 - 4,19	< 4,15
	2,70 - 2,74	< 2,70	3,08 - 3,10	< 3,05

Comentário prático: o mesmo que no teste de 20 metros.

Teste de corrida de 50 metros (Johnson e Nelson (1979) citado por Marins e Giannichi) [53].

Material e marcação: cones, cronômetro, pista de pelo menos 55 metros e dois avaliadores. As marcações são feitas com duas linhas paralelas ao solo com uma distância de 50 metros entre elas.

Descrição: o mesmo procedimento que no teste de 30 metros.

Classificação: sugerimos o uso de classificação interna quando feita a avaliação em grupo e, quando feita individualmente verificar a evolução de um momento para o outro.

Comentário prático: o mesmo que no teste de 20 metros.

2 – FORÇA E POTÊNCIA

A força é a capacidade do músculo de exercer tensão. Dentre as expressões da força muscular, encontra-se a potência muscular ou força explosiva que pode ser conceituada como a capacidade de exercer determinada força com a máxima velocidade possível. Fisicamente pode ser descrita da seguinte forma: Potência = Força x Velocidade.

Há alguns anos, o trabalho de força e potência era visto como lesivo e contraindicado para crianças e adolescentes; entretanto, atualmente este tipo de trabalho está sendo amplamente indicado quando prescrito adequadamente a cada faixa etária [54], principalmente quando evitadas as atividades que requerem força máxima ou próximas a ela [55]. A atividade tem sido recomendada pela sua relevância na prevenção de lesões, aumento na densidade mineral, melhora no perfil lipídico, aumento na autonomia de movimento, melhora na saúde mental e bem-estar e melhora na composição corporal [54]. Em crianças e adolescentes a força e a potência são desenvolvidas naturalmente em brincadeiras como correr, saltar, lançar e se agarrar em escadas e barras suspensas.

Testes

- **Teste força explosiva de membros inferiores – salto horizontal (Proesp-BR)** [51].

Material e marcação: uma trena e uma linha traçada no solo. A trena é fixada ao solo, perpendicularmente à linha de partida. A linha de partida pode ser sinalizada com giz, com fita crepe ou ser utilizada uma das linhas que demarcam as quadras esportivas. O ponto zero da trena situa-se sobre a linha de partida.

Descrição: O avaliado coloca-se imediatamente atrás da linha, com os pés paralelos, ligeiramente afastados, joelhos semiflexionados, tronco ligeiramente projetado à frente. Ao sinal o aluno deverá saltar a maior distância possível aterrissando com os dois pés simultaneamente. Serão realizadas duas tentativas, registrando-se o melhor resultado. A distância do salto será registrada em centímetros, com uma decimal, a partir da linha traçada no solo até o calcanhar mais próximo desta.

Classificação: Tabela 7.11: Classificação visando o desempenho motor

Força explosiva de membros inferiores (salto em distância)

Normas de referência para a avaliação da força explosiva de membros inferiores dos rapazes – Salto em distância.

Sexo	Idade	Fraco	Razoável	Bom	M.Bom	Excelência
MASCULINO	7	< 111	111 - 121	122 - 133	134 - 159	>= 160
	8	< 118	118 - 127	128 - 139	140 - 165	>= 166
	9	< 129	129 - 139	140 - 151	152 - 178	>= 179
	10	< 135	135 - 146	147 - 157	158 - 187	>= 188
	11	< 140	140 - 151	152 - 164	165 - 191	>= 192
	12	< 149	149 - 159	160 - 173	174 - 203	>= 204
	13	< 159	159 - 169	170 - 184	185 - 216	>= 217
	14	< 170	170 - 183	184 - 199	200 - 230	>= 231
	15	< 180	180 - 193	194 - 209	210 - 242	>= 243
	16	< 186	186 - 199	200 - 214	215 - 248	>= 249
	17	< 186	186 - 203	204 - 219	220 - 250	>= 251

Normas de referência para a avaliação da força explosiva de membros inferiores das moças – Salto em distância.

Sexo	Idade	Fraco	Razoável	Bom	M.Bom	Excelência
FEMININO	7	< 94	94 - 105	106 - 115	116 - 146	>= 147
	8	< 105	105 - 112	113 - 126	127 - 152	>= 153
	9	< 116	116 - 126	127 - 139	140 - 165	>= 166
	10	< 123	123 - 133	134 - 145	146 - 173	>= 174
	11	< 127	127 - 137	138 - 149	150 - 179	>= 180
	12	< 130	130 - 140	141 - 154	155 - 184	>= 185
	13	< 133	133 - 144	145 - 159	160 - 189	>= 190
	14	< 134	134 - 146	147 - 160	161 - 198	>= 199
	15	< 135	135 - 147	148 - 162	163 - 198	>= 199
	16	< 131	131 - 142	143 - 158	159 - 191	>= 192
	17	< 121	121 - 134	135 - 152	153 - 189	>= 190

- **Teste força explosiva de membros inferiores – Salto Vertical (Johnson e Nelson (1979) citado por Marins e Giannichi)** [53]

Material e marcação: uma superfície lisa, de três metros de altura, graduada de 2 em 2 centímetro e pó de giz.

Descrição: O testando deverá assumir a posição em pé, de lado para a superfície graduada e com o braço estendido acima da cabeça, o mais alto possível, mantendo a planta dos pés em contato com o solo, sem flexioná--los. Deverá fazer uma marca com os dedos, na posição mais alta que possa atingir. Para facilitar a leitura, os dedos do testando deverão ser sujos com pó de giz. O teste consiste em saltar o mais alto possível, sendo facultado ao testando o flexionamento das pernas e o balanço dos braços para a execução do salto. O resultado é dado em centímetros, subtraindo a marca mais alta do salto da mais baixa, feita pelo testando sem o salto. Não é permitido um saltito ou deslocamento dos pés antes do salto. São feitas três tentativas, computando-se o melhor dos três resultados alcançados.

Classificação: Tabela 7.12: Proposta apresentada por Lancetta (1988), citada por Marins e Giannichi [53]

Sexo	Idade	Excelente	Muito Bom	Bom	Regular	Fraco
M	11 - 12	44 ou mais	43 - 41	40 - 37	36 - 34	33 ou menos
M	13 - 14	56 ou mais	55 - 50	49 - 44	43 - 38	37 ou menos
M	15 - 16	60 ou mais	59 - 55	54 - 50	49 - 45	44 ou menos
F	11 - 12	41 ou mais	40 - 37	36 - 33	32 - 29	28 ou menos
F	13 - 14	50 ou mais	49 - 45	44 - 40	39 - 35	34 ou menos
F	15 - 16	51 ou mais	50 - 47	46 - 43	42 - 39	38 ou menos

M= Masculino; F= Feminino.

- **Teste de força explosiva de membros superiores – Arremesso da *Medicineball* (Proesp-BR)** [51].

Material e marcação: uma trena e um *medicineball* de 2 kg. A trena é fixada no solo perpendicularmente à parede. O ponto zero da trena é fixado junto à parede.

Descrição: O aluno senta-se com os joelhos estendidos, as pernas unidas e as costas completamente apoiadas à parede. Segura a *medicineball* junto ao peito com os cotovelos flexionados. Ao sinal do avaliador o aluno deverá lançar a bola à maior distância possível, mantendo as costas apoiadas na parede. A distância do arremesso será registrada a partir do ponto zero até o local em que a bola tocou o solo pela primeira vez. Serão realizados dois arremessos, registrando-se o melhor resultado. Sugere-se que a *medicineball* seja banhada em pó branco ou umedecida para facilitar a identificação precisa do local onde tocou pela primeira vez o solo. A medida será registrada em centímetros com uma casa decimal.

Classificação: Tabela 7.13: Classificação visando o desempenho motor

Força explosiva de membros superiores (arremesso do *medicineball*)

Normas de referência para a avaliação da força explosiva de membros superiores dos rapazes – Arremesso do *medicineball*

Sexo	Idade	Fraco	Razoável	Bom	M.Bom	Excelência
MASCULINO	7	< 164	164 - 179	180 - 201	202 - 249	>= 250
	8	< 180	180 - 199	200 - 224	225 - 269	>= 270
	9	< 200	200 - 219	220 - 249	250 - 299	>= 300
	10	< 212	213 - 239	240 - 269	270 - 329	>= 330
	11	< 238	238 - 260	261 - 293	294 - 361	>= 362
	12	< 264	264 - 296	297 - 329	330 - 422	>= 423
	13	< 300	300 - 339	340 - 389	390 - 499	>= 500
	14	< 350	350 - 399	400 - 449	450 - 561	>= 562
	15	< 400	400 - 439	440 - 499	500 - 608	>= 609
	16	< 453	453 - 499	500 - 552	553 - 699	>= 700
	17	< 480	480 - 521	520 - 589	590 - 689	>= 690

Normas de referência para a avaliação da força explosiva de membros superiores das moças – Arremesso do *medicineball*

Sexo	Idade	Fraco	Razoável	Bom	M.Bom	Excelência
FEMININO	7	< 153	153 - 161	162 - 179	180 - 216	>= 217
	8	< 167	167 - 184	185 - 199	200 - 246	>= 247
	9	< 185	185 - 200	201 - 225	226 - 279	>= 280
	10	< 200	200 - 219	220 - 244	245 - 301	>= 302
	11	< 220	220 - 246	247 - 276	275 - 329	>= 330
	12	< 241	241 - 269	270 - 299	300 - 369	>= 370
	13	< 265	265 - 294	295 - 322	323 - 399	>= 400
	14	< 280	280 - 309	310 - 343	344 - 417	>= 418
	15	< 300	300 - 329	330 - 359	360 - 429	>= 430
	16	< 320	320 - 339	340 - 369	370 - 449	>= 450
	17	< 310	310 - 339	340 - 374	375 - 440	>= 441

3 – AGILIDADE

É a capacidade do corpo de mudar de direção e sentido em um movimento de velocidade de forma precisa. Essa capacidade física é requisitada em muitas atividades do cotidiano das crianças e adolescentes, como brincar em pátios durante o recreio, em atividades esportivas recreativas e atividades de *performance*. Durante a pré-puberdade e puberdade é a fase mais importante no desenvolvimento da agilidade [56].

Testes

• **Teste do quadrado (Proesp-BR)** [51].

Material e marcação: um cronômetro, um quadrado desenhado em solo antiderrapante com 4 m de lado, 4 cones de 50 cm de altura ou 4 garrafas de refrigerante de 2 L do tipo PET. Testes de fidedignidade foram realizados com garrafas do tipo PET em relação aos cones de 50 cm tendo sido encontrado índices de correlação intraclasse 0,93 [51].

Descrição: O aluno parte da posição de pé, com um pé avançado à frente imediatamente atrás da linha de partida. Ao sinal do avaliador, deverá deslocar-se até o próximo cone em direção diagonal. Na sequência, corre em direção ao cone à sua esquerda e depois se desloca para o cone em diagonal (atravessa o quadrado em diagonal). Finalmente, corre em direção ao último cone, que corresponde ao ponto de partida. O aluno deverá tocar com uma das mãos cada um dos cones que demarcam o percurso. O cronômetro deverá ser acionado pelo avaliador no momento em que o avaliado realizar o primeiro passo tocando com o pé o interior do quadrado. Serão realizadas duas tentativas, sendo registrado o melhor tempo de execução. A medida será registrada em segundos e centésimos de segundo (duas casas após a vírgula).

Classificação: Tabela 7.14: Classificação visando o desempenho motor

Teste de agilidade (quadrado)

Normas de referência para a avaliação da agilidade dos rapazes.

Sexo	Idade	Excelência	M.Bom	Bom	Razoável	Fraco
MASCULINO	7	<= 6,09	6,08 – 7,00	7,01 - 7,43	7,44 - 7,76	> 7,76
	8	<= 5,97	5,98 - 6,78	6,79 - 7,20	7,21 - 7,59	> 7,59
	9	<= 5,81	5,82 - 6,50	6,51 - 6,89	6,90 - 7,19	> 7,19
	10	<= 5,58	5,59 - 6,25	6,26 - 6,66	6,67 - 7,00	> 7,00
	11	<= 5,39	5,40 - 6,10	6,11 - 6,50	6,51 - 6,87	> 6,87
	12	<= 5,17	5,18 - 6,00	6,01 - 6,34	6,35 - 6,70	> 6,70
	13	<= 5,00	5,01 - 5,86	5,87 - 6,16	6,17 - 6,53	> 6,54
	14	<= 5,00	5,01 - 5,69	5,70 - 6,00	6,01 - 6,37	> 6,37
	15	<= 4,91	4,92 - 5,59	5,60 - 5,99	6,00 - 6,26	> 6,26
	16	<= 4,90	4,91 - 5,42	5,43 - 5,75	5,76 - 6,10	> 6,10
	17	<= 4,90	4,91 - 5,43	5,44 - 5,75	5,76 - 6,03	> 6,03

Normas de referência para a avaliação da agilidade das moças.

Sexo	Idade	Excelência	M.Bom	Bom	Razoável	Fraco
FEMININO	7	<= 6,56	6,57 - 7,56	7,57 - 8,00	8,01 - 8,41	> 8,41
	8	<= 6,40	6,41 - 7,22	7,23 - 7,59	7,60 - 7,98	> 7,98
	9	<= 6,03	6,04 - 6,89	6,90 - 7,25	7,26 - 7,63	> 7,63
	10	<= 5,88	5,89 - 6,60	6,61 - 7,00	7,01 - 7,35	> 7,35
	11	<= 5,72	5,73 - 6,49	6,50 - 6,90	6,91 - 7,24	> 7,24
	12	<= 5,63	5,64 - 6,36	6,37 - 6,80	6,81 - 7,17	> 7,17
	13	<= 5,57	5,58 - 6,28	6,29 - 6,70	6,71 - 7,10	> 7,10
	14	<= 5,49	5,50 - 6,22	6,23 - 6,68	6,69 - 7,03	> 7,03
	15	<= 5,33	5,34 - 6,19	6,20 - 6,66	6,67 - 7,00	> 7,00
	16	<= 5,41	5,42 - 6,15	6,16 - 6,55	6,56 - 6,94	> 6,94
	17	<= 5,54	5,55 - 6,22	6,23 - 6,58	6,59 - 7,00	> 7,00

- **_Shuttle run_ de agilidade (AAHPERD)** [57].

Material e marcação: duas linhas paralelas com distância de 9,14 metros. Dois blocos de madeira, com dimensões de 5 cm x 5 cm x 10 cm serão colocados a 10 cm da linha externa e separados entre si por um espaço de 30 cm.

Descrição: O avaliado coloca-se em pé, com o pé anterior o mais próximo possível da linha de saída. Com a voz de comando: Atenção! Vai!! o avaliador inicia o teste acionando o cronômetro, enquanto o testando deve correr a máxima velocidade até os blocos, pegar um deles e retornar à linha de saída e colocá-lo no solo atrás da linha de saída. Em seguida, sem interromper a corrida, vai em busca do segundo bloco, procedendo da mesma forma. O cronômetro é parado quando o avaliado coloca o segundo bloco no solo e ultrapassa com pelo menos um dos pés a linha final. Ao pegar ou deixar o bloco, o avaliado terá de passar com pelo menos um dos pés as linhas que limitam o espaço demarcado. O bloco deve ser colocado no solo e não jogado.

Classificação: sugerimos o uso de classificação interna quando feita a avaliação em grupo; quando feita individualmente verificar a evolução de um momento para o outro.

4 – RESISTÊNCIA MUSCULAR LOCALIZADA

É a capacidade de o músculo ou um grupo muscular executar algum tipo de trabalho repetidamente, de forma variável ou constante, contra uma resistência moderada. Os níveis de resistência em crianças aproximam-se dos níveis de adultos quando são analisados de forma relativa, ou seja, quando ajusta-se à massa corporal [52].

Testes

- **Teste de força de resistência abdominal (Proesp-BR)** [51]

Material e marcação: colchonetes de ginástica e cronômetro.

Descrição: O sujeito avaliado posiciona-se em decúbito dorsal com os joelhos flexionados a 45 graus e com os braços cruzados sobre o tórax. O avaliador, com as mãos, segura os tornozelos do estudante fixando-os ao solo. Ao sinal o aluno inicia os movimentos de flexão do tronco até tocar com os cotovelos nas coxas, retornando à posição inicial (não é necessário tocar com a cabeça no colchonete a cada execução). O avaliador realiza a contagem em voz alta. O aluno deverá realizar o maior número de repetições completas em 1 minuto. O resultado é expresso pelo número de movimentos completos realizados em 1 minuto.

Classificação: Tabela 7.15: Classificação visando à saúde

Teste de força/resistência abdominal (*sit-up*)

Idade	Rapazes	Moças
7	20	20
8	20	20
9	22	20
10	22	20
11	25	20
12	30	20
13	35	23
14	35	23
15	35	23
16	40	23
17	45	23

5 – FLEXIBILIDADE

É a habilidade que as articulações corporais têm de se movimentar ao longo de sua amplitude de movimento. A flexibilidade é uma capacidade de extrema relevância para atividades cotidianas e para atletas de alto rendimento. Neste sentido, fica evidenciado que ela é igualmente importante para a saúde, aptidão física e a qualidade de vida [58].

A flexibilidade dinâmica de ombros, joelhos e articulações da coxa diminui com a idade em crianças sedentárias [52]. A flexibilidade tende a diminuir com a idade [59, 60], em meninas tende a ser maior que os meninos em todas as idades [52, 59], principalmente durante a puberdade, em razão dos hormônios sexuais característicos de cada sexo.

Testes

- **Flexiteste (Araújo)** [61]

Material e marcação: colchonete.

Descrição: O método consiste na medida e avaliação da mobilidade passiva máxima de vinte movimentos articulares corporais (36, se considerados bilateralmente), englobando as articulações do tornozelo, joelho, quadril, "tronco", punho, cotovelo e ombro. Cada um dos movimentos é medido em uma escala crescente e descontínua de números inteiros de 0 a 4, perfazendo um total de cinco valores possíveis. A medida é feita pela execução lenta do movimento até a obtenção do ponto máximo da amplitude e a posterior comparação entre os mapas de avaliação e a amplitude máxima obtida pelo avaliador no avaliado [62].

A sequência adotada atualmente é com pequenas adaptações em relação à proposta original (Figura 7.1).

1. (deitado na posição supina) I, II, V;
2. (deitado em posição pronada) III, VI, X, XI, XVII, XVIII, XIX, XX;
3. (deitado em posição lateral) VIII;
4. (sentado) IX, VII;
5. (em pé) XVI, XII, XIII, XIV, XV e IV.

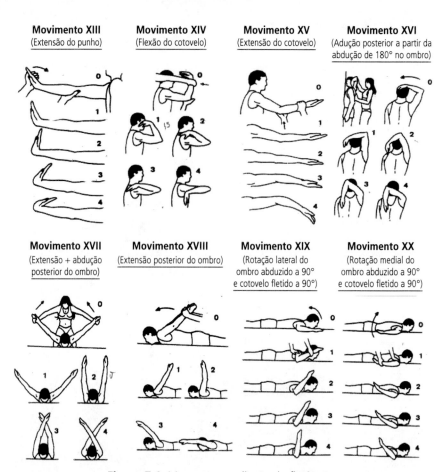

Figura 7.1: Mapa para avaliação do flexiteste

Tabela 7.16: Classificação do resultado do flexiteste

Classificação	Pontuação
Muito pequena	<21
Pequena	21 a 30
Média (-)	31 a 40
Média (+)	41 a 50
Grande	51 a 60
Muito grande	>60

• **Sentar-e-alcançar com o Banco de Wells (PROESP-BR)** [51]
Material e marcação: utilize um banco com as seguintes características:
a) um cubo construído com peças de 30 x 30 cm;
b) uma peça tipo régua de 53 cm de comprimento por 15 cm de largura;

c) escreva na régua uma graduação ou cole sobre ela uma trena métrica entre 0 a 53 cm;

d) coloque a régua no topo do cubo na região central, fazendo com que a marca de 23 cm fique exatamente em linha com a face do cubo onde os alunos apoiarão os pés.

Descrição: Os alunos devem estar descalços. Sentam-se de frente para a base da caixa, com as pernas estendidas e unidas. Colocam uma das mãos sobre a outra e elevam os braços à vertical. Inclinam o corpo para frente e alcançam com as pontas dos dedos das mãos tão longe quanto possível sobre a régua graduada, sem flexionar os joelhos e sem utilizar movimentos de balanço (insistências). Cada aluno realizará duas tentativas. O avaliador permanece ao lado do aluno, mantendo-lhe os joelhos em extensão. Registra-se o melhor resultado entre as duas execuções com anotação em uma casa decimal.

Tabela 7.17: Classificação visando à saúde

Teste de flexibilidade
(sentar-e-alcançar com Banco de Wells)

Idade	Rapazes	Moças
7	22	18
8	22	18
9	22	18
10	22	18
11	21	18
12	19	18
13	18	18
14	18	20
15	19	20
16	20	20
17	20	20

6 – CAPACIDADE CARDIORRESPIRATÓRIA

A integração do coração, pulmões e sistema vascular resulta em uma interação complexa de sistemas corporais que pode ser avaliada através da resistência cardiorrespiratória. A resistência cardiorrespiratória é uma capacidade funcional do organismo muito utilizada para prescrever exercícios a diversos grupos funcionais e avaliar riscos cardiovasculares, onde a exigência do sistema aeróbico é preponderante.

A medida para quantificar esta capacidade é o consumo máximo de oxigênio (Vo$_{2máx}$), sendo conceituado como a máxima capacidade de oxigênio que pode ser captada e utilizada pelo corpo durante um exercício extenuante [63]. Valores médios de 45 a 55 ml.kg.min^{-1} são relatados na literatura para crianças e adolescentes [52]. Contudo, como estudos para avaliar o Vo$_{2máx}$ são geralmente aplicados em laboratórios e com exercícios exaustivos os estudos são escassos. Com isso, estudos estimativos de campo surgem desta necessidade. Com o objetivo de facilitar a aplicação e ter resultados fidedignos para fins de saúde ou *performance*, alguns testes foram elaborados para preencher esta lacuna. Neste sentido, abaixo são apresentados testes que possuem valores de referência conforme o objetivo da avaliação.

Testes

- **Teste de 9 minutos (Proesp-BR)** [51].

Material e marcação: local plano com marcação do perímetro da pista. Cronômetro e ficha de registro. Sugere-se a utilização de material numerado para fixar às costas dos alunos identificando-os claramente para que o avaliador possa realizar o controle do número de voltas. Trena métrica.

Descrição: Dividem-se os alunos em grupos adequados às dimensões da pista. Observa-se a numeração dos alunos na organização dos grupos, facilitando assim o registro dos anotadores. Tratando-se de estudantes com cabelos longos, observa-se o comprimento dos cabelos para assegurar que o número às costas fique visível. Informa-se os alunos sobre a execução correta do teste dando ênfase ao fato de que devem correr o maior tempo possível, evitando piques de velocidade intercalados por longas caminhadas. Informa-se que os alunos não deverão parar ao longo do trajeto e que se trata de um teste de corrida, embora possam caminhar eventualmente quando sentirem-se cansados. Durante o teste, informa-se ao aluno a passagem do tempo aos 3, 5 e 8 minutos ("Atenção: falta 1 minuto!") no teste dos 9 minutos. Ao final do teste soará um sinal (apito), sendo que os alunos deverão interromper a corrida, permanecendo no lugar onde estavam (no momento do apito) até ser anotada ou sinalizada a distância percorrida. Todos os dados serão anotados em fichas próprias, devendo estar identificado cada aluno de forma inequívoca. Sugere-se que o avaliador calcule previamente o perímetro da pista e durante o teste anote apenas o número de voltas de cada aluno. Dessa forma, após multiplicar o perímetro da pista pelo número de voltas de cada aluno, deverá complementar com a adição da distância percorrida entre a última volta completada e o ponto de localização do aluno após a finalização do teste.

Classificação: Tabela 7.18: Classificação visando à saúde

Teste dos 9 minutos

Idade	Rapazes	Moças
7	1157	1090
8	1157	1101
9	1174	1103
10	1208	1157
11	1384	1179
12	1425	1210
13	1500	1210
14	1560	1220
15	1634	1240
16	1660	1256
17	1660	1256

Tabela 7.19: Classificação visando o desempenho motor

Teste de resistência (9 minutos)

Normas de referência para a avaliação da resistência geral dos rapazes.

Sexo	Idade	Fraco	Razoável	Bom	M.Bom	Excelência
MASCULINO	7	< 1082	1082 - 1199	1200 - 1288	1289 - 1514	>=1515
	8	< 1120	1120 - 1241	1242 - 1361	1362 - 1661	>=1662
	9	< 1230	1230 - 1355	1356 - 1508	1509 - 1808	>=1809
	10	< 1260	1260 - 1403	1404 - 1559	1560 - 1898	>=1899
	11	< 1290	1290 - 1435	1436 - 1599	1600 - 1920	>=1921
	12	< 1352	1352 - 1499	1500 - 1663	1664 - 2014	>=2015
	13	< 1417	1417 - 1569	1570 - 1744	1745 - 2114	>=2115
	14	< 1487	1487 - 1639	1640 - 1809	1810 - 2182	>=2183
	15	< 1556	1556 - 1707	1708 - 1880	1881 - 2275	>=2276
	16	< 1574	1574 - 1730	1731 - 1889	1890 - 2388	>=2389
	17	< 1535	1535 - 1679	1680 - 1329	1830 - 2310	>=2311

Normas de referência para a avaliação da resistância geral das moças.

Sexo	Idade	Fraco	Razoável	Bom	M.Bom	Excelência
FEMININO	7	< 992	992 - 1071	1072 - 1194	1195 - 1519	>=1520
	8	< 1040	1040 - 1133	1134 - 1249	1250 - 1505	>=1506
	9	< 1100	1100 - 1204	1205 - 1339	1340 - 1668	>=1669
	10	< 1111	1111 - 1240	1241 - 1377	1378 - 1761	>=1762
	11	<1140	1140 - 1259	1260 - 1397	1398 - 1722	>=1723
	12	< 1150	1150 - 1272	1273 - 1422	1423 - 1749	>=1750
	13	< 1160	1160 - 1286	1287 - 1449	1450 - 1799	>=1800
	14	< 1171	1171 - 1296	1297 - 1447	1448 - 1818	>=1819
	15	< 1188	1188 - 1304	1305 - 1451	1452 - 1849	>=1850
	16	< 1155	1155 - 1259	1260 - 1378	1379 - 1644	>=1645
	17	< 1110	1110 - 1217	1218 - 1324	1325 - 1703	>=1704

REFERÊNCIAS BIBLIOGRÁFICAS

1 – WHO. *Obesity: preventing and managing the global epidemic.* Report of a WHO Consultation. WHO Technical Report Series 894. Geneva: World Health Organization, 2000.

2 – ANJOS, L. A.; CASTRO, I. R. R.; ENGSTROM, E. M.; AZEVEDO, A. M. F. *Crescimento e estado nutricional em amostra probabilística de escolares no Município do Rio de Janeiro.* Cad. Saúde Pública. 2003; 19 (suppl.1): S171-S179.

3 – COSTA, R. F.; CINTRA, I. P.; FISBERG, M. *Prevalência de Sobrepeso e Obesidade em Escolares da Cidade de Santos.* Arq. Bras. Endocrinol Metab. 2006; 50 (1): 60-67.

4 – MAGALHAES, V. C.; AZEVEDO, G.; MENDONCA, S. *Prevalência e fatores associados a sobrepeso e obesidade em adolescentes de 15 a 19 anos das regiões Nordeste e Sudeste do Brasil, 1996 a 1997.* Cad. Saúde Pública. 2003; 19 (suppl.1): S129-S139.

5 – VASCONCELOS, V. L.; SILVA, G. A. P. *Prevalências de sobrepeso e obesidade em adolescentes masculinos, no Nordeste do Brasil, 1980-2000.* Cad. Saúde Pública. 2003; 19 (5): 1445-1451.

6 – VEIGA, G. V.; CUNHA, A.S.; SICHIERI, R. *Trends in overweight among adolescents living in the poorest and highest regions of Brazil,* Am J Public Health. 2004; 94: 1544 –1548.

7 – WANG, Y.; MONTEIRO, C.; POPKIN, B. M. *Trends of obesity and underweight in older children and adolescents in the United States, Brazil, China, and Russia.* Am J Clin Nutr. 2002; 75: 971 –977.

8 – BERGMANN, G. G.; BERGMANN, M. L. A.; PINHEIRO, E. S. et. al. *Índice de massa corporal: tendência secular em crianças e adolescentes brasileiros.* Rev Bras Cineantropom Desempenho Hum. 2009; 11 (3): 280-285.

9 – ANDRADE, R. G.; PEREIRA, R. A.; SICHIERI, R. *Consumo alimentar de adolescentes com e sem sobrepeso do Município do Rio de Janeiro.* Cad. Saúde Pública. 2003; 19 (5): 1485-1495.

10 – BAR-OR, O. *A epidemia da obesidade juvenil. A atividade física é relevante?* Gatorade Sport Science Institute. n. 38, Disponível em: http://www.gssi.com.br/scripts/publicacoes/sse/sse_artigo.asp?IDTipo=1&IDPublicacao=43&DscArquivo=gatoradesse38.pdf&DscArquivoHtm=/SSE/Html/38.htm. Acesso em: 10 nov. 2004.

11 – FONSECA, V. M.; SICHIERI, R.; VEIGA, G. V. *Fatores associados a obesidade em adolescentes.* Rev. de Saúde Pública. 1998; 32: 541-549.

12 – HEYWARD, V. H.; STOLARCZYK, L. M. *Avaliação da composição corporal aplicada.* São Paulo: Manole, 2000.

13 – CONSENSO LATINO-AMERICANO DE OBESIDADE. *Arq Bras Endocrinol*. 1999; 43: 21-67.

14 – FARIAS JUNIOR, J. C. *Prevalência e fatores de influência para inatividade física em adolescentes*. Rev. Bras. Cineantropom. Desempenho Humano. 2006; 14 (1): 63-70.

15 – GUEDES D. P.; GUEDES J. E. R. P.; BARBOSA D. S.; OLIVEIRA J. A. *Níveis de prática de atividade física habitual em adolescentes*. Rev. Bras. Med. Esporte. 2001; 7 (6): 187-199.

16 – NELSON, M. C. et. al. *Longitudinal and secular trends in physical activity and sedentary behavior during adolescence*. Pediatrics. 2006; 118 (3): 1627-1634.

17 – TELAMA, R.; YANG, X. *Decline of physical activity from youth to young adulthood in Finland*. Med. Sci. Sports Exercise. 2000; 32 (9): 1617-1622.

18 – VAN MECHELEN, W. et. al. *Physical activity of young people: The Amsterdam longitudinal growth and health study*. Med. Sci. Sports Exercise. 2000; 32 (9): 1610-1616.

19 – SILVA, D. A. S.; LIMA, J. O.; SILVA, R. J. S.; PRADO, R. L. *Nível de atividade física e comportamento sedentário em escolares*. Rev Bras Cineantropom. Desempenho Humano. 2009; 11 (3): 299-306.

20 – TWISK, J. W. R. *Physical activity guidelines for children and adolescents: A critical review*. Sports Med. 2001; 3 (8): 617-627.

21 – LOHMAN, T. G. *Advances in body composition assessment*. Champaign, IL: Human Kinetics Publishers. 1992.

22 – PETROSKI, E. L. (Ed). *Antropometria: técnicas e padronizações*. Blumenau: Nova Letra, 2007.

23 – SLAUGHTER, M. H.; LOHMAN, T. G.; BOILEAU, R. A.; HORSWILL, C. A.; STILLMAN, R. J.; VAN LOAN, M. D.; BEMBEN, D. A. *Skinfold equations for estimation of body fatness in children and youth*. Human Biology. 1988; 60: 709-723.

24 – BOILEAU, R. A.; LOHMAN, T. G.; SLAUGHTER, M. H. *Exercise and Body Composition of children and youth*. Scand. J. Sports. Sci. 1985; 7 (1): 17-27.

25 – LOHMAN, T. G. *Applicability of body composition techniques and constants for children and youth*. Exercise and Sport Science Reviews. 1986; 14: 325-357.

26 – THORLAND, W. G.; JOHNSON, G. O.; THARP, G. D.; HOUSH, T. J.; CISAR, C. J. *Estimation of body density in adolescent athletes*. Human Biology. 1984; 56 (8): 439-448.

27 – WESTSTRATE, J.; DEURENBERG, P. *Body composition in children: proposal for a method for calculating body fat percentage from total body density or skinfold-thickness mearurements.* J Clin Nutr. 1989; 50: 1104-1115.
28 – LOHMAN, T. G. *Assessment of body composition in children.* Pediatric Exercise Science. 1989; 1: 19-30.
29 – PIRES NETO, C. S.; PETROSKI, E. L. *Assuntos sobre as equações da gordura corporal relacionados a crianças e jovens. In*: Carvalho S. (org.), MOVIMENTO E MÍDIA NA EDUCAÇÃO FÍSICA. Universidade Federal de Santa Maria: Imprensa Universitária; 1996. p. 21-30.
30 – WORLD HEALTH ORGANIZATION (WHO). *A Growth Chart for International Use in Maternal and Child Health Care: Guidelines for Primary Health Care Personnel.* Geneva, 1988.
31 – TURCONI, G.; GUARCELLO, M.; MACCARINI, L.; BAZZANO, R.; ZACCARDO, A.; ROGGI, C. *BMI values and other anthropometric and functional measurements as predictors of obesity in a selected group of adolescents.* Eur J Nutr. 2006; 45: 136 –143.
32 – TOMKINS, A. *Que padrões usar para medir obesidade em crianças?.* J Pediatr. 2006; 82 (4): 246-248.
33 – WANG, Y.; WANG, J. Q. *A comparison of international references for the assessment of child and adolescent overweight and obesity in different populations.* European Journal of Clinical Nutrition. 2002; 56: 973 –982.
34 – KAIN, J.; UAUY, R.; VIO, F.; ALBALA, D. C. *Trends in overweight and obesity prevalence in Chilean children: comparison of three definitions.* European Journal of Clinical Nutrition. 2002; 56: 200 –204.
35 – KUCZMARSKI, R. J.; OGDEN, C. L.; GUO, S. S. *et. al. 2000 CDC growth charts for the United States: Methods and development.* National Center for Health Statistics. Vital Health Stat. 2002; 11 (246).
36 – CONDE, W. L.; MONTEIRO, C. A. *Valores críticos do índice de massa corporal para classificação do estado nutricional de crianças e adolescentes brasileiros.* J Pediatr. 2006; 82 (4): 266-272.
37 – COLE, T. J. *et. al. Body mass index cut offs to define thinness in children and adolescents: international survey.* British Medical Journal. 2007; 335: 194-202.
38 – COLE T. J.; BELLIZZI, M. C.; FLEGAL, K. M.; DIETZ, W. H. *Establishing a standard definition for child overweight and obesity worldwide: international survey.* British Medical Journal. 2000; 320: 1240-1243.
39 – LEITE, N.; MILANO, G. E.; LOPES, W. A.; TANAKA, J. *et. al. Comparação entre critérios para índice de massa corporal na avaliação nutricional em escolares.* R. da Educação Física/UEM. 2008; 19 (4): 557-563.

40 – SETIAN, N. (Coor). *Obesidade na criança e adolescência*. São Paulo: Roca, 2007.

41 – SAVVA, S. C.; TORNARITIS, M.; SAVVA, M. E. et. al. *Waist circumference and waist-to– height ratio are better predictors of cardiovascular disease risk factors in children than body mass index*. Int J Obes Relat Metab Disord. 2000; 24 (11): 1453-1458.

42 – ZHU, S.; WANG, Z.; HESHKA, S. et. al. *Waist circumference and obesity-associated risk factors among whites in the third National Health and Nutrition Examination Survey: clinical action thresholds*. Am J Clin Nutr. 2002; 76: 743-749.

43 – LOHMAN T. G.; ROCHE A. F.; MARTORELL R. (Ed). *Anthropometric standardization reference manual*. Champaign, IL: Human Kinetics, 1988.

44 – NATIONAL INSTITUTES OF HEALTH. *The practical guide identification, evaluation, and treatment of overweight and obesity in adults*. Bethesda, MD: 2000.

45 – NATIONAL HEALTH AND NUTRITION EXAMINATION SURVEY. *Anthropometry Procedures Manual*. 2002.

46 – DE ALMEIDA, C. A.; PINHO, A. P.; RICCO, R. G.; ELIAS, C. P. *Abdominal circumference as an indicator of clinical and laboratory parameters associated with obesity in children and adolescents: comparison between two reference tables*. J Pediatr. 2007; 83 (2): 181-185.

47 – SARNI, R. S.; DE SOUZA, F. I.; SCHOEPS, D. O. et. al. *Relação da cintura abdominal com a condição nutricional, perfil lipídico e pressão arterial em pré-escolares de baixo estrato socioeconômico*. Arq Bras Cardiol. 2006; 87: 1-6.

48 – WANG, J.; THORNTON, J. C.; BARI, S. et. al. *Comparisons of waist circumferences measured at 4 sites*. Am J Clin Nutr. 2003; 77: 379 –84.

49 – FERNANDEZ, J. R.; REDDEN, D. T.; PIETROBELLI, A.; ALLISON, D. B. *Waist circumference percentiles in nationally representative samples of african-american, european-american, and mexican-american children and adolescents*. J Pediatr. 2004; 145: 439-444.

50 – LI, C.; FORD, E. S.; MOKDAD, A. H.; COOK, S. *Recent trends in waist circumference and waist-height ratio among US children and adolescents*. Pediatrics. 2006; 118: 1390 –1398.

51 – GAYA, A. C. A. (org). PROJETO ESPORTE BRASIL. *Manual de Aplicação de Medidas e Testes, Normas e Critérios de Avaliação*. Porto Alegre – RS. 2009. Disponível em: http://www.proesp.ufrgs.br. Acesso em: 20 setembro de 2009.

52 – GALLAHUE, D. *Compreendendo o desenvolvimento motor: Bebês, crianças, adolescentes e adultos*. 3ª ed. São Paulo: Phorte, 2005.

53 – MARINS, J. B.; GIANNICHI, R. S. *Avaliação & Prescrição de Atividade Física – Guia Prático*. Rio de Janeiro: Shape, 2003.

54 – MYER, G. D.; WALL, E. J. *Resistance training in the young athlete*. Oper tech sports med. 2006; 14: 218-230.

55 – NICHOLS-RICHARDSON, S. M.; MODLESKY, C. M.; O.CONNOR, P. J.; LEWIS, R. D. *Premenarcheal gymnasts possess higher bone mineral density than controls*. Med. Sci. Sports Exercise. 2000; 32 (1): 63-69.

56 – BOMPA, T. O. *Treinamento Total Para Jovens Campeões*. São Paulo: Manole, 2002.

57 – AMERICAN ALLIANCE FOR HEALTH PHYSICAL EDUCATION RECREATION (AAHPERD). *Youth fitness test manual*. Washington: 1976.

58 – SILVA, R. J. S. *Capacidades físicas e os testes motores voltados à promoção da saúde em crianças e adolescentes*. Rev Bras Cineantropom. Desempenho Humano. 2003; 5 (1): 75-84.

59 – FARINATTI, P. T. V. *Criança e atividade física*. Rio de Janeiro: Sprint, 1995.

60 – WEINECK, J. *Treinamento ideal*. 9ª ed. São Paulo: Manole, 1999.

61 – ARAÚJO, C. G. S. *Flexiteste: um método completo de avaliação da flexibilidade*. São Paulo: Manole; 2005.

62 – ARAÚJO, C. G. S. *Avaliação da Flexibilidade: Valores normativos do Flexiteste dos 5 aos 91 Anos de Idade*. Arq Bras Cardiol. 2008; 90 (4): 257-263.

63 – BASSETT, D. R., JR; HOWLEY, E. T. *Limiting factors for maximum oxygen uptake and determinants of endurance performance*. Med. Sci. Sports Exercise. 2000; 32 (1): 70 –84.

8. AVALIAÇÃO POSTURAL

Gabriela Molinari

O tema sobre avaliação postural que será desenvolvido neste capítulo tem como objetivo complementar as informações obtidas na Avaliação Física com seu aluno. Ofereceremos informações para uma adequada utilização de materiais, definição de conceitos básicos, observação das mais frequentes alterações posturais e sugestões para prescrições de exercícios, respeitando os objetivos e a individualidade de cada aluno. Vale ressaltar a grande importância do trabalho multidisciplinar ao verificar alterações posturais que podem ser funcionais ou estruturais e que necessitem da avaliação e intervenção de outros profissionais da área da saúde.

O QUE É POSTURA?

O termo postura (na língua italiana) deriva da síncope da palavra *positura*. Podemos entender postura como a posição otimizada mantida com característica automática e espontânea de um organismo em perfeita harmonia com a força gravitacional e predisposto a passar do estado de repouso ao estado de movimento [1].

Através da evolução, os seres humanos assumiram uma postura ereta ou bípede. A vantagem de uma postura ereta é que habilita as mãos a ficarem livres e os olhos a ficarem mais longe do solo, de modo que o indivíduo pode ver mais longe e à frente. As desvantagens incluem uma sobrecarga aumentada sobre a coluna e nos membros inferiores [2].

Através do tempo ocorreram transformações morfológicas para se manter na posição ereta, entre elas, endireitamento do tronco, redução da coluna lombar, alongamento dos membros inferiores, redução e alargamento dos ossos do quadril, libertação total dos membros superiores no processo da marcha, perda da função de agarrar do pé, curvaturas fisiológicas na coluna, recuo do centro de gravidade corporal [3].

Estas grandes transformações que se observam no homem têm uma relação de dependência com a postura vertical permanente e com a marcha bípede, características únicas entre todos os mamíferos. Só no homem a linha da gravidade coincide com o eixo do corpo, e os membros inferiores com o centro de gravidade pélvico [3].

A comissão sobre postura da Academia Americana de Ortopedia descreve como boa postura o estado de equilíbrio de músculos e ossos capaz de proteger os elementos de apoio do corpo humano contra os traumatismos e contra a deformação progressiva, seja qual for a atitude assumida por estas estruturas, em repouso ou durante o trabalho [4].

No bom alinhamento postural existe a diminuição da quantidade de estresse colocado sobre os ligamentos, músculos e tendões, diminuindo a quantidade de energia muscular necessária para manter o corpo ereto [5].

Para Kendall [6] este mecanismo da postura envolve o mínimo de sobrecarga das estruturas, com o menor gasto de energia para o máximo de eficiência na utilização do corpo.

Brito [7] relata que não existe uma só postura melhor para todos os indivíduos, a melhor postura é aquela em que os segmentos corporais estão equilibrados na posição de menor esforço e máxima sustentação, mantendo-se a posição ereta com esforço muscular mínimo. Enquanto que Cailliet [8] afirma que a postura é expressão somática de emoções, impulsos e regressões. Cada um reflete inconscientemente, no movimento exterior, a condição interior e a sua personalidade.

A postura é considerada como verdadeira e própria forma de linguagem, uma vez que cada um se move assim como se sente. Ela exprime o que experimenta um organismo na situação atual apresentando uma resposta global de acomodação ao ambiente e uma correlação entre os aspectos corporais e mentais do comportamento [1].

A postura está diretamente relacionada com equilíbrio e coordenação motora, perfeitamente adaptada e regulada para determinados movimentos nos quais o aparelho locomotor é utilizado e exigido [7].

A postura tem sido esclarecida de acordo com sua relação com o centro de gravidade (CG) e com o grau das lordoses e cifoses de todas as curvaturas da coluna. O CG está no centro da segunda vértebra sacral. Ele é importante porque o eixo transversal de rotação de todas as articulações da coluna vertebral e dos membros inferiores tende a se projetar anterior ou posteriormente, devido ao fato de a gravidade depender da passagem do CG, anterior ou posterior ao eixo. No nível da cabeça o CG passa anteriormente a articulação atlantoccipital, causando a queda da cabeça para frente, mas isso depende das outras curvaturas da coluna vertebral [8].

Para melhorar as condições básicas de equilíbrio, o corpo não permanece totalmente imóvel, seu centro de gravidade está sempre se deslocando em razão dos movimentos solicitados e posturas assumidas. Para um corpo atingir equilíbrio e a coordenação básica dos movimentos, uma percepção bem desenvolvida dos movimentos não equilibrados é fundamental, e também para um tratamento adequado e bem sucedido [9].

O equilíbrio total passivo é impossível, pois, os centros de gravidade das partes do corpo não coincidem com a linha de gravidade. O cansaço da posição bípede não se deve à fadiga muscular, pois a atividade muscular é escassa ou moderada; a fadiga guarda mais relação com problemas da circulação e com a pressão direta sobre as estruturas inertes [10].

A postura também depende dos impulsos proprioceptivos oriundos dos sistemas dos fusos e dos mecanismos articulares. Há sempre um grau de oscilação do CG em ambos os planos sagital e frontal [8].

O homem desafia a gravidade a cada instante com mudanças de postura constantes que não requer muita força. Portanto, os músculos antigravitacionais do homem não existem somente para manter a posição bípede e sentada, mas para produzir poderosos movimentos necessários para as mudanças desde o decúbito para o sentado e do sentado para a bipedestação [10].

MECANISMOS DE REGULAÇÃO DA POSTURA

Para uma adequada avaliação e realização dos procedimentos necessários, se faz imprescindível que o profissional da Educação Física conheça os mecanismos reguladores da postura.

Os diferentes trabalhos realizados em uma centena de anos levam-nos a considerar o sistema postural como um todo estruturado, com entradas múltiplas, tendo muitas funções complementares; lutar contra a gravidade e manter a postura ereta, opor-se às forças externas, situar-se no espaço-tempo estruturado que nos envolve guiar e reforçar o movimento, equilibrar-se durante o movimento; para realizar esta proeza neurofisiológica o organismo utiliza diferentes fontes; os extereoceptores (tato, visão, audição), os proprioceptores, os centros superiores integram os seletores de estratégias, os processos cognitivos [4].

Esta relação de dependência pode ser evidenciada por mecanismos fisiológicos referente ao sistema de controle postural. O sistema vestibular é constituído por uma estrutura óssea, o labirinto, localizado no osso temporal e tendo interiormente as estruturas membranosas [11].

Este sistema é um dos responsáveis pela orientação espacial do corpo em situações estáticas e dinâmicas, tornando-se uma dos componentes determinados no equilíbrio corporal [12].

Outro sistema importante no controle postural é o proprioceptivo, formado pelos proprioceptores que são fusos musculares, órgãos tendinosos e receptores articulares, em que o corpo humano é um sistema composto por elos e que movimentos de um segmento do corpo interferem em todo sistema [13].

O sistema visual possui relações significativas com o controle postural, pois, segundo Vander e colaboradores [14], pessoas que tiveram os órgãos vestibulares destruídos, mantendo em funcionamento o sistema visual, receptores articulares e cutâneos, demonstram uma pequena Inabilidade em suas vidas diárias.

No sistema visual, a retina é sensibilizada por ondas eletromagnéticas visíveis, que por sua vez são transmitidas ao córtex visual, determinando modificações no tônus postural [15].

A postura ereta e dinâmica resulta do equilíbrio entre as forças que agem no centro de gravidade, mantendo o corpo em atração com a terra, e as forças dos grupos musculares antigravitacionais que se contraem e atuam no sentido contrário pela ação do sistema gama, fuso muscular e mantidos por intermédio dos reflexos de endireitamento, cujos centros estão situados na parte ventral do mesencéfalo, presumindo-se que estímulos recebidos desta fonte e dos reflexos de estiramento, iniciados pelos mecanismos proprioceptivos na musculatura estriada, acionem, de maneira reflexa, a musculatura adequada, corrigindo os deslocamentos da posição desejada [9].

Gardiner [16] enfatiza que a manutenção da postura corporal ocorre através de músculos antigravitacionais que possuem características que permitem adaptações com pouco esforço.

São diversos os sistemas que atuam para que o indivíduo possa se manter na posição ereta, como o conjunto de reflexos de natureza miótica, ocular, vestibular e de mecanismos psicológicos e também o tônus muscular [1].

Para Tribastone [1] o tônus muscular também é a expressão das emoções e dos movimentos ou atitudes, influenciada quando em posição ereta pelos valores hereditários e familiares, a doença e a reatividade psicofísica emocional, os hábitos e o exercício físico.

Massara [17] destaca que a orientação postural não se resume apenas à expressão mecânica do equilíbrio corpóreo, mas também a expressão somática da personalidade, considerando fatores de ordem psicofísica e socioambientais.

Neste sentido Bankoff [18] enfatiza a individualidade de cada pessoa, frente aos diversos acontecimentos existentes, que desenvolve uma determinada postura corporal envolvendo conceitos de equilíbrio, de coordenação neuromuscular e adaptação representando um determinado movimento corporal.

O sistema nervoso central (SNC) regula o movimento por meio de esquemas motores ou modelos nos quais os ossos, as articulações e os músculos revestem-se do papel de executores mecânicos no âmbito de um todo, regulado pelas leis da neurofisiologia. A regulação automática é perfeita do indivíduo, ela se baseia na elaboração das informações provenientes dos exteroceptores (visão, vestíbulo, pé) e dos interoceptores (oculomotricidade, coluna Torácica) [1].

Quando o indivíduo se move interage com o ambiente externo, propõe os seus esquemas motores e efetua uma contínua modulação de aferentes exteroceptores e proprioceptores que organiza a estruturação de novos esquemas motores, com características funcionais [1].

No controle postural existem também a parcela de contribuição do cerebelo, impulsos originados em receptores das articulações, tendões, músculos, pele e também de órgãos terminais do sistema visual, auditivo e vestibular.

A função do SNC com respeito à postura normal dos músculos é conferir a habilidade contraditória e antagônica que possibilita o movimento do corpo e a realização de atividades especializadas dos membros, mantendo ao mesmo tempo a postura e o equilíbrio do corpo. As mudanças adaptativas de tônus muscular ocorrem automaticamente através do chamado "Mecanismo reflexo postural", que consiste em um grande número de noções cinéticas, de endireitamento, equilíbrio e outras proteções [20].

O reflexo de endireitamento labiríntico está condicionado durante o crescimento com finalidade de coordenação motora e equilíbrio dos movimentos utilizados pelo aparelho locomotor. O reflexo de endireitamento corporal sobre a cabeça regula a colocação do corpo no espaço independente de seu movimento. O reflexo de endireitamento do pescoço mantém a cabeça posicionada na tentaiva de regular sua postura estabilizada para a atividade executada. O reflexo de endireitamento sobre o corpo atua na procura do equilíbrio das ações dos segmentos corpóreos. O reflexo de endireitamento óptico utiliza a visão para conduzir o movimento dentro dos limites normais de equilíbrio postural [9].

O controle postural é portanto dinâmico e envolve grande quantidade de padrões de movimento bem coordenados e com mudança de tônus muscular. Fazem parte dos reflexos de endireitamento: O reflexo labiríntico que age sobre a cabeça, o reflexo de endireitamento do pescoço agindo sobre o corpo, reflexos de endireitamento do corpo que agem sobre o corpo e o reflexo de endireitamento óticos dos olhos [20].

O estudo do equilíbrio corporal e da postura proporciona aspectos que estão englobados no sistema chamado de controle postural. Dentro deste sistema existem dois parâmetros a serem considerados, um evolvendo a orientação postural, ou seja, a manutenção da posição dos segmentos corporais em relação aos próprios segmentos e ao meio ambiente, e o outro, o equilíbrio postural, representado por relações entre as forcas que agem sobre o corpo na busca de um equilíbrio durante as ações motoras [19].

Evidentemente que o treinamento, a repetição, a experiência e a confiança propiciam um melhor desempenho garantido pelo controle voluntário e o funcionamento dos reflexos que não se encontram inibidos. Para melhorar as condições básicas de equilíbrio, o corpo não permanece totalmente imóvel, seu centro de gravidade está sempre se deslocando em razão dos movimentos solicitados e posturas assumidas [9].

Para modificar o esquema postural incorreto é oportuno e necessário: informar o indivíduo do esquema corporal errado pela tomada de consciência da postura alterada, promover aquisição de uma postura correta por meio de ações educativas progressivas, com modificações das respostas dos vários receptores, para a criação de novos esquemas posturais corretos, alcançados por dissociação das incorretas sinergias preexistentes, pela escolha das combinações motoras úteis e pela montagem da nova unidade operativa. Ou até mesmo tentar corrigir o esquema incorreto com meios de várias naturezas (exercícios de equilíbrio, esquema corporal, educação respiratória) [1].

FATORES QUE INTERFEREM NA POSTURA

Dentre os fatores que podem ser os desencadeadores das alterações posturais estão aqueles relacionados a características anatômicas, hereditariedade, fatores patológicos e orgânicos secundários das doenças, condições respiratórias, mau hábito postural, fatores mecânicos, vestuário, dores, raça, fatores emocionais, modismos entre outros. E problemas estruturais de uma malformação congênita. O desvio pode ser de uma deformidade adquirida causada por um trauma, ou por resultados de condições neurológicas que causam paralisia ou espasticidade [5].

A expressão de esquemas motores errados, ou maus hábitos posturais (Figura 8.1) são caracterizados por modificações funcionais reversíveis que dizem respeito ao sistema muscular, provocando um equilíbrio dinâmico alterado. Estes podem autocorrigir-se com um esforço voluntário de correção e com a anunciação de posições particulares [1].

Figura 8.1: Exemplo de hábitos posturais certos e errados

Na postura deficiente existe uma relação anormal entre as diversas partes do corpo, resultando em solicitação excessiva dos elementos de apoio e na diminuição do perfeito equilíbrio do corpo sobre a base de sustentação.

As diferenças individuais precisam ser levadas em consideração, como sejam a ação da gravidade, o esforço, o cansaço e as deficiências físicas. Estes fatores levam aos desvios posturais (Figura 8.2).

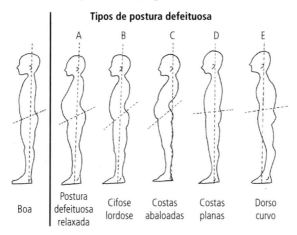

Figura 8.2: Exemplos de desvios posturais

PROCEDIMENTOS PARA AVALIAÇÃO POSTURAL

ANAMNESE

A anamnese é o procedimento inicial com objetivo investigativo que nos traz informações adicionais e fundamentais sobre nosso aluno, relatadas por ele mesmo. Um questionamento completo do aluno que evita o perigo de deixar passar fatores de contribuição importante e permite a definição de algumas limitações funcionais de seu aluno através de informações indicadas por ele mesmo [21].

Desta maneira podemos dizer que é de extrema importância, porém não substitui o seu procedimento avaliativo. Todo profissional poderá criar seus próprios questionamentos durante este processo. Seguem algumas sugestões.

- Qual é a idade do aluno? Qual é a ocupação?
- Há um histórico de traumatismo?
- A família tem qualquer histórico de problemas na coluna?
- Existe antecedente de doença, cirurgia ou lesões graves que tenham ocorrido com o aluno?
- O sapato faz diferença para a postura ou os sintomas do aluno?
- Se uma deformidade estiver presente, ela é progressiva ou estacionária?
- Existem posturas ou ações que aumentam ou diminuam a dor?
- Qual a atividade ou lazer habitual do aluno? Que atividades agravam e aliviam a dor?

MÉTODOS PARA AVALIAÇÃO

Os métodos de avaliação podem ser divididos em *objetivo* ou *subjetivo*. Nas academias e na prática diária do profissional da Educação Física o mais utilizado é o subjetivo. Neste método utilizamos o simetógrafo e a ficha de avaliação juntamente com o procedimento da avaliação física para posterior prescrição de exercícios mais adequada ao seu aluno.

- **Método objetivo:** uso de radiografia (solicitada pelo médico que acompanha o programa), fotografias em pelos menos três posições (anterior, lateral e posterior).
- **Método subjetivo:** uso do tato e da visão, observando o aluno na visão posterior, na visão lateral direita, lateral esquerda e na visão anterior, à frente do simetrógrafo.

RECURSOS MATERIAIS

Fio de prumo (Figura 8.3) – é suspenso de uma barra acima da cabeça, e o peso do prumo é pendurado em linha com o ponto de base padrão, anterior ao maléolo lateral na vista lateral, a meio caminho entre os calcanhares na vista posterior [6].

Fita métrica (Figura 8.4) – material de custo baixo que auxilia em alguns procedimentos com a finalidade de trazer mais informações para sua avaliação. A fita métrica pode ser utilizada para tirar medidas de comprimento de pernas [6].

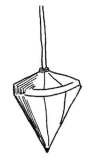 

Figura 8.3: Ilustração do fio de prumo   **Figura 8.4:** Ilustração da fita métrica

Goniômetro (Figura 8.5) e flexímetro (Figura 8.6) – são os instrumentos que avaliam a amplitude articular, importantes na sua avaliação.

Figura 8.5: Ilustração do goniômetro   **Figura 8.6:** Foto do flexímetro

Atualmente, a utilização de fotografias na avaliação postural é um procedimento relativamente comum, mas é importante que alguns cuidados sejam tomados. Normalmente observamos assimetrias pequenas que podem ser mal interpretadas se não houver alguns cuidados na aquisição e interpretação da fotografia.

Existem alguns softwares livres e gratuitos; a confiabilidade da análise oferecida pelo software depende da qualidade das informações dadas a ele, como a localização dos pontos anatômicos e medidas que possam oferecer um panorama geral da postura do sujeito. A maioria dos softwares existentes só disponibiliza o serviço de cálculos de ângulos e distâncias das marcações inseridas na imagem, marcadas antes da aquisição da imagem ou por interação manual com o software [22].

Simetrógrafo (Figura 8.7) – equipamento quadriculado que tem como objetivo disponibilizar uma visão do seu aluno em quadrantes, facilitando a comparação dos segmentos nas visões: frontal, laterais e posterior.

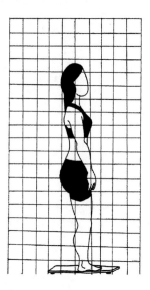

Figura 8.7: Foto do simetrógrafo

Ficha de avaliação (anexo) – criada para registrar as alterações apresentadas durante a avaliação postural e posterior análise dos procedimentos utilizados. Poderá ser criada de acordo com os pontos de referência de maior preferência do profissional.

Roupas adequadas – roupas tais como maiô de duas peças para as mulheres ou sungas para os homens devem ser vestidas para um exame postural satisfatório [6].

Adesivos – os adesivos em forma de círculos pequenos serão colocados nos pontos de referência de escolha do profissional, durante a avaliação, e auxiliarão na observação de simetrias ou assimetrias entre os membros.

ORIENTAÇÕES PARA AVALIAÇÃO:
O QUE OBSERVAR? COMO AVALIAR?

- O aluno(a) deverá vestir traje de banho.
- Realizar marcação de pontos anatômicos, utilizando fita adesiva em pedaços cortados.
- Fotografar ou realizar uma lista de checagem, com o auxílio do simetrógrafo com as quadrículas nas dimensões de 10 x 5 cm. Colocamos o indivíduo a uma distância de aproximadamente 3 metros do avaliador em quatro posições: frontal, lateral direita, lateral esquerda e posterior.
- Realizar testes de avaliação.
- Elaborar uma ficha de avaliação postural, que pode ser criada pelo próprio profissional, que contenha os pontos que deverão ser observados.

LINHA DA GRAVIDADE IMAGINÁRIA

Para um adequado parâmetro das estruturas possivelmente alteradas utilizamos como referência a linha da gravidade imaginária, que poderá ser utilizada nas quatro posições. A partir destes pontos colocamos um adesivo colante, auxiliando a visualização das possíveis alterações. Segue os parâmetros nas visões: lateral (Figura 8.8), frontal (Figura 8.9) e posterior (Figura 8.10).

Visão lateral

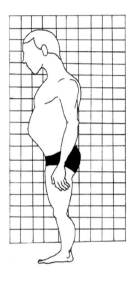

Anterior ao ouvido externo, face anterior da cervical até C5, face anterior da coluna dorsal, cruza coluna em L1 anteriormente e L5 posteriormente, posterior à articulação coxofemoral, nível médio da articulação do joelho, anterior à tíbia, anteriormente ao tornozelo, passa pela articulação calcâneo-cuboide e talonavicular, atinge o solo.

Figura 8.8: Visão lateral

Visão anterior

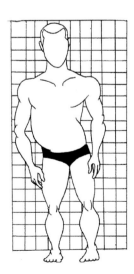

Na visão anterior e posterior utilizamos os pontos (com adesivos) em ambos os lados (direito e esquerdo) com referência. Dessa maneira observamos a linha média imaginária. Anteriormente podemos utilizar os pontos: a simetria dos olhos, mamilos, orelhas, acrômios, a articulação esterno-clavicular, mamilos, altura das mãos, alinhamento do tronco, pregas abdominais, linha do cotovelo, cicatriz umbilical, altura das cristas ilíacas, espinha ilíaca ântero-superior, patelas, ponto médio entre os maléolos, hálux.

Figura 8.9: Visão anterior

Visão posterior

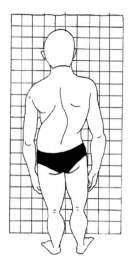

A visão posterior nos orienta pelas orelhas, espinha da escápula, borda inferior da escápula, pregas cutâneas do tronco, escoliose, espinha ilíaca postero-superior, pregas glúteas, pregas poplíteas, tendão calcâneo, tornozelos.

Os pontos acima citados são sugestões para se criar os pontos de referência, caso o profissional utilize outros pontos; igualmente terão bons resultados desde que proponha uma visão detalhada dos diferentes segmentos do corpo.

Figura 8.10: Visão posterior

PRINCIPAIS ALTERAÇÕES POSTURAIS

Na vista lateral podemos observar as alterações da cabeça e pescoço nos orientando pela linha da gravidade imaginária (Figura 8.11). A posição da cabeça no alinhamento ideal é aquela na qual a cabeça acha-se em uma posição bem equilibrada e é mantida com mínimo esforço muscular [6]. O bom alinhamento da coluna superior é essencial para o bom alinhamento da cabeça e pescoço. Nesta alteração será necessária a avaliação dos outros segmentos, para identificar a causa.

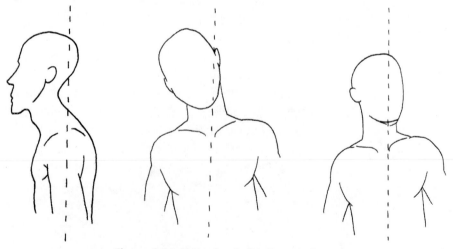

Figura 8.11: Exemplos de desvios na cabeça

Na vista anterior podemos observar se existe a alteração assimétrica com relação aos ombros (Figura 8.12). Neste caso esta alteração deverá ser confirmada na vista posterior. Também deverá ser analisada a alteração como um todo, buscando identificar a causa desta alteração. Assim sendo, se aplicarmos um plano de exercícios para compensar os desequilíbrios apresentados, poderá não ter efeito, se não for identificada a causa. Observando o lado acometido, deverá ser realizado alongamento de trapézio e esternoclidomastoideo acometido [6].

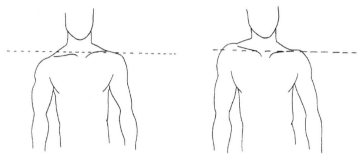

Figura 8.12: Ombros assimétricos

Dentre as alterações de membros inferiores, o joelho varo (Figura 8.13) se caracteriza pela projeção dos joelhos para fora da linha média imaginária do corpo, o que acarreta desequilíbrio muscular com encurtamento da musculatura medial da coxa e/ou hipotonia da musculatura lateral da coxa. Com esta observação sugerimos exercícios de fortalecimento para os músculos que apresentam hipotonia, neste caso o glúteo máximo, tensor da fáscia lata, trato ílio-tibial e bíceps femoral e alongamos a musculatura encurtada: grácil, sartório, semitendinoso, semimembranoso e adutores (curto, longo, grande) [23]. O profissional da Educação Física deverá utilizar o tipo de exercício que mais se adapte ao perfil de seu aluno e materiais que tenha disponível. O método de alongamento mais indicado seria o passivo.

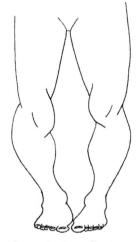

Figura 8.13: Joelho varo

O joelho valgo (Figura 8.14) se caracteriza pela projeção dos joelhos para dentro da linha média imaginária do corpo, causando encurtamento da musculatura lateral da coxa e/ou hipotonia da musculatura medial da coxa. Com esta observação sugerimos exercícios de fortalecimento para os músculos que apresentam hipotonia: grácil, sartório, semitendinoso,

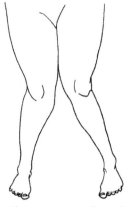

Figura 8.14: Joelho valgo

semimembranoso e adutores (curto, longo, grande) e alongamos a musculatura encurtada: glúteo máximo, tensor da fáscia lata, trato ílio-tibial e bíceps femoral [23]. O profissional da Educação Física deverá utilizar o tipo de exercício que mais se adapte ao perfil de seu aluno e materiais que tenha disponível. O método de alongamento mais indicado seria o passivo. Vale salientar que é comum o joelho valgo para alunos obesos ou no excesso de peso. Dessa maneira a manutenção do peso ideal é desejável nesta alteração.

O pé aduto (Figura 8.15) se caracteriza pela projeção dos pés para dentro da linha média imaginária do corpo, causando encurtamento da musculatura adutora do tornozelo (fibular longo, fibular curto, fibular terceiro, extensor longo dos dedos do pé) [23] ou pela anteversão de quadril. Sugere-se andar com as pontas dos pés voltadas para fora da linha média imaginária do corpo a fim de estimular a musculatura abdutora do tornozelo (extensor longo do hálux, tibial anterior, tibial posterior, flexor longo dos dedos do pé, flexor longo do hálux) [23].

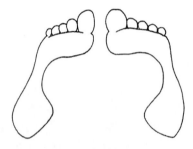

Figura 8.15: Pé aduto

O pé abduto (Figura 8.16) se caracteriza pela projeção dos pés para fora da linha média imaginária do corpo, causando encurtamento da musculatura abdutora do tornozelo (extensor longo do hálux, tibial anterior, tibial posterior, flexor longo dos dedos do pé, flexor longo do hálux) [23] ou pela retroversão de quadril. Sugere-se andar com os pés voltados para dentro da linha média imaginária do corpo a fim de estimular a musculatura adutora do tornozelo (fibular longo, fibular curto, fibular terceiro, extensor longo dos dedos do pé) [23].

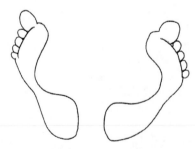

Figura 8.16: Pé abduto

Observações:

Em ambos os casos, pé aduto e pé abduto, pode-se utilizar a resistência com ou sem uso de materiais para os movimentos do tornozelo a fim de fortalecer a musculatura específica, seja ela a adutora ou abdutora de tornozelo.

Hálux varo (Figura 8.17) é caracterizada pelo desvio medial da cabeça do primeiro osso metatarsal em relação à linha média imaginária. Lembrando que este tipo de alteração é estrutural, a avaliação do médico especialista se faz necessária para poder indicar a melhor forma de tratamento. Esta alteração proporciona desequilíbrio na musculatura plantar e calosidade na base dos artelhos, que muitas vezes podem levar a inflamações.

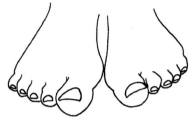

Figura 8.17: Hálux varo

A posição anteriorizada da cabeça (Figura 8.18) é aquela onde os extensores do pescoço (esplênios, semiespinhal da cabeça, oblíquo superior da cabeça, reto posterior da cabeça) [23] ficam em uma posição encurtada e forte, e existe o potencial para o desenvolvimento de encurtamento adaptativo desses músculos. Os flexores do pescoço vertebrais anteriores (esternoclidomastoideo, longo da cabeça, reto lateral da cabeça, reto anterior da cabeça) [23] ficam em posição alongada e dão evidencia de fraqueza quando testados para força [6]. Na posição posteriorizada da cabeça teremos a ação inversa da musculatura fortalecida e da musculatura fraca.

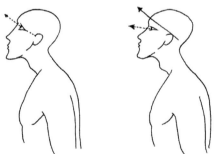

Figura 8.18: Cabeça anteriorizada

Projeção dos ombros para frente e para baixo (Figura 8.19), que não é a mesma coisa do que a rotação interna de ombros, é caracterizada como hipercifose torácica. Também apresenta projeção da cabeça à frente, encurtamento dos músculos peitorais e hipotonia dos dorsais, subescapulares e abdominais. Devemos priorizar os alongamentos da região peitoral e o fortalecimento da musculatura dorsal superior e da região do manguito rotador (supraespinhoso, subescapular, infraespinhoso e redondo menor). Além de complementar o fortalecimento da musculatura abdominal.

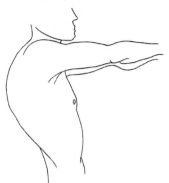

Figura 8.19: Hipercifose torácica

Figura 8.20: Hiperlordose lombar.

Hiperlordose lombar (Figura 8.20) – nesta alteração pode-se observar o aumento da lordose lombar com consequente projeção do abdome para frente e encurtamento dos músculos lombares. Também ocorrerá o encurtamento dos flexores do quadril (iliopsoas e reto da coxa) e hipotonia dos músculos abdominais e glúteos. Os exercícios de alongamento devem ser priorizados para iliopsoas, reto da coxa e musculatura lombar e o fortalecimento muscular para abdominal (reto e oblíquo) e glúteo. Fica a critério da criatividade do professor, da individualidade do aluno e dos materiais disponíveis a escolha do tipo de exercício.

Figura 8.21: Anteversão de quadril

A anteversão de quadril (Figura 8.21) é medida pelo ângulo feito pelo colo femoral com os côndilos femorais. É o grau de projeção à frente do colo femoral. A anteversão aumentada pode levar a patelas convergentes e convergência dos pés [2]. Pode estar relacionada à lordose aumentada. Os exercícios terão como objetivo o equilíbrio muscular, priorizando os exercícios igualmente citados na hiperlordose lombar.

Figura 8.22: retroversão de quadril

Na retroversão de quadril (Figura 8.22) ocorre o plano do colo femoral rodado para trás e apresenta convergência dos pés, com tendência dos artelhos girarem para fora. Pode levar a uma rotação medial no joelho [2]. Os exercícios terão como objetivo o equilíbrio muscular, priorizando os exercícios de alongamento para abdominais e glúteos e fortalecimento para reto da coxa e musculatura lombar.

Figura 8.23: Joelho recurvado

No joelho recurvado (Figura 8.23) ocorre a projeção dos joelhos para trás da linha de gravidade, causada pela fraqueza dos músculos posteriores (semitendinoso, semimembranoso, glúteo máximo, bíceps femoral) [23] e encurtamento do reto femoral e tibial anterior, podendo apresentar a inclinação pélvica posterior e excessiva cifose torácica [2]. Sugere-se fortalecer os flexores do joelho (semitendinoso, semimembranoso, glúteo máximo, bíceps femoral) inclusive gastrocnêmios. Oferecer alongamentos para o quadríceps (retofemoral, vastolateral, medial e intermédio) [23].

Figura 8.24: Joelho flexo

O joelho flexo (Figura 8.24) é a projeção dos joelhos para frente da linha de gravidade, provocada pelo encurtamento dos músculos posteriores (semitendinoso, semimembranoso, glúteo máximo, bíceps femoral, inclusive gastrocnêmio) [23] e fraqueza dos flexores do quadril (quadríceps – reto-femoral, vastolateral, medial e intermédio). Os exercícios deverão ser orientados de acordo com as respectivas necessidades de cada estrutura que necessita ser fortalecida ou alongada.

Pé plano (Figura 8.25) é caracterizado pela ausência do arco plantar longitudinal provocando uma falta de mobilidade dos artelhos e musculatura flexora inativa e pode dificultar a estabilidade e equilíbrio. É uma deformidade comum do pé que frequentemente causa pouco ou nenhum problema; muitas vezes necessitam apenas de um sapato de controle para evitar problemas. A musculatura que apresenta fraqueza é a flexora dos dedos, flexor longo dos dedos do pé, tibial posterior e fibular longo. Para estimular esta musculatura, o andar no bordo externo dos pés como forma de exercício e o andar na ponta dos pés ou até mesmo o puxar um pano com a ponta dos pés no chão e o andar na areia fofa da praia podem ser utilizados, inclusive para estimular a musculatura hipotônica.

Figura 8.25: Pé plano

O pé cavo é caracterizado (Figura 8.26) pelos arcos longitudinais acentuados. Os tecidos moles da planta do pé são anormalmente curtos, se a deformidade persistir os ossos eventualmente alteraram sua forma. Pode ser classificada em leve, moderada e grave. Apresentará a formação de calos e sobrecarga dos ligamentos plantares [2], causando hipertrofia dos músculos flexor longo dos dedos do pé, tibial posterior e fibular longo. Exercícios de alongamento para a região plantar dos músculos citados são necessários. O fortalecimento da musculatura flexora da região dorsal do pé também se faz necessário para que ocorra o equilíbrio muscular (extensor longo dos dedos do pé, extensor longo do hálux, tibial anterior) [23]. Exercícios que exijam o andar no bordo interno dos pés estimula a musculatura da região plantar associando o alongamento com o antepé apoiado no espaldar ou andar para trás com o apoio dos calcanhares.

Figura 8.26: Pé cavo

Na vista anterior podemos observar se existe a alteração assimétrica com relação aos ombros. Neste caso esta alteração deverá ser confirmada na vista posterior, observando as alturas das escápulas. Também deverá ser analisada a alteração como um todo, buscando identificar a causa desta alteração. Assim sendo, se aplicarmos um plano de exercícios para compensar os desequilíbrios apresentados, poderá não ter efeito, se não for identificada a causa. Observando o lado acometido, deverá ser realizado alongamento do trapézio e esternoclidomastoideo [6].

No bom alinhamento, as escápulas ficam planas contra a coluna superior, já as posições defeituosas das escápulas afetam adversamente a posição da articulação do ombro, e o mau alinhamento dessa articulação pode predispor à lesão e dor crônica. Nos casos em que observamos escápulas aduzidas (Figura 8.27) teremos consequentemente o tensionamento do trapézio superior e outros elevadores dos ombros, nos casos de escápulas abduzidas (Figura 8.28) o trapézio se apresenta; com fraqueza na parte superior [6].

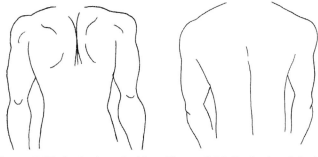

Figura 8.27: Escápulas aduzidas **Figura 8.28:** Escápulas abduzidas

O tornozelo varo (Figura 8.29) envolve inversão do calcâneo quando o tornozelo está em posição neutra. Pode apresentar aparência de pé cavo e supinado, podendo contribuir para outras condições de alteração, por exemplo a fascíte plantar [2]. Na tentativa compensatória desta alteração postural,

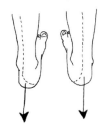

observa-se alargamento da parte anterior do pé e calosidade na base dos artelhos. Já a consequência da supinação será a calosidade sob a cabeça do 5º metatarso. O fortalecimento do extensor longos dos dedos do pé e do fibular longo pode ser realizado com exercícios que estimulem o andar no bordo interno dos pés.

Figura 8.29: Tornozelo varo

O tornozelo valgo (Figura 8.30) envolve a eversão do calcâneo quando o tornozelo está em posição neutra. Pode apresentar aparência de pé plano e pronado, podendo resultar em joelho valgo [2], distribuição irregular do peso, desequilíbrio e possíveis lesões. Já a consequência da hiperpronação pode produzir tendinite na inserção do semimembranoso. Observar a calosidade sob a cabeça do 1º metatarso devido à ação do fibular longo muito forte

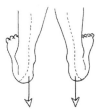

enquanto seu antagonista, o tibial anterior, está paralisado. O fortalecimento do músculo tríceps sural, tibial anterior, tibial posterior e o quadrado plantar, pode ser realizado com exercícios que estimulem a elevação do corpo na ponta dos pés, separando os calcanhares ou o andar no bordo externo dos pés.

Figura 8.30: Tornozelo valgo

A escoliose (Figura 8.31) é uma curvatura da coluna. Há diversos tipos de escoliose, alguns são estruturais e outros não estruturais. A que iremos abordar é a não estrutural ocasionada por problemas posturais [2]. Na prescrição de exercícios para alunos com escoliose deve sempre observar e questionar as possíveis causas que levaram ao desenvolvimento desta curvatura não estrutural. Pensando inclusive não somente na prescrição de exercícios corretivos, mas também na reeducação de possíveis movimentos ou posicionamentos realizados ao longo de suas tarefas cotidianas, a criatividade do professor associada às características de seus alunos será o fator determinante para a escolha do tipo de exercício mais apropriado, sempre lembrando da regra básica de estimular a posição inversa da escoliose com inclinação do lado contrário em relação ao desvio (Figuras 8.32 e 8. 33).

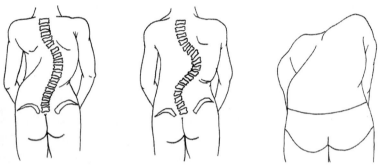

Figura 8.31: Exemplos de escolioses

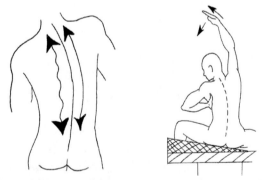

Figura 8.32: Exemplo de exercícios sentado para escoliose

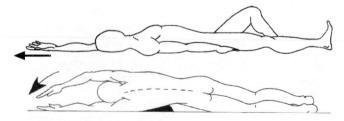

Figura 8.33: Exemplo de exercícios deitado para escoliose

TESTES ESPECIAIS

Os testes especiais são procedimentos que podemos utilizar com o objetivo de coletarmos mais informações que podem auxiliar em nossa avaliação postural, ou até mesmo servir como indicador para uma orientação mais especializada de outro profissional.

A mensuração do comprimento dos membros inferiores, realizada de forma subjetiva, nos auxilia na indicação de prescrição de exercícios ou de indicação médica.

O denominado comprimento real é uma medida dos membros inferiores desde a espinha ilíaca anterossuperior até o maléolo medial. Obviamente essa medição não constitui determinação apurada do comprimento da perna, porque os pontos de medição são a partir de um ponto de referência na pelve a um ponto da perna. Como é impossível palpar um ponto no fêmur abaixo da espinha anterossuperior, é necessário usar o ponto de referencia na pelve.

Torna-se necessário, portanto, fixar o alinhamento da pelve em relação ao tronco e pernas antes de tirar medidas para assegurar a mesma relação de ambos os membros com a pelve. A rotação ou inclinação lateral da pelve alterará sua relação com os membros o suficiente para dar uma considerável diferença na medida. A fim de obter a maior exatidão possível, o aluno fica em decúbito dorsal sobre uma mesa com o tronco, pelve e pernas em alinhamento reto e pernas juntas (Figura 8.34). A distância desde a espinha anterossuperior ao umbigo é a medida à direita e esquerda para checar se há inclinação pélvica lateral ou rotação.

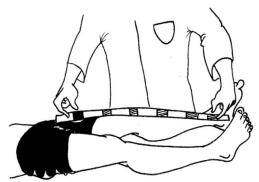

Figura 8.34: Mensuração do comprimento dos membros inferiores

Se houver diferenças nas medidas, a pelve é nivelada e qualquer rotação corrigida antes que seja tirada a medida de comprimento das pernas.

O comprimento aparente da perna é uma medida desde o umbigo até o maléolo medial. Uma vez que o resultado é o membro inferior com uma diferença anatômica, a coluna e a pelve muitas vezes são afetadas, levando à inclinação pélvica lateral e escoliose. Neste caso o profissional da Educação Física deverá orientar seu aluno que procure um médico para uma avaliação e procedimento mais específico.

CONSIDERAÇÕES FINAIS

Ao final deste capítulo ainda sentimos a necessidade de poder abordar mais informações técnicas e passar toda a experiência prática aos leitores. O passo seguinte e o mais importante é colocar em prática os procedimentos aqui citados, com embasamento na teoria, técnica de observação e segura prescrição de exercícios de acordo com as necessidades dos seus alunos. Lembrando sempre da grande importância que o exercício pode exercer no auxílio a alterações posturais e na manutenção de qualidade de vida e nas atividades da vida diária. O trabalho multidisciplinar não pode ser esquecido e nem ignorado.

REFERÊNCIAS BIBLIOGRÁFICAS

1 – TRIBASTONE, F. *Tratado de exercícios corretivos. Aplicados a reeducação motora postural*. 1ª ed. São Paulo: Manole, 2001.

2 – MAGEE, D. J. *Avaliação musculoesquelética*. 4ª ed. São Paulo: Manole, 2002.

3 – GOMES, S. B. S. *Modificações dos níveis de auto-imagem e auto-estima nos acadêmicos de educação física pela aplicação de um programa especial de ginástica postural*. Porto Alegre: Escola de Educação Física. Mestrado em Ciências do Movimento Humano, 1997.

4 – GAGEY, P. M. *Posturologia: regulação e distúrbio da posição ortostática*. 2ª ed. São Paulo: Manole, 2000.

5 – LIPPERT, L. *Cinesiologia Clínica para fisioterapeutas*. 3ª ed. Rio de Janeiro: Guanabara, 2000.

6 – KENDALL F. P.; MCCREARY, E. K.; PROVANCE, P. G. *Postura: alinhamento e equilíbrio muscular*. In: Kendall F. P.; McCreary E. K.; Provance P. G. Músculos Provas e Funções. 4ª ed. São Paulo: Manole,1995.

7 – BRITO, C. L. *Consciência corporal*. Rio de Janeiro: Sprint, 1996.

8 – CAILLIET, R. *Scoliosi, diagnosi e tratamento*. Ermes Medica, Roma, 1981.

9 – LIANZA, S. *Medicina de reabilitação*. 3ª ed. Rio de Janeiro: Guanabara, 2001.

10 – BASMAJIAN, J. V. *Electrofisiologia de La accion muscular*. Buenos Aires: editorial medica panamericana, 1976.

11 – TAVARES, P; FURTADO, M; SANTOS, F. *Fisiologia humana*. Rio de Janeiro: Atheneu, 1989.

12 – FRIEDMAN, J. J. *O ouvido aparelho vestibular*. In: SELKURT, E. E. Fisiologia. 5ª ed. Rio de Janeiro: Guanabara Koogan, 1986.

13 – ENOKA, R. M. *Bases neuromecânicas da cinesiologia*. 2ª ed. São Paulo: Manole, 2000.

14 – VANDER, A. J.; SHERMAN, J. H.; LUCIANO, D. S. *Fisiologia humana*. 3ª ed. São Paulo: McGraw-hill, 1981.

15 – DOUGLAS, C. V. *Tratado de fisiologia aplicada à saúde*. 5ª ed. São Paulo: Robe Editorial, 2002.

16 – GARDINER, D. *Manual de terapia de exercícios*. 2ª ed. São Paulo: Editora e Livraria Santos, 1986.

17 – MASSARA, G. *Alterazione morfologiche Dell etas evolutiva chinesionoloia scientifica*. V. 4, n 4, pp 25-29,1986.

18 – BANKOFF, A. D. P.; MASSARA, G.; RONCONI, P. et. al. *Estudos das alterações morfológicas em atletas de levantamento de peso através da técnica computadorizada*. In: Anais do Congresso Panamericano de Anatomia, 9, 1990.

19 – CAMPELO, T. S.; BANKOFF, A. D. P.; SCHIMIDT, A.; CIOL, P.; ZAMAI, C. A. *Postura e equilíbrio corporal: um estudo das relações existentes*. Movimento & Percepção, Espírito Santo do Pinhal, v 7, n 10, jan/jun, 2007.

20 – CAMPOS, S. *Postura corporal e tônus muscular para o equilíbrio*. Méd pr. 54 (1), 33-43, 2003.

21 – KISNER. C.; COLBY, L. A. *Exercícios terapêuticos. Fundamentos e técnicas*. 2ª ed. São Paulo: Manole, 1992.

22 – HASHIMOTO, B.; TAKAHAGI, L. S.; PACHIONI, C. A. S.; FERREIRA, D. M. A; PACHIONI, F. S. M. *Análise da postura de participantes de um programa postural em grupo*. Faculdade de Ciências e Tecnologia da Universidade Estadual Paulista.

23 – FLOYD, R. T.; THOMPSON, C. W. *Manual de cinesiologia estrutural*. 1ª ed. São Paulo: Manole, 2002.

ANEXO

FICHA DE AVALIAÇÃO POSTURAL

VISTA ANTERIOR

MANDÍBULA	Deslocada D	Deslocada E	Outros:
CABEÇA:	Inclinada à d. ou e.	Rodada à d.	Rodada à e.
OMBROS:	Elevação	Direito + alto	Esquerdo + alto
MAMILOS:	Simétricos	Dir. mais alto	Esq. mais alto
ALTURA DAS MÃOS	Simétricos	Direito + alto	Esquerdo + alto
ROTAÇÃO DO TRONCO:	À esquerda	À direita	Ausente
PREGAS CUT. DO TRONCO:	Ausentes	Presentes dir.	Presentes esq.
PREGA ABDOMINAL:	Ausentes	Presentes dir.	Presentes esq.
ÂNGULO DE TALES:	Simétrico	Maior à esq.	Maior à dir.
CICATRIZ UMBILICAL:	Alinhada	Desvio à dir.	Desvio à esq.
ALTURA DAS C. ILÍACAS:	Simétricos	Direito + alto	Esquerdo + alto
JOELHOS:	Valgo	Varo	Normal
JOELHOS:	Rotação lateral	Rotação medial	
PATELAS:	Simétricas	Direito + alto	Esquerdo + alto
Medializada à Dir.	Medializada à esq.	Lateralizada à dir.	Lateralizada à esq.
PÉS:	Planos	Cavos	Normal
ARTELHOS:	Normais	Flexão	
HÁLUX :	Valgo	Normais	

VISTA LATERAL (realizar direita e esquerda)

MANDÍBULA:	Prognata	Retrognata	Normal
CABEÇA:	Anteriorizada	Posteriorizada	Normal
COLUNA CERVICAL:	Hiperlordose	Retificada	Normal
OMBRO:	Protusos	Retraídos	Normal
MEMBRO SUP.	Anteriorizado	Posteriorizado	Normal
COLUNA TORÁCICA:	Hipercifose	Plano	Normal
ROTAÇÃO DE TRONCO:	Direita	Esquerda	Normal
ABDOME:	Protuso	Ptose	Normal
COLUNA LOMBAR:	Hiperlordose	Retificada	Normal
PELVE:	Antevertida	Retrovertida	Normal
QUADRIL	Fletido	Normal	
JOELHO:	Fletido	Hiperextendido	Normal

VISTA POSTERIOR

ORELHAS:	Simétricas	Dir. mais alta	Esq. mais alta
ALTURA DOS OMBROS:	Simétricos	Dir. mais alto	Esq. mais alto
ESCÁPULAS:	Normal	Abdução	Adução
PREGAS CUT. DO TRONCO:	Ausentes	Presentes dir	Presentes esq.
PREGAS GLÚTEAS:	Simétricos	Direito + alto	Esq. + alto
PREGAS GLÚTEAS:	+ profunda à d.	+ profunda à e.	
PREGAS POPLÍTEAS:	Simétricos	Direito + alto	Esq. + alto
TORNOZELOS:	Valgo	Varo	Normal
ESCOLIOSE:			
GIBOSIDADE TORÁCICA:	À esquerda	À direita	Ausente
LOMBAR C/ CONCAVIDADE:	À esquerda	À direita	
TORÁCICA C/ CONCAVIDADE:	À esquerda	À direita	
CERVICAL C/ CONCAVIDADE	À esquerda	À direita	

9. AVALIAÇÃO MOTORA EM ESPORTE ADAPTADO

Anselmo de Athayde Costa e Silva
José Irineu Gorla
Leonardo Trevizan Costa

Programas de Educação Física e/ou Esporte são inconcebíveis sem um planejamento prévio que possa orientar de forma organizada os trabalhos subsequentes. Logo, a avaliação constitui uma parte fundamental do processo, pois é através de mecanismos de avaliação que são estabelecidas as metas.

Esta afirmação sobre a importância da avaliação é estendida a todas as áreas da Educação Física e dos Esportes.

A área da Atividade Motora Adaptada (AMA) é uma área em franco crescimento nos últimos anos no Brasil e no mundo. Principalmente por conta da maior atenção dispensada às pessoas com deficiência. Esta área engloba a Educação Física Adaptada e os Esportes Adaptados.

Entende-se por Avaliação Motora Adaptada a área do conhecimento que estuda os processos de avaliação em AMA. Por ser uma área recente no Brasil, são poucos ainda os trabalhos que vêm sendo realizados nesta linha.

Em âmbito internacional, por exemplo, é possível citar alguns trabalhos [1] que validaram uma bateria de testes motores para atletas de rúgbi em cadeira de rodas. Outros trabalhos que merecem destaque são: Brasile (1986, 1990), que se utilizou da avaliação motora para tecer considerações acerca do sistema de classificação funcional de basquete em cadeira de rodas, e Doyle (2004), que seguiu a mesma linha, também com testes motores.

No Brasil, os trabalhos têm sido restritos a poucos pesquisadores. A avaliação dos critérios de autenticidade científica de um teste de agilidade modificada [3] foi proposta por Belasco e Silva [4].

Outro estudo foi realizado por Gorla, Araújo e Carminato [5], que analisaram as variáveis motoras em 7 praticantes de basquete em cadeira de rodas. Neste estudo os autores avaliaram as variáveis, velocidade, agilidade e força de preensão manual.

Gorla e Araújo [6], por exemplo, propuseram equações para predição de coordenação motora através do teste KTK (*Korperkordination test fur Kunder*) de Kiphard e Schiling [7].

No Brasil já existem obras que tratam exclusivamente desta temática: Gorla [8] e Gorla, Campana e Oliveira [9].

De acordo com o exposto, o objetivo deste capítulo é apresentar os conceitos básicos de avaliação motora adaptada, de forma a subsidiar professores que venham a trabalhar com a população com deficiência. Está estruturado em duas partes: A primeira trata dos conceitos relacionados à população, ou seja, os tipos de deficiência e eventuais adaptações. Na segunda parte é feita a apresentação de alguns testes que são administráveis às pessoas com deficiência, e encontram-se agrupados de acordo com os componentes da aptidão física, os quais estão destinados a avaliar.

CONCEITOS

DEFICIÊNCIA

De acordo com a Organização Mundial de Saúde (OMS) a deficiência pode ser definida como "uma anomalia da estrutura ou da aparência do corpo humano e do funcionamento de um órgão ou sistema, seja qual for sua causa; em principio a deficiência constitui uma perturbação do tipo orgânico [10].

DEFICIÊNCIA FÍSICA

Segundo Duarte e Gorla [11] a deficiência física ocorre por alteração do aparelho locomotor ou do sistema nervoso. Em decorrência disso, é gerada uma limitação motora, que afeta o desempenho do individuo em suas atividades de vida diária ou no contexto esportivo.

A deficiência pode ser causada por fatores genéticos, congênitos ou adquiridos [11].

- *Paraplegia* – Perda total dos movimentos e sensibilidade em dois membros. Convenciona-se que a paraplegia é caracterizada por lesão abaixo do nível da primeira vértebra torácica.
- *Paraparesia* – Perda parcial dos movimentos e/ou sensibilidade em dois membros.
- *Tetraplegia* – Perda de movimentos e sensibilidade em 4 membros e também no tronco. Convenciona-se que a tetraplegia é caracterizada por lesão acima do nível da 1ª vértebra torácica.
- *Tetraparesia* – Perda parcial de movimentos ou sensibilidade em 4 membros e no tronco.

DEFICIÊNCIA VISUAL

É a perda total ou parcial da visão. Pode ser causada por fatores congênitos ou adquiridos.

SURDEZ

Caracteriza-se pela perda total ou parcial da capacidade de conduzir ou receber sinais sonoros, ou seja, corresponde à perda total ou parcial da audição [11].

DEFICIÊNCIA INTELECTUAL

Atraso Intelectual avaliado pelo teste de quociente intelectual (QI): Avaliado através de testes de QI, esta linha é antiga, porém ainda é utilizada. Apresenta a limitação de diagnosticar como deficientes intelectuais aquelas pessoas que com um resultado baixo no teste seriam consideradas como na faixa de "retardo mental leve".

Contudo, apesar de um baixo resultado em testes de QI, os indivíduos podem apresentar bons resultados em tarefas de comportamento adaptativo relacionado aos aspectos de comunicação, cuidados pessoais, vida doméstica, aptidões sociais, uso comunitário, autonomia, saúde e segurança, funcionalidade acadêmica, lazer e trabalho [12].

Duarte e Gorla [11] apresentam algumas alterações que devem ser levadas em conta ao se avaliar sujeitos com deficiência intelectual:
- *"Cognitivo:* a dificuldade de abstração, entendimento de sequência de jogadas, regras do jogo, tomada de decisão, atenção seletiva, etc.;
- *Emocional:* instabilidade, insegurança, baixa autoestima e autoconceito, apatia, agressividade, ansiedade, medo etc.;

- *Motor:* atraso no desenvolvimento motor, incoordenação, pouca agilidade, dificuldade no controle da força, ritmo, equilíbrio, direção, lateralidade etc.;
- *Social:* prejuízo na interação social, discriminação e isolamento social, dependendo do nível de comprometimento cognitivo e emocional" (pág.: 32).

TESTE

Situação padronizada e organizada através da qual é possível uma verificação do desempenho [13].

MEDIDA

Descrição do fenômeno (quantificação do teste) do ponto de vista quantitativo [13].

AVALIAÇÃO

Interpretação dos dados quantitativos e qualitativos para obtenção de parecer ou julgamento de valores com bases referenciais previamente definidas [13].

Em outras palavras:

Teste:	Medida:	Avaliação:
Identifica o desempenho do avliando em uma variável qualquer	Quantifica o desempenho observado através de teste	Julgamento da mdida referenciado a uma norma ou critério preestabelecido

Figura 9.1: Esquema dos conceitos de teste, medida e avaliação

Adaptação – Procedimento realizado para possibilitar a pratica e/ou execução de alguma atividade/movimento por parte de pessoas com alguma limitação. Em se tratando de avaliação, um exemplo de adaptação pode ser o uso de um banco para avaliação de massa corporal em sujeitos com para ou tetraplegia.

TESTES

ANTROPOMETRIA E COMPOSIÇÃO CORPORAL

Estatura Supina [9, 13].

Objetivo: avaliar a estatura em sujeitos com para ou tetraplegia.
População: Atletas com lesão medular, sequela de pólio, amputados e *les autres*.
Validade: não reportada.
Material: antropômetro com leiturabilidade de 0,1 cm, colchonete.
Configuração: O sujeito fica em decúbito dorsal sobre um colchonete e o estadiômetro é posicionado ao seu lado.

De acordo com Guedes e Guedes [13], "é medida a distância observada entre dois planos, o ponto mais alto da cabeça e a planta dos pés."

Esta medida é oriunda de avaliações com crianças menores de três anos e pode ser considerada uma medida de comprimento, pois nesta posição não há a força da gravidade pressionando os segmentos corporais. Assim é possível que o sujeito apresente uma diferença de comprimento em relação à medida de estatura feita na posição ortostática.

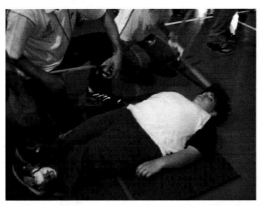

Figura 9.2: Avaliação da estatura na posição supina (Foto by: Gorla, 2009)

Para amputados e sequelados de pólio que são capazes de manter a posição ortostática pode ser utilizado o protocolo para avaliação de pessoas ditas normais:

O sujeito é avaliado em posição ortostática (em pé), pés unidos procurando posicioná-los em contato com o instrumento de medida das superfícies posteriores do calcanhar, cintura pélvica, cintura escapular e região occipital.

A medida é determinada com o avaliado em apneia inspiratória, estando a cabeça orientada no plano de Frankfurt paralela ao solo. A medida corresponde à distância da região plantar ao vertex, exigindo-se que o avaliado esteja descalço [14].

Gorla, Bertapelli, Campana e Souza [9] apontam algumas considerações para a avaliação de estatura em pessoas com deficiência física.

- "Medidas com próteses, órteses, muletas etc. devem ser estudadas caso a caso;
- O avaliado pode se deitar em tapete e ser medido com fita métrica;
- Pessoas com paralisia cerebral com espasticidade podem ser medidas por segmentos e, depois, somam-se os resultados;
- Se possível, medir também na postura vertical" (pág.: 60).

Estatura Troncocefálica [13]

Objetivo: avaliar a estatura troncocefálica em sujeitos usuários de cadeira de rodas.

População: atletas com lesão medular, sequela de pólio, amputados e *les autres*.

Validade: não reportada.

Material: antropômetro com leiturabilidade de 0,1 cm, mesa ou banqueta

Configuração: O avaliado deve ser posicionado em uma banqueta ou mesa de forma que seus pés não toquem o chão. Com o antropômetro, o avaliador irá medir a distância compreendida entre o plano tangencial ao vertex e as espinhas esquiáticas [13].

Para sujeitos com tetraplegia, que tenham prejudicado o controle de tronco, um segundo avaliador pode fornecer ajuda.

Massa Corporal

Objetivo: avaliar a massa corporal (kg).

População: pessoas com deficiência.

Validade: não reportada.

Material: balança com leiturabilidade de 0,1 kg; banqueta.

Configuração: Os sujeitos usuários de cadeira de rodas são pesados com o auxílio de uma banqueta, quando não conseguem sentar sobre a plataforma da balança.

Para os demais sujeitos, o protocolo é semelhante ao utilizado para pessoas sem deficiência

Gorla, Bertapelli, Campana e Souza [9] apresentam algumas considerações de Winnick e Short [15] e de Pitetti [16]:

- "Pesar com próteses, órteses etc. e depois pesar este equipamento separadamente para descontar o peso total;
- No caso de cadeira de rodas, utilizar o procedimento anterior ou utilizar uma balança adaptada;
- No caso dos amputados, soma-se 1/8 do peso total para amputações abaixo do joelho, 1/9 para amputações acima do joelho e 1/6 para amputações no nível do quadril para cada perna;
- No caso de dupla amputação mede-se até o coto ou estima-se pelo tamanho do corpo" (pág. 60).

Composição Corporal

Medidas de dobras cutâneas

Objetivo: avaliar a composição corporal de pessoa com deficiência.
População: pessoas com deficiência.
Validade: não reportada.
Material: compasso de dobras cutâneas, a fita antropométrica e o paquímetro de diâmetro ósseo.
Configuração:

Bulbulian [20] realizou um estudo correlacionando os resultados de uma pesagem hidrostática com uma série de medidas antropométricas em 22 sujeitos com paraplegia.

Através de procedimentos de regressão os autores desenvolveram equações, e uma delas tem sido utilizada em estudos para avaliar o percentual de gordura de lesados medulares [18, 19]:

Densidade corporal=1,09092+0,00296 (diâmetro torácico, em cm) – 0,00072 (dobra cutânea subescapular, em mm) – 0,00182 (circunferência abdominal, em cm) + 0,00124 (circunferência da panturrilha medial, em cm). (Erro padrão de estimativa = 0,0064).

Bulbulian *et. al.* [20]

Para a estimativa do percentual de gordura utiliza-se a seguinte equação: %Gord = (4.95/Dens – 4.50)100.

SIRI [21]

Quanto aos procedimentos para a medida de dobra cutânea, afere-se a espessura da dobra cutânea na região subescapular no hemicorpo direito.

Caso seja necessário, os sujeitos podem obter ajuda de um dos avaliadores durante o procedimento a fim de permanecer na postura ereta. Os membros superiores devem estar paralelos ao tronco.

A circunferência abdominal deve ser aferida com os indivíduos sentados em suas próprias cadeiras. Caso tenham problemas para permanecer em postura ereta, esta medida pode ser tomada na posição de decúbito dorsal. A fita antropométrica é colocada à altura da cicatriz umbilical. A circunferência da panturrilha será aferida com a fita antropométrica à altura medial da tíbia. O diâmetro ósseo do tórax deve ser aferido à altura do mamilo e, caso o sujeito não consiga se manter em postura ereta, um dos avaliadores deverá auxiliá-lo.

Gossey-Tolfrey, Castle e Weborn [22] fizeram uso do somatório de dobras como estimativa de composição corporal em atletas com tetraplegia. Isto aparenta ser uma alternativa para avaliar tetraplégicos, pois a equação de Bulbuliam [20] não se aplica a esta população.

As dobras cutâneas mensuradas pelos autores são as mesmas utilizadas no protocolo de Durnin e Womersley [23], a saber: Biciptal (BC), triciptal (TR), subescapular (BC) e suprailíaca média (SI).

Segundo Queiroga [24], a mensuração destas dobras é feita nos seguintes pontos:
- *BC:* face anterior, no ponto de maior circunferência aparente do bíceps; a palma da mão do sujeito deve estar voltada para frente.
- *TR:* ponto médio entre a borda lateral do acrômio e a maior proeminência do olecrano da ulna.
- *BC:* deve ser destacada 2 cm da borda inferior da escápula seguindo a orientação dos arcos costais.
- *SI:* destacada na projeção da linha axilar média imediatamente acima da crista ilíaca, acompanhando o sentido das fibras musculares.

O uso do índice de massa corporal pode ser uma alternativa para avaliação da composição corporal em sujeitos usuários de cadeira de rodas. Sutton, Wallace, Goosey-Tolfrey, Scott e Reilly [25] avaliaram a composição corporal de mulheres atletas usuárias de cadeira de rodas, através da técnica de Absorciometria Radiológica de Dupla Energia (DXA), e encontraram uma forte correlação da gordura corporal com o IMC ($r = 0.90$, $p = 0.001$) e da circunferência de cintura com gordura corporal ($r = 0.83$, $p = 0.001$).

Para sujeitos sem deficiência física podem ser utilizados protocolos delineados para pessoas ditas normais.

APTIDÃO CARDIORRESPIRATÓRIA

Teste de Leger e Boucher Adaptado (TLBA) para atletas em cadeira de rodas

Autores: Poulain, Vinet, Bernard e Varray [26]; Vinet et. al. [27].

Objetivo: avaliação da aptidão aeróbia em atletas usuários de cadeira de rodas.

População: atletas com lesão medular, sequela de pólio e amputados, praticantes de corrida, tênis, esgrima, natação e basquete em cadeira de rodas.

Validade: 0.81 $p = 0.01$ e EPE = 0.09.

Material: cadeira de rodas, pista de 400 metros, 16 cones, trena de 50m, giz ou cal para marcações.

Configuração: Protocolo de incremento. O TLBA é realizado numa pista de 400 metros, e a cada 50 m a pista é marcada por cones. O protocolo consiste em propelir a cadeira de rodas o mais rápido possível de forma a acompanhar o ritmo de áudio (*beeps*). São computados o número de voltas, cones e a duração do teste. A velocidade inicial é de 4 km/h^{-1} com incrementos de 1 km/h^{-1} até a exaustão. Caso o atleta não esteja a uma distância de 3 metros do cone ao *beep* do áudio, por duas vezes consecutivas, é encerrado o teste. A velocidade máxima da ultima volta completa é usada nas análises. As variáveis da equação são: velocidade máxima ($V_{máx}$ = km/h^{-1}), idade, IMC (kg/m^2, estatura avaliada na posição supina, massa avaliada somando a massa do sujeito e da cadeira) e nível da lesão (1 = paraplégicos lesão alta; 0 = paraplégicos lesão baixa). A equação é:

$$VO_{2\,pico} = 0.22*(V_{máx}) - 0.63*\log(idade) + 0.05*(IMC) - 0.25*(\text{nível da lesão}) - 0.52. \text{ (Expresso em l min}^{-1}\text{)}.$$

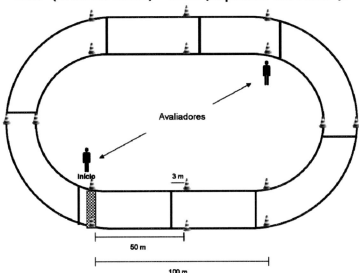

Figura 9.3: Percurso do teste adaptado de Leger e Boucher

Teste de multiestágios (TME) para predição de VO_{2pico} em usuários de cadeira de rodas.

Autores: Vanderthommen [28].

Objetivo: avaliação da aptidão aeróbia em atletas usuários de cadeira de rodas.

População: pessoas com lesão medular, sequela de pólio e amputados.

Validade: r = 0.59 (correlação entre VO_2 e resultados no teste, no estudo original).

Material: 12 cones, cadeira de rodas, trena de 20 metros e fita adesiva.

Configuração: Teste de progressivo de multiestágios, baseado na metodologia do teste de Leger e Boulcher (*Beep*). Os praticantes têm que propelir a cadeira ao redor de um percurso octogonal como descrito na figura abaixo.

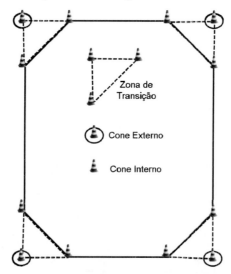

Figura 9.4: Percurso do teste TME

O percurso exige um espaço de 15 m × 15 m (Figura 1). Os quatro principais lados do octógono são de 11 m de comprimento e os quatro lados curtos (ângulos) são de 2,83 m de comprimento. Os quatro lados menores são as zonas de transição por onde os participantes devem estar passando ou ter passado no sinal de áudio (*beep*). Cada estágio tem a duração de 1 minuto.

A cada sinal o participante deve estar dentro da zona de transição. A velocidade inicial é de 6 km/h com incrementos de 0,37 km/h em cada estágio. O teste é interrompido quando o sujeito é incapaz de chegar à zona de transição por 3 vezes consecutivas. O resultado do teste é o número de estágios realizados (TMEescore).

Equação: $VO_{2pico} = 18.03 + 0.78 \times TMEescore$ (mL/min/kg)

Teste de resistência da cadeira de rodas

A resistência do sistema, formado pela cadeira e pelo sujeito avaliado, pode ser um fator influente no desempenho em qualquer tipo de teste que envolva deslocamento. Fatores como o piso e o *design da* cadeira podem interferir no desempenho. Uma maior resistência do sistema pode causar uma piora nos resultados e vice-versa, o que pode constituir uma fonte de erros na interpretação do teste. Portanto é aconselhável que se mensure a resistência para ter sob controle esta possível fonte de erros. Uma boa alternativa é o *teste de campo para avaliar a resistência total da cadeira de rodas* que é descrito abaixo:

Autor: Vinet *et. al.* [29]
Objetivo: avaliar a resistência total da cadeira de rodas, sujeito + cadeira.
População: atletas em cadeira de rodas.
Validade: não reportada.
Material: balança, cadeira de rodas, cronômetro, percurso de 50 metros.
Configuração: Os sujeitos usam suas próprias cadeiras neste teste. O teste é realizado num percurso de 20 metros, que é dividido em duas metades. O sujeito é orientado a impulsionar a cadeira com aceleração nos primeiros 10 metros e na segunda metade com velocidade constante. Após passar a marca de 20 metros o sujeito para de tocar a cadeira de rodas e permanece imóvel. É medido o tempo para cobrir a segunda metade do percurso (T1) e o tempo para a cadeira desacelerar e parar (T2). Como a velocidade dos 10 m finais *versus* tempo é linear ao longo do ensaio, a desaceleração é constante e R é uma força constante calculada de acordo com a seguinte equação:

R = 10m * (Massa de sujeito + massa da cadeira de rodas) / (T1xT2), com R em N (Ms + w), em kg, e o tempo em segundos.

CAPACIDADES E HABILIDADES MOTORAS

Bateria para avaliação de atletas em cadeira de rodas

Autor: Brasile [30].
Objetivo: avaliação motora de atletas de basquete em cadeira de rodas.
População: pessoas com lesão medular, sequela de pólio e amputados.
Validade: não reportada.
Material: bolas de basquete em cadeira de rodas, cones, cadeira de rodas.
Configuração:
Passe de precisão – O sujeito posiciona-se atrás de uma linha, a 7,62 m do alvo. Ao sinal do avaliador, deve executar o passe com a bola de basquetebol em direção ao alvo. Qualquer forma de passe é aceitável (gancho passe de peito e passe de ombro são sugeridos).

Para cada sujeito são permitidos 20 passes, 10 com a mão dominante e 10 com a mão não dominante. A pontuação é registrada e julgada de acordo com o critério (certo/errado – 1 = certo; 0 = errado). O passe com as duas mãos é permitido apenas para as execuções com a mão dominante.

Teste de velocidade 20 metros – Este teste é proposto para avaliar a velocidade de deslocamento num percurso de 20 metros.

Execução: O atleta posiciona-se atrás da linha inicial, demarcada por fita. Ao comando do avaliador deverá se deslocar até a linha final da forma mais rápida possível. São duas tentativas e a melhor será computada para análise. O resultado do teste é o tempo gasto para vencer o percurso.

O avaliador estará posicionado junto à linha final para anotar o tempo do teste. Junto à linha inicial estará um avaliador assistente para informar ao avaliador o momento em que o atleta inicia e também para monitorar se o atleta não está posicionado em cima da linha, de forma a obter vantagem.

Cestas por minuto – O teste começa na posição de frente para a cesta atrás da linha de lance livre. Ao sinal do avaliador, o participante deve realizar tantas cestas quanto possível, em um minuto. Pode realizar o arremesso de qualquer ponto. Todos os arremessos feitos durante o teste, inclusive a recuperação do rebote, serão de acordo com as regras de Basquete em Cadeira de Rodas para drible. É anotado um ponto de penalidade para cada violação das regras de drible. O numero total de cestas por minuto é anotado. Os rebotes podem ser utilizados em qualquer circunstância. São dois ensaios com cada mão e os resultados são anotados e avaliados em separado.

Cestas da marca – O sujeito começa na posição 1 (Figura) e vai fazendo arremesso por posição até atingir a posição 7. Cada arremesso é realizado a uma distância de 3,65 m, e as posições são marcadas por cones com incrementos de 30° conforme Figura 9.5.

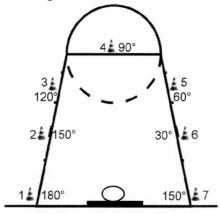

Distância da cesta em cada arremesso: 3,65 m
Figura 9.5: Esquema da cesta da marca

O sujeito começa realizando o arremesso da posição 1. Consequentemente vai repetindo até a posição 7. Em seguida retorna até a posição 1. Cada arremesso convertido vale dois pontos. Quando a bola bate na tabela e toca no aro, vale 1. E para as que não tocam o aro, zero pontos.

Teste de agilidade sobre cadeiras de rodas

Autor: Gorla [8].

Objetivo: medir a habilidade de correr com mudança de posição da cadeira em zig-zag entre cones.

População: pessoas com lesão medular, sequela de pólio e amputados.

Validade: não reportada.

Material: 5 cones, um cronômetro.

Configuração:

Direções: O avaliado inicia o teste atrás da linha de partida. Ao ser dado o comando "vai", corre realizando zig-zag entre os cones, indo e voltando em uma única tentativa.

Resultado: O resultado será o tempo gasto para executar a tarefa.

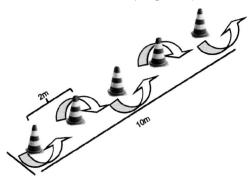

Figura 9.6: Percurso do teste de agilidade sobre cadeiras de rodas de Gorla (2008)

FORÇA E FLEXIBILIDADE

Força de Preensão Manual

Autor: Corbin e Lindsey [31].

Objetivo: avaliar a força estática dos músculos flexores da mão.

População: pessoas com deficiência.

Validade: não reportada.

Material: dinamômetro com escala de medida de 0 a 100 kg.

Configuração: Gorla et. al. [6] sugerem que a posição do dinamômetro deve ser com o cotovelo flexionado a 90° estando o avaliado sentado. O braço que não executa o teste deve estar posicionado junto ao corpo. O avaliador deve ajustar o dinamômetro no ponto zero e após explicar o teste ao avaliado, este entrega o aparelho. O teste consiste em 3 preensões máximas com cada mão. Entre uma tentativa e outra de cada mão, deve ser respeitado o tempo de 1 minuto de descanso.

Gorla et. al. [6] apresentam algumas adaptações no protocolo do teste para sujeitos com deficiência:

- "Deficiência Visual: explicar verbalmente o teste, permitindo a familiarização com o dinamômetro;
- Deficiência auditiva: utilizar explicação adequada com demonstração, posicionamento adequado para leitura labial e, se necessário, linguagem de sinais;
- Deficiência intelectual: utilizar explicação com qualidade e quantidade de informações adequadas;
- Deficiência física; desde que tenha os membros superiores funcionais, o teste pode ser realizado" (pág.: 95).

Para sujeitos com sequela de poliomielite ou outras deficiências que causem atrofia parcial da musculatura dos membros superiores, como no caso de tetraplégicos, sugere-se que o teste seja administrado sem a flexão do braço, com o dinamômetro paralelo ao corpo.

Teste de 1 RM (Repetição Máxima) [13]

Objetivo: avaliação da força muscular dinâmica em pessoas com deficiência
População: pessoas com deficiência.
Validade: não reportada.
Material: pesos (alteres).
Configuração: O teste consiste em avaliar a capacidade do avaliado de levantar/mover a maior quantidade possível de peso; portanto é denominado pela sigla 1RM. O avaliador estima o peso que o sujeito pode movimentar. Esta primeira estimativa é calculada de modo empírico. O sujeito então deve realizar uma repetição com aquela carga. Conseguindo, não há necessidade de uma segunda repetição. O avaliador coloca mais carga e após alguns minutos de intervalo adiciona-se mais peso [13]. O peso movido na última tentativa completa é o peso correspondente à carga máxima que o avaliado suporta.

Diferentes grupos musculares podem ser avaliados por este procedimento.

Guedes e Guedes [13] apontam que o avaliador deve estar bem seguro para a aplicação deste teste, pois deve ser capaz de estimar a força máxima em apenas duas ou três repetições, de modo a não comprometer a segurança do avaliado.

Para pessoas com lesão medular, sequela de pólio e outras, que sejam usuários de cadeira de rodas, tem sido usado o teste apenas na posição de supino [32].

Flexibilidade

Goniometria

    Objetivo: avaliação da amplitude de movimento articular.
    População: pessoas com deficiência.
    Validade: não reportada.
    Material: goniômetro.
    Configuração:
O goniômetro é um aparelho semelhante a um transferidor [13]. Possui duas hastes conectadas que podem mover-se formando um círculo ou semi-círculo através dos quais é possível avaliar a amplitude do movimento articular.

As hastes devem estar alinhadas e o fulcro do goniômetro deve estar posicionado junto à articulação que será avaliada. Ao mover o membro, uma das hastes fica fixa e a outra move-se junto. A amplitude do movimento é então observada na escala que consta na haste.

    Adaptações: Este procedimento não requer maiores adaptações para a avaliação de pessoas com deficiência. Em pessoas que usam cadeira de rodas, é usual avaliar os movimentos das articulações da extremidade superior, por conta da paralisia.

Flexômetro

    Objetivo: avaliação da amplitude de movimento articular.
    População: pessoas com deficiência.
    Validade: não reportada.
    Material: flexômetro.
    Configuração:
O flexômetro é um aparelho fixável aos segmentos corporais que serão medidos. Possui uma escala de 360° e uma agulha de gravidade no centro [13].

Trata-se de um aparelho mais versátil do que o goniômetro, pois o avaliador não necessita ficar atento ao posicionamento das hastes. Segundo Guedes e Guedes [13], o funcionamento deste aparelho é baseado no controle da amplitude do movimento articular pela força da gravidade.

Após fixado o flexômetro à área que será medida, é feito o movimento; então a escala de medida aponta a amplitude do movimento realizado. Para uma descrição maior dos procedimentos, consultar: Guedes e Guedes [13].

ADAPTAÇÕES:

Não são sugeridas adaptações ao protocolo para pessoas com deficiência. Entretanto, apenas algumas posições são avaliadas para sujeitos com deficiência física que possuam paraplegia ou tetraplegia:
- Coluna Cervical – flexão e extensão; rotação e inclinação lateral:

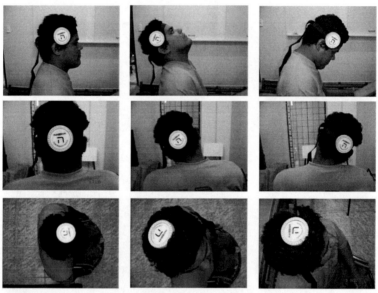

Figura 9.7: Coluna Cervical – flexão e extensão; rotação e inclinação lateral (Foto by: Gorla, 2008)

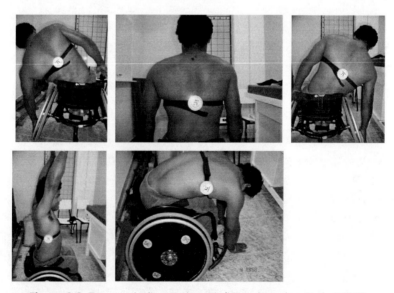

Figura 9.8: Tronco – inclinação lateral, flexão (Foto by: Gorla, 2008)

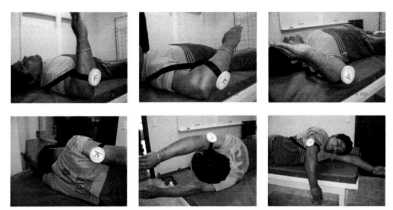

Figura 9.9: Ombro – flexão e extensão, abdução e adução, rotação (Foto by: Gorla, 2008)

Figura 9.10: Cotovelo – flexão e extensão (Foto by: Gorla, 2008)

Figura 9.11: Radioulnar – supinação e pronação (Foto by: Gorla, 2008)

Figura 9.12: Punho – flexão e extensão (Foto by: Gorla, 2008)

Figura 9.13: Flexômetro do Instituto Code de Pesquisa®

Referências Bibliográficas

1 – YILLA, A. B.; SHERRIL, C. *VALIDATING the BECK battery of quad rugby skill tests*. Adap Phys Act Qua v: 15, n: 2, pag: 154-197, 1998.

2 – DOYLE, T. L. A.; HUMPHRIES, B.; DUGAN, E. L.; HORN, B. G.; SHIM, J. K.; NEWTON, R. U. *Further Evidence to change the Medical Classification System of the National Wheelchair Basketball Association*. Adapted Physical Activity Quarterly Champagnain, 2004, 21, 63-70.

3 – GORGATTI, M. G.; BÖHME, M. T. S. *Autenticidade Científica de um Teste de Agilidade para Indivíduos em Cadeira de Rodas*. Rev. Paul. Educ. Fís. São Paulo, 17 (1): 41-50, jan./jun. 2003.

4 – BELASCO JR., D.; SILVA, A. C. *Consistência dos resultados de um teste de corrida de zigue-zague de Barrow (modificado) em jogadores de basquetebol em cadeira de rodas*. In: International congress of Motor Rehabilitation, 2ª ed., 1998. Anais... Águas de Lindoia, 1998.

5 – GORLA, J. I.; ARAÚJO, P. F.; CALEGARI, D. R.; CARMINATO, R. A.; COSTA E SILVA, A. A. *A composição corporal em indivíduos com lesão medular. Praticantes de basquetebol em cadeira de rodas*. Arq. Ciênc. Saúde Unipar, Umuarama, v. 11, n. 1, p. 39-44, jan./abr. 2007.

6 – GORLA, J. I.; ARAÚJO, P. F.; CARMINATO, R. A.; *Análise das variáveis motoras em atletas de basquetebol em cadeiras de rodas*. Lecturas Educación física y Deportes (Buenos Aires). V. 1p. Año 10. n° 83, 2005.

7 – GORLA, J. I.; SOUZA, A. N.; BERTAPELLI, F.; SILVA, F. F.; FERMINO, F. R.; LUZ, M. R. R.; OLIVEIRA, L. Z.; CAMPANA, M. B. *Testes*. In: Gorla, J. I.; Campana, M. B.; Oliveira, L. Z. Teste e avaliação em Esporte Adaptado. São Paulo: Phorte, 2009.

8 – GORLA, J. I. *Avaliação motora adaptada: o passo a passo da avaliação*. São Paulo, SP: Phorte editora, 2008.

9 – GORLA, J. I.; CAMPANA, M. B.; OLIVEIRA, L. Z. *Teste e avaliação em Esporte Adaptado*. São Paulo: Phorte, 2009.

10 – MELO, H. F. R. *Deficiência Visual: lições práticas de orientação e mobilidade*. Campinas: Editora da Unicamp, 1991.

11 – Duarte, E.; Gorla, J. I. *Pessoas com deficiência*. In: Gorla, J. I.; Campana, M. B.; Oliveira, L. Z. Teste e avaliação em Esporte Adaptado. São Paulo: Phorte, 2009.

12 – WINNICK, J. P. *Adapted Physical Education and Sport*. Champagnain: Human Kinetics, 1995. 2nd Edition.

13 – GUEDES, D. P.; GUEDES, J. E. R. P. *Manual prático para avaliação em educação física*. Barueri, SP: Manole, 2006.

14 – HEYWARD, V. H.; STOLARCZYK, L. M. *Avaliação da composição corporal aplicada*. São Paulo: Manole, 2000. 215 p.

15 – WINNICK, J. P.; SHORT, F. X. *Testes de aptidão física para jovens com necessidades especiais*. Barueri: Manole, 2001.

16 – PITTETI, K. H. I*ntroduction: exercise capacities and adaptations of people with chronic disabilities: current research, future directions and widespread applicability*. Med. Sci. Sports Exercise., v. 25, n. 4, p. 421-2, 1993.

17 – BULBULIAN, R.; JOHNSON, R.E.; GRUBER, J.J.; DARABOS, B. *Body composition in paraplegic male athletes*. Medicine and Science in Sports and Exercise, Madison, v.9, p.195-201, 1987.

18 – GORLA, J. I.; ARAÚJO, P. F.; RODRIGUES, J. L. *Avaliação em Educação Física Adaptada: teste KTK para deficientes mentais*. São Paulo: Phorte, 2009. 2ª Edição.

19 – GORLA, J. I.; BERTAPELLI, F.; CAMPANA, M. B.; SOUZA, A. N. *Fundamentos da Avaliação Motora em Educação Física e Esporte Adaptado. In*: Gorla, J. I.; Campana, M. B.; Oliveira, L. Z. Teste e avaliação em Esporte Adaptado. São Paulo: Phorte, 2009.

20 – BRASILE, F.; *Wheelchair basketball skills proficiencies versus NWBA classifications*. Adap Phys Act Qua, Champaign, v.3, p.6-13, 1986.

21 – SIRI, W. E. *Body Composition from fluid spaces and density: analisys of methods. In*: Brozek, J.; Henschel, A. (Ed.). Techniques for measuring body composition. Washington: National Academy of Science, 1961. p. 223-224.

22 – GOOSEY-TOLFREY, V.L., CASTLE, P. C. AND WEBBORN, N. (2006). *Aerobic capacity and peak power output of elite quadriplegic games players*. British Journal of Sports Medicine, 40 (8), 684-7.

23 – DURNIN, J. V. G. A.; WOMERSLEY, J. *Body fat assessed from total body density and its estimation from skinfold thickness: measurements on 481 men and women aged from 16 to 72 years*. Br J Nutr 32: 77 –97, 1974.

24 – QUEIROGA, M. R. *Testes e medidas para avaliação da aptidão física relacionada a saúde em adultos*. Rio de Janeiro, RJ: Guanabara Koogan, 2005.

25 – SUTTON, L.; WALLACE, J.; GOOSEY-TOLFREY, V. L.; Scott, M.; Reilly, T. *Body Composition of Female Wheelchair Athletes*. Int J Sports Med. 2009 Mar 13.

26 – POULAIN, M.; VINET, A.; BERNARD, P. L.; VARRAY, A. (1999). *Reproducibility of the Adapted Leger and Boucher Test for wheelchair-dependent athletes*. Spinal Cord 37, 129-135.

27 – VINET, A.; GALLAIS, D. L.; BOUGES, S.; BERNARD, P. L.; POULAIN, M.; VARRAY, A.; MICALLEF, J. P. (2002). *Prediction of VO_{2peak} in wheelchair-dependent athletes from the adapted Leger and Boucher test*. Spinal Cord, 40, 507-512.

28 – VANDERTHOMMEN, M.; FRANCAUW, M.; COLINET, C.; LEHANCE, C.; LHERMEROUT, C.; CRIELAARD, J. M.; Theisen, D. (2002). *A multistage field test of wheelchair users for evaluation of fitness and prediction of peak oxygen consumption*. Journal of rehabilitation Research an Development.39: 685-692.

29 – VINET, A.; BERNARD, P.L.; DUCOMPS, C.; SELCHOW, O.; LE GALLAIS, D. MICALLEF, J.P. *A field deceleration test to assess total wheelchair resistance*. Int JRehabil Res 1998; 21: 397 – 401.

30 – BRASILE, F.; *Performance evaluation of wheelchair athletes: more than a disability classification level issue*. Adap Phys Act Qua, Champaign, v.7, p. 289-97, 1990.

31 – CORBIN, C. B.; LINDSEY, R. *Concepts in Physical Education*. Dubuque: WCB Brown & Benchmark, 1994. 9th Edition.

32 – FLORES, L. J. F.; COSTA E SILVA, A. A.; BORTOLO, E. S. D.; SCHIAVO, E.; GATTO, S.; SILVA, S. S.; STRAPASSON, A. M.; GORLA, J. I.; CALEGARI, D. R. *Correlação da força muscular dinâmica de membros superiores com a agilidade em praticantes de handebol em cadeira de rodas In*: XXX SIMPÓSIO INTERNACIONAL DE CIÊNCIAS DO ESPORTE, 2007. SÃO PAULO. Anais... 2007. v. 15. p. 261 – 261.

10. INTERPRETAÇÃO RÁPIDA DO ELETROCARDIOGRAMA

Rodolfo Alkmim M. Nunes
Renato Frade

A eletrocardiografia constitui um método de investigação cuja alta posição de destaque vem se mantendo através dos anos. Para se conhecer os padrões morfológicos e fisiológicos, seja em repouso ou em esforço, para que se caracterizem as alterações, efetuando o diagnóstico e analisando o prognóstico, se torna essencial o eletrocardiógrafo em qualquer sala de avaliação [1, 2].

O eletrocardiograma (ECG) é o registro gráfico da atividade elétrica do coração de forma não invasiva, detectada na superfície do corpo por eletrodos colocados de forma a refletir a atividade das diferentes áreas do coração [3]. A fonte de atividade elétrica cardíaca se localiza nas células do miocárdio quando se contraem e nas células elétricas especializadas quando conduzem o estímulo [4]. O coração é dotado de sistema especializado para gerar impulsos rítmicos capazes de promover a contração e a condução desses impulsos rapidamente a todo o músculo cardíaco [5]. A maior parte das células cardíacas mantém uma polarização de membrana de -90 mV, sendo o interior da célula negativo à parte externa. As células são eletricamente ativas e um estímulo é capaz de iniciar a despolarização.

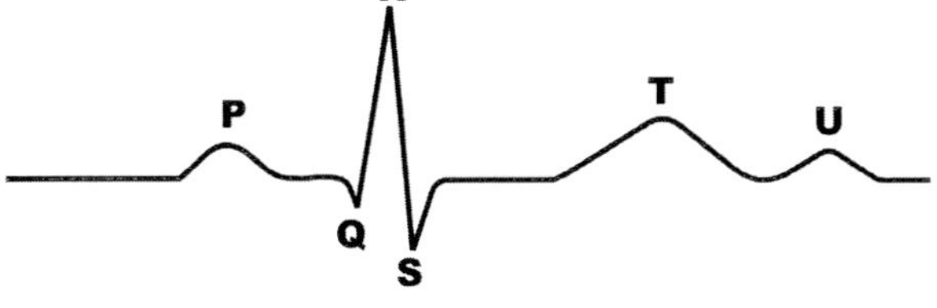

Fig.11.1

A despolarização e a repolarização dos átrios e ventrículos são os eventos elétricos registrados no ECG (Fig.11.1). A despolarização é um processo ativo e ocorre um pouco antes da contração das respectivas câmaras cardíacas. O sistema especializado, excitatório e condutor do coração gera o impulso no nodo sinoatrial (NSA) despolarizando os átrios e conduzindo os estímulos pelas vias internodais para o nodo atrioventricular (NAV), retardando os impulsos antes de atingir os ventrículos e o feixe de Hiss e seus ramos direito (RD) e esquerdo (RE), e afinal atinge as fibras de Purkinje que conduzem os estímulos e despolarizam todas as partes dos dois ventrículos [6, 7]. O registro eletrocardiográfico da ativação atrial denomina-se onda P, dura no máximo 0,10 s com amplitude máxima de 0,3 mV e pode ser sub-dividido em três etapas:

- Ativação do átrio direito (~/= 0,03 s);
- Ativação septal e do átrio esquerdo, final ativação AD (~/= 0,04 s);
- Final da ativação do átrio esquerdo (~/= 0,02 s).

O fenômeno de repolarização atrial, por se processar em grande parte durante a despolarização ventricular, fenômeno elétrico muito mais potente, fica mascarado no registro eletrocardiográfico. O intervalo entre a onda P e o complexo QRS é chamado de intervalo PR, medido desde o início da despolarização atrial (onda P) até o início da despolarização ventricular (onda Q). Sua duração mínima é de 0,12 s, menor que estes valores; configura pré-excitação ventricular e a duração máxima seria de 0,20 s, sendo que ultrapassando este valor seria um BAV, ou seja, bloqueio atrioventricular [8, 9].

A duração do complexo QRS, que está entre 0,04 e 0,10 s, reflete o tempo necessário para a despolarização da musculatura ventricular, e sua amplitude depende da derivação analisada, mas gira em torno de 5 mV. Nos bloqueios de ramo a duração do QRS fica prolongada, acima de 0,10 s. Na onda Q a amplitude negativa é menor que 0,04 mV, que corresponde a menos de ¼ do QRS, exceto em AVR [9, 10, 11]. Pode-se medir o período refratário dos ventrículos observando o intervalo QT, que corresponde ao início do QRS até a onda T; sua duração máxima é de 0,40 s [11].

O intervalo entre o final do complexo QRS e o início da onda T é denominado segmento ST, representando o período de tempo entre a despolarização dos ventrículos e o período da rápida repolarização do músculo ventricular, e deve ser isoelétrico [12]. Um supradesnível do segmento ST com concavidade superior (repolarização precoce) ou ascendente rápido pode não ser patológico. O ponto J fica exatamente no final do QRS e início do segmento ST.

A onda T representa a repolarização da musculatura ventricular, é morfologicamente assimétrica, apresentando o ramo ascendente lento e o descendente com maior inclinação [13]. Sua polarização sempre positiva (menos em AVR) acompanha o complexo QRS e algumas vezes é acompanhado de uma pequena onda U, que representa a repolarização tardia de musculatura papilar, com a mesma polarização da onda T. Em criança onda T negativa em derivação precordial pode ser normal, mesmo em adultos na derivação V1 a onda T negativa também pode não tem caráter patológico.

No sistema de derivações eletrocardiográficas há as derivações de extremidade e as precordiais. Nas de extremidade temos quatro eletrodos (um em cada membro), o amarelo no braço esquerdo, o verde na perna esquerda, o vermelho no braço direito e por final, representando o eletrodo "terra" na perna direita, o preto [11].

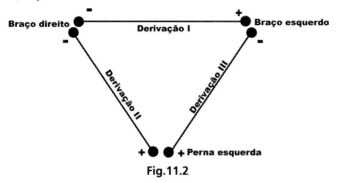

Fig.11.2

Derivação I (DI) = braço direito (-) e braço esquerdo (+).
Derivação II (DII) = braço direito (-) e perna esquerda (+).
Derivação III (DIII) = braço esquerdo (-) e perna esquerda (+).

Formando o triângulo (Fig.11.2) de Einthoven (pai da eletrocardiografia):

DI + DIII = DII

Durante muitos anos só se usavam estas três derivações periféricas bipolares (cada uma delas utiliza dois pontos periféricos), que formavam um sistema de eixos triaxial disposto em ângulos de 60 graus. Outras derivações foram criadas como as derivações periféricas unipolares, com apenas um polo positivo fixo em um dos eletrodos de extremidade. Nestas derivações unipolares o polo negativo é central e, com isto, o somatório destas derivações sempre será igual a zero (Fig.11.3).

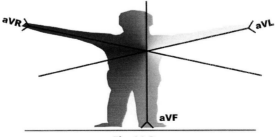

Fig.11.3

Derivações periféricas unipolares:

AVR = braço direito (+) e central (-).
AVL = braço esquerdo (+) e central (-).
AVF = perna esquerda (+) e central (-).
AVR + AVL + AVF = 0

Estas seis derivações periféricas formam um sistema hexaxial, e através dele poderemos determinar o **Vetor Médio** do QRS, ou ainda encontrar o **Eixo Elétrico** do QRS; sendo assim saberemos onde está localizado o coração (Fig.11.4).

**A Formação do sistema Hexaxial
I, II, III, AVR, AVL, AVF**

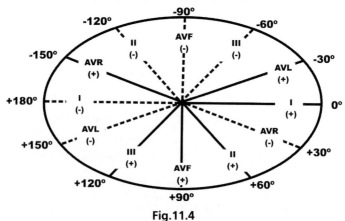

Fig.11.4

Uma técnica utilizada e de fácil aplicação, seria observar somente duas derivações. As derivações de escolha seriam DI e AVF, pois formam um ângulo reto entre si e estão dispostas entre 0 e 90 graus quando positivas. Com isto configuram exatamente a posição **normal** do eixo elétrico do QRS [14, 15].

Quando em qualquer outra situação diferente da positividade nas duas derivações, irá configurar desvio do eixo elétrico do QRS (Fig.11.5).

DI (+) e AVF (+) = normal.
DI (-) e AVF (+) = desvio de eixo para direita.
DI (-) e AVF (-) = desvio extremo de eixo para direita (dextrocardíaco).
DI (+) e AVF (-) = desvio de eixo para esquerda.

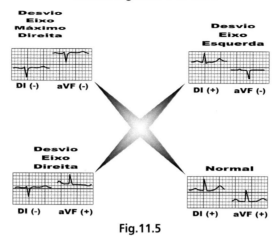

Fig.11.5

Após a realização do eletrocardiograma de repouso, as alterações têm que partir de uma análise em repouso, pois os valores são representados perante o padrão [6]. As informações adicionais com relação às alterações comuns induzidas pelo exercício nas variáveis e consideradas normais incluem as seguintes:
- Alterações pequenas na morfologia da onda P;
- Superposição de ondas P e T (FC elevada);
- Aumento na amplitude da onda Q septal;
- Ligeira diminuição na amplitude da onda R;
- Aumento na amplitude da onda T;
- Encurtamento mínimo na duração do complexo QRS;
- Depressão do ponto J;
- Encurtamento do intervalo QT, relacionado à FC.

As alterações do segmento ST são critérios amplamente aceitos para isquemia e lesão do miocárdio. A interpretação dos segmentos ST pode ser afetada pela configuração do ECG de repouso (BRD, BRE e HVE) e por agentes farmacológicos (intoxicação digitálica). A depressão do ponto J com segmento ST ascendente rápido é devida à competição entre forças de repolarização normal e de despolarização terminal retardada e não a isquemia.

A **isquemia miocárdica** induzida pelo esforço pode manifestar-se de dois tipos diferentes:

Elevação do segmento ST (Fig.11.6):
- repolarização precoce (aumento da FC retorna à isoelétrica);
- infarto transmural agudo (seguido de onda Q significativa);

- espasmo coronário;
- aneurisma ventricular.

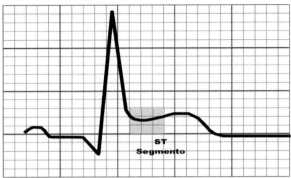

Fig.11.6

Depressão do segmento ST (Fig.11.7):
- depressão ponto J e a inclinação durante 80 ms (manifestação mais comum de isquemia miocárdica esforço induzida);
- depressão horizontal ou descendente é a mais indicativa de isquemia;
- inclinação ascendente lenta (resposta limítrofe deve-se correlacionar com a clínica);
- quanto mais derivações com alteração, maior a extensão da patologia;
- ocorrida somente na fase de recuperação, provavelmente achado diagnóstico positivo importante.

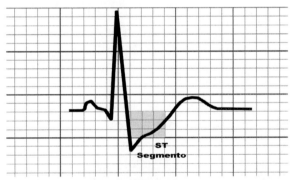

Fig.11.7

Existe praticamente um consenso de que a **Miocardiopatia Hipertrófica** (MCH) seja a principal causa de morte súbita em jovens. A sobrecarga de volume sanguíneo presente no treinamento aeróbico levaria a uma hipertrofia miocárdica do ventrículo esquerdo de forma excêntrica, e no treinamento anaeróbico haveria uma hipertrofia concêntrica do ventrículo esquerdo por sobrecarga de pressão [16, 17]. Estes efeitos seriam explicados devido às alterações crônicas dos treinamentos na pré-carga e na pós-carga.

O vetor médio do complexo QRS resultante da sobrecarga de pressão sistólica do VE tende a ser direcionado mais verticalmente do que um representando a direção do vetor médio do QRS associado à sobrecarga de pressão diastólica do VE, que seria mais horizontalizado [18]. Contudo, este fator não pode ser usado isoladamente para distinguir os dois tipos de HVE.

A diferenciação diagnóstica entre a forma fisiológica de hipertrofia ventricular esquerda, que é a adaptação fisiológica ao treinamento e MCH, tem implicações importantes no futuro dos envolvidos. O diagnóstico patológico num atleta pode constituir a base para desqualificação competitiva a fim de minimizar os riscos de morte súbita. Mas o diagnóstico incorreto de MCH no atleta pode resultar no afastamento desnecessário dos esportes, privando o indivíduo dos seus benefícios [16, 17].

A sobrecarga ventricular esquerda representa um aumento fisiológico deste ventrículo. O ECG terá elevação dos potenciais do VE, resultando em maior voltagem dos complexos QRS, com ondas R altas nas derivações DI, AVL, V5 e V6; também existirão ondas S profundas nas derivações precordiais direitas V1 e V2. Portanto na **hipertrofia ventricular esquerda** (HVE), o vetor médio do QRS, que se orienta normalmente para a esquerda, para baixo e para trás, se torna bastante acentuado [11].

O aumento de amplitude do complexo QRS é o maior critério eletrocardiográfico de HVE. Devido à orientação posterior do vetor médio do QRS, o aumento de amplitude é mais bem visualizado nas derivações precordiais, de V1 a V6, especialmente V1, V2, V5 ou V6 acima de 30 mm isoladamente. O somatório da onda S de V1 ou V2, com a onda R de V5 ou V6 acima de 40 mm, são critérios que podem ser observados na Figura 11.8. Porém as ondas R ou S nas derivações periféricas acima de 20 mm também devem ser consideradas.

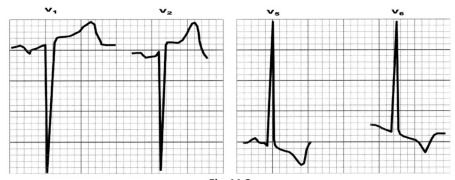

Fig.11.8

Alterações de repolarização ventricular são frequentemente utilizadas como um critério a mais de diagnóstico de HVE, se estiver presente um padrão de segmento ST e onda T típico de distensão ventricular esquerda, ou seja, o vetor do segmento ST – onda T com direção oposta ao vetor do complexo QRS. A onda T é invertida e assimétrica, com a porção descendente lenta e a porção ascendente rápida [9, 8, 10].

Na MCH, doença congênita, pode acontecer hipertrofia septal assimétrica com horizontalização do vetor médio do complexo QRS, ou mesmo um desvio para a direita e para frente, semelhante à hipertrofia ventricular direita (HVD), com uma onda R grande em V1 e V2, assim como em DIII e AVR, e uma onda Q importante em V5 e V6, assim como em DI e AVL.

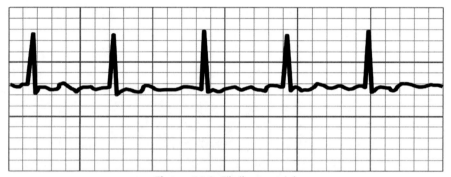

Figura 11.9: Fibrilação atrial

As arritmias relacionadas ao exercício ocorrem em indivíduos sadios assim como em pacientes com cardiopatia. Aumentos na atividade simpática, mudanças no pH e na tensão do oxigênio contribuem para os distúrbios na automaticidade dos tecidos do miocárdio e na condução dos estímulos, sendo estes os principais mecanismos das arritmias. As contrações atriais prematuras isoladas são comuns e não exigem precauções especiais [10, 11].

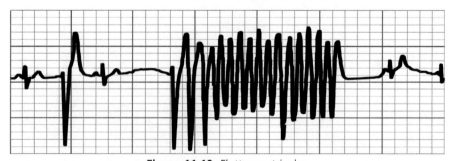

Figura 11.10: *Flutter* ventricular

A taquicardia supraventricular (ESSV) sustentada induzida pelo exercício leva à interrupção do esforço; se não retornar deve-se utilizar o antiarrítmico.

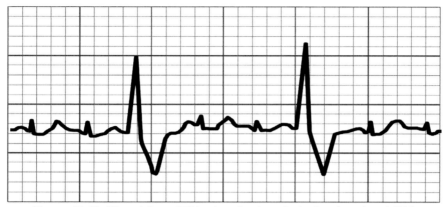

Figura 11.11: Trigeminismo (ESVs trigeminadas = 2 sístoles sinusais + 1 ESV)

As extrassístoles ventriculares (ESV) ocorrem durante o teste de esforço em cerca de 30% dos indivíduos sadios e 50% dos pacientes com doença arterial coronariana (DAC). Em certos indivíduos, os exercícios graduados induzem as ESV, já em outros indivíduos reduzem a ocorrência. As formas mais graves de ESV são as pareadas ou multiformes com vários focos ectópicos, as salvas e a taquicardia ventricular, provavelmente associadas com DAC significativa e isquemia miocárdica [11].

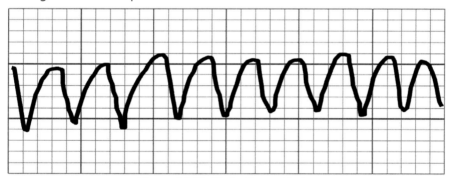

Figura 11.12: Fibrilação ventricular

Os critérios para encerrar o exercício devido à ectopia ventricular devem ser a maior frequência de ESVs, aspecto multiforme e acoplamento frequente ou surto de taquicardia ventricular.

Referências Bibliográficas

1 – AMERICAN COLLEGE OF SPORTS MEDICINE. *Diretrizes do ACSM para os Testes de Esforço e sua Prescrição*. 6ª ed. Rio de Janeiro: Guanabara Koogan, 2003.

2 – AMERICAN HEART ASSOCIATION. *Exercise testing and training of apparently healthy individuals. A handbook for physicians*. Circulation, 1972.

3 – CRAWFORD, M. H. *O Coração do Atleta*. Clínicas Cardiológicas. Vol. 2. Rio de Janeiro: Interlivros Ed. 1992.

4 – ARAUJO, B. A. *Ergometria e Cardiologia Desportiva*. Rio de Janeiro: Medsi, 1986.

5 – ASTRAND, P. O.; RODAHL, K. *Textbook of Work Physiology*. 2ª ed. 1977.

6 – BOSKIS, B.; LERMAN, J.; PEROSIO, A.; SCATTINI, M. *Manual de Ergometria e Reabilitação Cardiológica*. Rio de Janeiro: Publicações Científicas, 1973.

7 – FARDY, P. S.; YANOWITZ, F. G. & WILSON, P. K. *Reabilitação Cardiovascular: Aptidão Física do Adulto e Teste de Esforço*. Rio de Janeiro: Revinter, 1998.

8 – FRONTERA, W. R.; DAWSON, D. M.; SLOVIK, D. M. *Exercício Físico e Reabilitação*. Porto Alegre: Artmed, 2001.

9 – GHORAYEB, N.; BARROS NETO, T. L. *O Exercício: Preparação Fisiológica, Avaliação Médica, Aspectos Especiais e Preventivos*. São Paulo: Atheneu, 1999.

10 – NUNES, R. A. M.; MACHADO, A. *Cardiopatia e Esporte: Miocardiopatia Hipertrófica*. 5º Santa Mônica Fitness – Congresso Internacional de Atividade Física. Rio de Janeiro/RJ, Brasil, 2002. 01: 115.

11 – NUNES, R. A. M.; MACHADO, A. *Cardiopatia e Esporte: Origem Anômala de Coronárias*. 5º Santa Mônica Fitness – Congresso Internacional de Atividade Física. Rio de Janeiro/RJ, Brasil, 2002. 01: 116.

12 – GUEDES, R. *Comportamento da onda U na cicloergometria*. Tese de Mestrado em Cardiologia. UFRJ, Rio de Janeiro, 1979.

13 – MYERS, J. N. *Essentials of Cardiopulmonary Exercise Testing*. Champaign. United States: Human Kinetics Books, 1996.

14 – MOFFA, P. *Aspectos eletrocardiográficos controvertidos*. SBC: Simpósio Internacional sobre infarto do miocárdio. Rio de Janeiro, Brasil: Unipress Ed. 1981. 24-28.

15 – SKINNER, J. S. *Prova de esforço e prescrição de exercícios para casos específicos*. Rio de Janeiro: Revinter, 1991.

16 – STEIN, E. *Eletrocardiografia Prática*. Rio de Janeiro: Revinter, 1989.

17 – TRANCHESI, J. *Eletrocardiograma normal e patológico. Noções de Vectorcardiografia*. 6ª ed. São Paulo: Atheneu, 1983.

18 – WILLIAMS, R. A. *O Atleta e a Doença Cardíaca. Diagnóstico, Avaliação e Conduta*. Rio de Janeiro: Guanabara Koogan, 2002.

11. MATEMÁTICA APLICADA NA EDUCAÇÃO FÍSICA

Alexandre F. Machado

Na Ciência as informações e o conhecimento apresentam-se por diferentes categorias [1,2]: **Hipótese Científica**: Conjunto estruturado de argumentos e explicações que podem justificar as informações, mas ainda não foi confirmado; **Achados Científicos**: Informações produzidas com base em resultados de experimentos científicos, com uma característica mais descritiva do que explicativa; **Modelo Científico**: Conjunto de mecanismos virtuais que permitem previsões de um dado fenômeno. Pode ser avaliado pelos critérios científicos (validade, fidedignidade e objetividade); **Teoria Científica**: É uma hipótese ou conjunto de hipóteses que foram confirmadas pela observação ou experimentação, possibilitando uma caracterização dos mecanismos responsáveis pelo fenômeno; **Lei Científica**: Caracteriza-se por uma sequência de acontecimentos, um mecanismo natural, que se manifesta sempre da mesma forma em inúmeros experimentos, sempre com grande precisão e sem exceções.

PROCESSAMENTO DAS INFORMAÇÕES

Em toda investigação científica, são coletados ou produzidos dados a serem transformados em informações [2]. As informações são processadas e analisadas através de procedimentos lógicos. As ferramentas lógicas a serem utilizadas no processamento dos sinais em informações são: **Indicadores Matemáticos; Análise Estatística; Modelagem Matemática.**

A importância do conhecimento de como a informação científica é produzida se dá quando se percebe a necessidade de expressar hipóteses, teorias, modelos e leis de forma a poderem ser confirmadas ou não de acordo como o experimento.

INDICADORES MATEMÁTICOS

Os indicadores matemáticos são produzidos por combinações de variáveis de modo a produzir uma nova variável que possui um significado de interesse [3]. Os indicadores costumam ser usados para fins que variam desde resumir um grande conjunto de avariáveis até explicitar interações complexas de modo quantitativo. Geralmente, são apresentados através de expressões algébricas. As informações fornecidas pelos indicadores matemáticos são simples e objetivas, quase sempre com implicações diretas para a tomada de decisões [3].

ANÁLISE ESTATÍSTICA

A análise estatística envolve a aplicação de três tipos básicos de conceitos lógico-matemáticos [3], como podemos ver: **Probabilidade**: Utilizada para quantificar a incerteza (erro, ignorância, aleatoriedade) e para se realizar deduções e inferências a partir da sua caracterização; **Estatística Descritiva**: Permite resumir uma grande quantidade de dados a partir de certas características gerais que emergem do conjunto (medidas de tedência central, medidades de dispersão); **Estatística Inferencial**: Constructos matemáticos que permitem a identificação das relações entre variáveis (teste de hipótese, correlação, regressão, técnicas multidimensionais e análise de séries temporais).

MODELAGEM MATEMÁTICA

A modelagem matemática pode ser interpretada como uma forma de descrever um fenômeno fisiológico matematicamente [4, 5]; dessa forma podemos chamar a modelagem matemática de ciência que estuda maneiras de desenvolver modelos matemáticos de sistemas em situações reais (Figura 12.1).

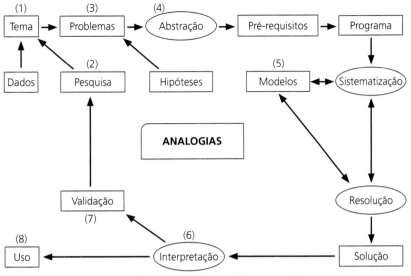

Figura 12.1: Etapas do modelo matemático

A modelagem é uma representação ou interpretação simplificada da realidade [6]. É utilizada para obter respostas sobre o que acontecerá ou causará interferência na experimentação ou nas observações posteriores e também é utilizada para prever o comportamento de determinada variável [7].

O desenvolvimento de um modelo matemático não é simples, o objetivo de realizar a modelagem matemática é chegar a um modelo que explique com mais precisão o fenômeno em questão [5, 6]. O processo exige que classifique as informações em relevantes e não relevantes, fazer o levantamento das hipóteses, Identificar constantes, selecionar variáveis fisiológicas relevantes e seus respectivos símbolos, descrever matematicamente a relação entre as variáveis e identificar os recursos operacionais disponíveis para formar o modelo matemático exato para descrever e/ou predizer o fenômeno.

Após realizar todas as etapas descritas anteriormente, obteremos um conjunto de fórmulas ou gráficos que nos levem a uma solução do problema. Desta forma, o problema passa a ser resolvido através de um modelo matemático.

Mas, para a utilização do modelo será necessária uma checagem que irá verificar o nível de aproximação do modelo desenvolvido com a situação real. A checagem do modelo será feita investigando sua validade, fidedignidade e objetividade; caso o modelo não se enquadre dentro de padrões aceitáveis o processo deve ser refeito novamente desde o início [7].

Na Educação Física os modelos matemáticos desenvolvidos para predizer a *performance* e/ou o condicionamento físico são baseados em variáveis físicas, como por exemplo velocidade, distância; e variáveis fisiológicas, como por exemplo frequência cardíaca, pressão arterial, consumo de oxigênio. Existem também as chamadas constantes, que são aquelas características que assumem um único valor e não mudam – uma vez medida com precisão não é necessário medi-la novamente [2].

Para a construção de um modelo matemático muitas vezes utilizamos os testes, que podemos caracterizar como instrumento científico de valor diagnóstico, que implica uniformidade nas condições de aplicação e correção e que vem sempre acompanhado de normas para sua interpretação [1, 7]. Durante este processo os profissionais de educação física devem utilizar-se de instrumentos que os permitirão medir as variáveis, com segurança e confiabilidade. Para isso, devemos respeitar os critérios de autenticidade científica (validade, fidedignidade, objetividade).

Na utilização de um modelo matemático aplicado à *performance* desportiva ou ao *fitness* é preciso padronizar as unidades de medidas utilizadas no processo de mensuração; se o padrão de medidas não for o mesmo, toda vez que utilizarmos este modelo os resultados serão inconsistentes.

REFERÊNCIAS BIBLIOGRÁFICAS

1 – MATHEWS, D. K. *Medidas e avaliação em Educação Física*. 5ª edição, Rio de Janeiro, Guanabara, 1980.

2 – MORROW Jr, J. R.; JACKSON, A. W.; DISCH, J. G.; MOD, D. P. *Medida e avaliação do desempenho humano*. 2ª edição. São Paulo, Artmed, 2003.

3 – NICK, E. *Estatística e Psicometria*. Rio de Janeiro. J. Ozon, 1963.

4 – YELA, M. *Psicologia de las aptitudes: el avalisis faetorial Y las Funciones del alma*. ed. Gredos. Madrid, 1956.

5 – UDINSHY, B. F.; OSTERLIND, S. J.; LYNCH, S. W. *Evalution Resource Handbook*. Gathering, Analyzing, 1981.

6 – MARINS, J. C. B.; GIANNICHI, R. S. *Avaliação e Prescrição de Atividade Física*. Ed. Shape. Rio de Janeiro, 2003.

7 – THOMAS, J R; NELSON J. K. *Research Methods in Phiysical activity*. 3ª edition, Champaign; Kinética, 1996.